CORNELIA SCHINHARL

vegetarisch *gut* GEKOCHT!

DAS GRUNDKOCHBUCH

CORNELIA SCHINHARL

vegetarisch *gut* GEKOCHT!

DAS GRUNDKOCHBUCH

Fotos von Alexander Walter

KOSMOS

VEGETARISCH GUT GEKOCHT!

DAS IST *wirklich* WICHTIG

DARAUF KOMMT'S AN! **Hier erläutern wir alles, was zum Gelingen eines Rezepts wirklich wichtig ist. Wenn es sinnvoll ist, mit Bild, sonst auch mal ohne.**

Dieses Zeichen finden Sie bei Grundrezepten

Dieses Zeichen finden Sie bei veganen Gerichten

VEGETARISCH
kochen und genießen

Einfach köstlich, herrlich abwechslungsreich, wunderbar leicht und fröhlich bunt – das alles ist die vegetarische Küche. Kein Wunder also, dass sich viele Genießer knackigen Salat, aromatisches Gemüse, kerniges Getreide und Hülsenfrüchte immer öfter schmecken lassen. Gründe dafür, es sich auch mal ohne Fisch und Fleisch gut gehen zu lassen, gibt es viele:
Der eine mag einfach kein Fleisch – vielleicht weil es ihm schon als Kind nicht geschmeckt hat, oder weil er einfach immer seltener Lust darauf hat. Ein anderer greift grundsätzlich viel lieber zu Gemüse, Salat und Früchten. Wieder ein anderer will nicht, dass seinetwegen Tiere sterben und vorher vielleicht sogar leiden müssen. Und nicht wenige Menschen verzichten immer häufiger auf Fleisch und Fisch, weil vegetarisches Essen einfach gut schmeckt und uns und der Umwelt guttut.
Und auch sie möchten an diesen Tagen etwas Feines auf dem Teller haben, und zwar mehr als eine Ansammlung von Beilagen, wie man sie heute noch auf den Speisekarten vieler Restaurants beim fleischlosen Angebot findet.

VEGETARIER – JEDER IS(S)T ANDERS

Etwa 10 Prozent der deutschen Bevölkerung leben vegetarisch, ein Zehntel davon vegan. Unter all denen, die kein Fleisch und keinen Fisch mögen, gibt es allerdings beträchtliche Unterschiede:
Diejenigen, die weder Fleisch noch Fisch essen, dafür aber tierische Produkte wie Eier, Milch, Joghurt und Käse zu sich nehmen, nennt man **Ovo-Lakto-Vegetarier** – vom lateinischen ovum für Ei und lac für Milch.
Bei **Ovo-Vegetariern** stehen nur Eier, bei **Lakto-Vegetariern** nur Milchprodukte und Käse mit auf dem Speiseplan. Wirklich alles, was vom Tier kommt, meiden **Veganer**.
Sie essen – vor allem aus ethischen Gründen – nichts, was von Tieren stammt oder produziert wird, also außer Eiern, Milch und Käse auch keinen Honig. Ganz strenge Anhänger dieser Ernährungsrichtung lehnen sogar Leder, Seide und Wolle bei der Bekleidung ab.
Noch extremer in der Ernährung verhalten sich **Frutarier**. Sie akzeptieren nur Früchte im Speiseplan, manche ausschließlich rohe, andere auch einmal gegarte.
Vegetarier, die einfach sehr gern Gemüse, Hülsenfrüchte und Getreide essen, werden als Genussvegetarier oder **Flexitarier** bezeichnet. Viele von ihnen essen ab und zu Fisch, manche sogar Fleisch. Und achten vielleicht auch nicht ganz streng darauf, ob das Dessert, die Gummibärchen oder der Frischkäse mit Gelatine hergestellt wurden.

DIE SACHE MIT DEM KÄSE

Echte Vegetarier essen nichts, was vom toten Tier stammt. Dass bei ihnen weder ein Steak noch ein Fischfilet auf den Teller kommt, ist klar. Dass sich diese Regel aber auch auf ganz andere Produkte ausweiten kann, ist nicht allen bewusst.
Vor allem beim Käse wird zu diesem Thema in letzter Zeit heftig diskutiert, und sogar beim Wein denken inzwischen manche genauer nach. Denn er wird zwar aus Trauben gemacht, bei der Herstellung aber von vielen Winzern mit Eiweiß, Kasein oder Gelatine geklärt, also geschönt. Auf dem Etikett muss das ebenso wenig angegeben werden wie das Milcheiweiß, das andere Produzenten aus demselben Grund verwenden.
Doch bleiben wir beim Käse: Vor allem für Hartkäse wird die Milch in der Regel mit Lab behandelt, einem Enzym, das traditionell aus dem Magen junger Kälber gewonnen wird. Es sorgt dafür, dass das Eiweiß in der Milch ausflockt, die Milch also dick wird. Bei der Verwendung von Lab geschieht das, ohne dass die Milch dabei sauer wird. Konsequente Vegetarier lehnen mit Lab hergestellte Käsesorten ab, weil es vom toten Tier stammt.

Inzwischen haben einige Käsehersteller darauf reagiert und Alternativen für das tierische Lab gefunden: In Deutschland sind heute drei Labarten für die Käseherstellung erlaubt: Tierisches Lab, das meist aus Kälbermägen, manchmal auch von Lämmern oder Ziegen stammt; mikrobielles Lab, das in sogenannten Fermentern mithilfe von Schimmelpilzen hergestellt wird, und gentechnisch hergestelltes Lab. Letzteres ist seit 1997 in Deutschland zugelassen, wird hier aber kaum verwendet, vor allem nie für Bio-Käse. Sehr verbreitet ist es in England und den USA. Außerdem gibt es noch pflanzliche Produkte zum Dicklegen der Milch wie zum Beispiel Artischockenblätter. Sie werden allerdings nur selten, etwa für die Herstellung von traditionellem Pecorino eingesetzt.

KÄSE OHNE TIERISCHES LAB

Doch wie erfährt man nun, welcher Käse wie hergestellt wird? In manchen Bio-Läden sind die Verkäufer an der Käsetheke sensibel für dieses Thema.
Sie wissen, dass die meisten Frischkäse wie auch Quark, Hüttenkäse und Schichtkäse, aber auch Mozzarella nicht mit Lab, sondern mit Sauermilchbakterien hergestellt werden. Manchen Frischkäsen wird allerdings für die cremige Konsistenz Gelatine zugesetzt. Die muss in der Zutatenliste erwähnt werden, schauen Sie also auf dem Etikett genauer nach.
Weichkäse wie Camembert und Brie sowie Edelpilzkäse wie Gorgonzola und Roquefort kommen ebenfalls häufig ohne Lab aus.

Viele Schnittkäse, die jung gegessen, also nicht lange gelagert werden, können problemlos mit mikrobiellem Lab hergestellt werden. Schwieriger wird es bei reifem Hartkäse wie Parmesan oder Grana Padano, er wird fast ausschließlich mit tierischem Lab zubereitet.
Wenn Sie das auf jeden Fall vermeiden möchten: Im Internet finden Sie unter www.kaese-seite.de Listen mit Käsesorten, die ohne tierisches Lab hergestellt wurden. Um sich zu informieren, können Sie auch die Käseproduzenten direkt ansprechen. Die meisten geben bereitwillig Auskunft.

KLEINES LABEL – GROSSE HILFE

Ein grüner, zum V geformter Halm auf gelbem Grund – das sogenannte V-Label der Europäischen Vegetarier-Union, ist vor allem in der Schweiz und den Niederlanden, aber auch in Deutschland und Österreich bekannt. Das Label zeichnet Lebensmittel aus, die keine Produkte tierischen Ursprungs wie etwa Kälberlab oder Gelatine enthalten. Achten Sie darauf!

MIT NÄHRSTOFFEN

rundum gut versorgt

Die meisten Vegetarier essen von Haus aus eine Menge Gemüse, Salat, Getreide und Hülsenfrüchte und sind damit in puncto Vitaminen und Mineralstoffen ziemlich gut versorgt. Doch je nachdem, welchem Vegetariertyp man angehört, nimmt man unterschiedlich viele von diesen wichtigen Nährstoffen zu sich. Vor allem beim Eiweiß und manchen Vitaminen kann die Versorgung schon mal in den Minusbereich rutschen. Gerade Veganer müssen darauf achten, dass sie von allem genug bekommen. Das ist oft nicht nur über die Menge, sondern auch über eine günstige Kombination verschiedener Lebensmittel zu erreichen.

EIWEISS – GUT KOMBINIERT

Wer sich sehr abwechslungsreich ernährt und auch tierische Produkte wie Milch, Eier und Käse in seinen täglichen Speiseplan integriert, ist in der Regel ausreichend mit allen wichtigen Nährstoffen wie Eiweiß, Fett, Vitaminen und Mineralstoffen versorgt. Bei Veganern ist die Sache oft ein bisschen schwieriger, sie müssen besonders darauf achten, genügend Eiweiß und auch eine ausreichende Menge von manchen Vitaminen aufzunehmen.

Viel und vor allem hochwertiges Eiweiß enthalten Sojabohnen und alle Produkte daraus wie Tofu, Tempeh oder Sojagranulat.

Eine gute Eiweißversorgung kann man auch erreichen, indem man Lebensmittel kombiniert, die dem Körper die Aufnahme dieses lebenswichtigen Stoffes erleichtern.

Gute Kombinationen sind:

– Getreide und Hülsenfrüchte (z. B. Mais und Bohnen, Brot oder Tortilla zu Bohnen & Co.)

– Nüsse und Kerne mit Gemüse und Getreide.

Ovo-Lakto-Vegetarier verbessern ihre Eiweißversorgung, wenn sie Eier und Kartoffeln oder Getreide und Milchprodukte zusammen essen.

VITAMINE

In puncto Vitamin- und Mineralstoffversorgung sieht es bei Vegetariern grundsätzlich gut aus, nur die Gruppe der B-Vitamine kann Probleme bereiten.

Vitamine der B-Gruppe sorgen dafür, dass der Körper aus der Nahrung Energie schöpfen kann. Viele dieser Vitamine sind in Vollkornprodukten, Gemüse und Früchten enthalten. Schwierig wird es beim Vitamin B_{12}, das sich in allen tierischen Lebensmitteln wie Fleisch, Fisch, Milch und Eiern findet. Es sorgt dafür, dass rote Blutkörperchen gebildet werden und das Blut gut fließt. Veganer, die sich ganz ohne tierische Produkte ernähren, leiden oft an einem Vitamin-B_{12}-Mangel. Zwar finden sich geringe Mengen in Hefe und in Sanddorn. Doch das reicht in der Regel nicht aus.

Zur Vorsorge sollten Veganer ab und zu das Blut untersuchen lassen und eventuell ein Vitaminpräparat einnehmen.

Vitamin D ist wichtig für den Stoffwechsel und den Hormonhaushalt, es sorgt zum Beispiel dafür, dass das Kalzium aus der Nahrung aufgenommen und in die Knochen eingebaut wird. Der Körper kann es mithilfe des Sonnenlichts selbst herstellen. Vegetarier, die sich zu selten an der frischen Luft aufhalten, vermeiden einen Mangel, wenn sie regelmäßig Pilze essen, die reich an Vitamin D sind.

EISEN UND KALZIUM

Eisen, ein wichtiger Mineralstoff, kommt in größeren Mengen nur in rotem Fleisch vor. Vegetarier versorgen sich damit durch grünes Gemüse wie Mangold und Petersilie, Vollkorngetreide (es steckt vor allem in den Keimen), Hülsenfrüchte und Pilze. Der Körper kann das Eisen aus diesen Lebensmitteln besser aufnehmen, wenn er gleichzeitig Vitamin C bekommt. Essen Sie also Paprika, Sauerkraut oder anderen Kohl vor oder zu den Gerichten oder träufeln Sie etwas Zitronensaft darüber. Eine andere Möglichkeit: als Dessert Vitamin-C-haltige Früchte wie Kiwis einplanen.
Die meisten Vegetarier nehmen über Milch und Milchprodukte ausreichend Kalzium auf. Veganer können den wichtigen Mineralstoff über Nüsse und Tofu bekommen.

EINKAUFSTIPP – AM BESTEN BIO UND REGIONAL

Gemüse und Obst, aber auch Getreide und Hülsenfrüchte aus Bio-Anbau haben nicht zwangsläufig mehr Inhaltsstoffe und Geschmack als konventionell erzeugte. Wissenschaftliche Studien haben aber ergeben, dass sie fast immer ein Plus an sekundären Pflanzenstoffen – verschiedenen Substanzen in den Pflanzen, die im menschlichen Körper den Stoffwechsel regeln helfen – bieten. In jedem Fall aber haben sie weniger Schadstoffe. Öko-Landwirte verzichten schließlich weitgehend auf chemische oder synthetisch erzeugte Spritzmittel, düngen mit unbedenklicheren Substanzen und verzichten auf gentechnisch veränderte Samen. Am besten greifen Sie zu Bio-Gemüse aus der näheren Umgebung. Denn nur Gemüse aus der Region kann dank der kurzen Transportwege wirklich reif geerntet werden. Und: Reifes Obst und Gemüse hat nicht nur mehr Geschmack, sondern auch mehr Vitamine und Mineralstoffe zu bieten.
Wer Obst und Gemüse aus der Region kauft, ernährt sich außerdem ganz automatisch saisongerecht und damit mit viel Obst und Gemüse, das im Freiland gewachsen ist. Das hat vor allem bei nitratreichen Gemüsesorten wie Salat und Blattgemüsen, Radieschen, Rettich und auch bei Rhabarber einen zusätzlichen Vorteil. Denn sie enthalten weniger davon, wenn sie im Freien im Sonnenlicht wachsen durften und gut ausgereift sind.
Es lohnt sich also, beispielsweise auf dem Wochenmarkt, saisonales und regional angebautes Gemüse und Obst zu kaufen. Wer keinen solchen Markt in seiner Nähe hat, geht im Internet auf die Suche nach einem Bauern mit Hofverkauf oder einem Bio-Kisten-Anbieter. Dort kann man saisongerecht und oft auch regional gewachsene Produkte beziehen und bekommt sie sogar ganz bequem nach Hause geliefert.

WENIGER SCHADSTOFFE

Natürlich nehmen Obst und Gemüse auch über die Luft Schadstoffe auf. Robuste Sorten sollten Sie deshalb immer sehr gründlich unter dem fließenden kalten oder lauwarmen Wasser waschen oder sogar bürsten. So wird ein großer Teil der Schwermetalle abgewaschen.
Weniger robuste Lebensmittel wie Spinat oder Erdbeeren im stehenden Wasser gut durchschwenken oder zumindest gut abbrausen.
Von Blattsalat entfernen Sie die äußeren Blätter, sie enthalten die meisten Schadstoffe.
Auch zu nitratreichen Lebensmitteln wie Blattgemüse und Salaten sollten Sie immer Vitamin-C-reiches wie Zitronensaft, Kohl oder Paprika essen, denn das schützt den Körper vor der Umwandlung von Nitrat in die schädlichen Nitrosamine.

BESTE ZEIT
für Obst und Gemüse

	Januar	Februar	März	April	Mai	Juni	Juli	August	September	Oktober	November	Dezember
GEMÜSE												
Artischocken, groß								●	●	●		
Artischocken, klein	●	●	●								●	●
Auberginen							●	●	●	●		
Avocado	●	●	●	●						●	●	●
Blumenkohl					●	●	●	●	●	●		
Bohnen, grün					●	●	●	●	●	●		
Chicorée	●	●	●				●	●	●	●	●	●
Chinakohl	●	●	●	●					●	●	●	●
Brokkoli							●	●	●	●		
Dicke Bohnen					●	●	●	●				
Erbsen, frisch					●	●	●					
Feldsalat	●	●							●	●	●	●
Fenchel								●	●	●	●	
Frühlingszwiebeln					●	●	●	●				
Gurken						●	●	●	●	●		
Grünkohl	●	●									●	●
Knollensellerie						●	●	●	●	●	●	
Kohlrabi				●	●	●	●	●	●	●	●	
Kürbis									●	●	●	●
Lauch	●	●	●	●	●	●	●	●	●	●	●	●
Mais							●	●	●	●	●	
Mangold					●	●	●	●	●	●	●	
Maronen/Esskastanien									●	●	●	●
Möhren	●	●	●	●	●	●	●	●	●	●	●	●
Paprikaschoten						●	●	●	●	●	●	
Pastinaken	●	●	●							●	●	●
Petersilienwurzeln	●	●	●	●						●	●	●
Radicchio	●	●	●							●	●	●

	Januar	Februar	März	April	Mai	Juni	Juli	August	September	Oktober	November	Dezember
GEMÜSE												
Rettich/Winterrettich	●	●			●	●	●	●	●	●	●	●
Rhabarber				●	●	●						
Rosenkohl	●	●								●	●	●
Rote Bete					●	●	●	●	●	●	●	●
Rotkohl	●	●	●					●	●	●	●	●
Schwarzwurzeln	●	●	●	●						●	●	●
Spargel				●	●	●						
Spinat, zarter Blattspinat				●	●	●	●	●				
Spinat, fester Wurzelspinat	●	●	●								●	●
Staudensellerie						●	●	●	●	●	●	
Tomaten						●	●	●	●	●	●	
Topinambur	●	●	●								●	●
Weißkohl/Spitzkohl	●	●				●	●	●	●	●	●	●
Wirsing	●					●	●	●	●	●	●	●
Zucchini						●	●	●	●	●		
Zuckerschoten					●	●	●	●				
OBST												
Äpfel	●	●	●						●	●	●	●
Aprikosen						●	●	●				
Birnen	●						●	●	●	●	●	●
Brombeeren							●	●	●	●		
Clementinen	●	●									●	●
Datteln	●	●								●	●	●
Erdbeeren					●	●	●					
Feigen								●	●	●	●	
Granatäpfel										●	●	●
Heidelbeeren						●	●	●	●			
Himbeeren						●	●	●	●			
Johannisbeeren						●	●	●				
Kirschen						●	●	●				
Melonen					●	●	●	●	●	●		
Orangen	●	●	●	●							●	●
Pfirsiche/Nektarinen						●	●	●				
Quitten									●	●	●	
Rhabarber				●	●	●						
Stachelbeeren						●	●	●				
Zwetschgen								●	●			

VORSPEISEN *und Snacks*

LEICHT UND VITAMINREICH DAS CARPACCIO, CREMIG-FEIN DER FLAN, WUNDERBAR KNUSPRIG DIE FALAFEL UND DAS GEMÜSE IM TEIGMANTEL. SO GELINGT DER START INS MENÜ PERFEKT. UND SO SCHMECKT DIE KLEINE MAHLZEIT EINFACH GUT.

[a]

DAS IST *wirklich* WICHTIG

[a] HAUCHDÜNN SCHNEIDEN Damit das Gemüse auch roh ein Genuss ist, muss es wirklich dünn geschnitten werden. Am besten eignet sich dafür der Gurkenhobel.

[b] ZIEHEN LASSEN Bereiten Sie das Gemüse mindestens 30 Minuten vor dem Essen vor – so kann es in der Marinade ziehen und wird dadurch gleichzeitig schon ein bisschen mürber.

[c] PFEFFERKÖRNER VORBEREITEN Rispen mit frischen grünen Pfefferkörnern einfach unter kaltem Wasser abspülen, die Körner dann mit den Fingern abstreifen. Eingelegte Pfefferkörner abtropfen lassen.

GEMÜSE-CARPACCIO *mit Birnensalsa*

SCHÖN BUNT, FRISCH UND VITAMINREICH – HAUCHDÜNN GESCHNITTENE GEMÜSESCHEIBEN SIND MIT FRUCHTIGER SAUCE EIN IDEALER START INS VEGETARISCHE MENÜ!

Zutaten für 4 Portionen

Für das Carpaccio

- 2 EL Zitronensaft
- 2 EL Gemüsebrühe
- Salz, Pfeffer aus der Mühle
- 4 EL Olivenöl
- 1 zarter Kohlrabi
- 1 Stück Muskat- oder Butternutkürbis (ca. 300 g)
- 2 Stängel Petersilie, Minze oder Basilikum

Für die Salsa

- 1 reife Birne (ca. 200 g)
- 1–2 TL grüne Pfefferkörner (am besten frisch, sonst eingelegt aus dem Glas; siehe Tipp unten)
- ½ Bio-Zitrone
- 2–3 TL Birnendicksaft, Salz

Zeitbedarf

- 45 Minuten

Nährwerte

- 170 kcal pro Portion

So geht's

1. Den Zitronensaft mit der Brühe, Salz und Pfeffer verrühren. Das Öl mit einer Gabel nach und nach kräftig unterschlagen, bis eine cremige Sauce entstanden ist.
2. Kohlrabi und Kürbis schälen. Zarte Kohlrabiblätter beiseitelegen. Aus dem Kürbis die Kerne samt faserigem Fruchtfleisch mit einem Löffel herausschaben. Kohlrabi und Kürbisfruchtfleisch in dünne Scheiben hobeln [→a] und in einer Schüssel mit der Marinade mischen. Das Gemüse mindestens 30 Minuten darin ziehen lassen [→b]. Dabei ein- bis zweimal durchrühren.
3. Inzwischen für die Salsa die Birne vierteln, schälen und vom Kerngehäuse befreien. Das Birnenfleisch sehr fein hacken. Frische Pfefferkörner waschen und abstreifen [→c], eingelegte abtropfen lassen. Pfefferkörner hacken. Die Zitronenhälfte waschen und abtrocknen, die Schale fein abreiben. Den Saft auspressen. Birnenfleisch, Pfeffer, Zitronenschale und 1 TL Zitronensaft mit dem Birnendicksaft verrühren. Salsa mit Salz abschmecken.
4. Das Gemüse dachziegelartig auf vier Tellern auslegen. Die Marinade aus der Schüssel darüberträufeln.
5. Die Kräuter waschen und trocken schütteln. Blättchen abzupfen und mit dem Kohlrabigrün fein hacken. Die Kräuter auf das Gemüse streuen, die Birnensalsa jeweils in der Mitte der Teller verteilen. Das Gemüse-Carpaccio frisch servieren.

Dazu schmeckt knuspriges Baguette.

FRISCHEN GRÜNEN PFEFFER bekommen Sie auf größeren Märkten oder auch im Asienladen. Die pikanten, noch weichen Körner werden an der Rispe verkauft.

Die Variante

Pilz-Carpaccio mit grünem Spargel
4 Stangen grünen Spargel waschen, putzen und schräg in dünne Scheiben schneiden. 300 g sehr frische Champignons oder Egerlinge feucht abreiben, Enden abschneiden. Pilze ebenfalls in dünne Scheiben schneiden. Vier Teller mit Rucola auslegen. Pilze und Spargel darauf anrichten. 1 Bio-Zitrone heiß waschen und abtrocknen, Schale fein abreiben. 1 Zitronenhälfte so schälen, dass auch die weiße Haut mit entfernt wird, dann das Fruchtfleisch sehr fein würfeln. Den Saft, der sich dabei bildet, mit 1 TL Honigsenf, Salz und Pfeffer verrühren, 6 EL sehr gutes Olivenöl unterschlagen. Zitronenschale und -würfel mit fein gezupften Blättchen von ¼ Bund Basilikum untermischen. Pilze und Spargel mit der Sauce beträufeln und ca. 15 Minuten ziehen lassen, dann servieren.

ROTE-BETE-CARPACCIO

mit Ricotta und Karamellnüssen

KURZ GEGART SCHMECKEN DIE ROTEN BETEN BESONDERS AROMATISCH. SIE KÖNNEN DIE SCHEIBEN ABER AUCH ROH MIT DER MARINADE MISCHEN UND DARIN ZIEHEN LASSEN.

Zutaten für 4 Portionen

- 2 kleine Rote Beten (ca. 400 g)
- 100 ml trockener Rotwein
- 2 TL Honig, Salz
- 50 ml frisch gepresster Orangensaft
- 1 Handvoll Walnusskerne
- 25 g Zucker
- 2 EL Zitronensaft
- 4 EL Walnussöl
- Pfeffer aus der Mühle
- 150 g Ricotta

Zeitbedarf

- 30 Minuten

Nährwerte

- 295 kcal pro Portion

So geht's

1. Die Roten Beten von den Enden befreien, schälen und in dünne Scheiben hobeln, am besten mit Einweghandschuhen.
2. Den Wein mit dem Honig und Salz (nicht zu viel, da der Sud später durch Einkochen konzentriert wird) zum Kochen bringen. Rote-Bete-Scheiben einlegen und zugedeckt bei starker Hitze in ca. 4 Minuten gut bissfest garen. Sud in einen kleinen Topf abgießen und mit dem Orangensaft mischen. In ca. 5 Minuten bei starker Hitze auf etwa die Hälfte einkochen lassen.
3. Die Roten Beten dachziegelartig auf Tellern ausbreiten. Den eingekochten Sud abkühlen lassen. Inzwischen die Walnusskerne in Stücke brechen. Den Zucker bei mittlerer Hitze in einer kleinen Pfanne schmelzen, aber nicht zu braun werden lassen. Die Nusskerne einrühren und bei schwacher bis mittlerer Hitze unter Rühren 1–2 Minuten braten, bis sie knusprig sind.
4. Den Sud mit dem Zitronensaft und dem Öl verrühren. Sauce pfeffern und bis auf einen kleinen Rest auf den Rote-Bete-Scheiben verteilen. Den Ricotta in kleinen Nocken daraufsetzen, die Nüsse aufstreuen. Die restliche Sauce auf den Ricotta träufeln. Carpaccio gleich servieren.

Gut schmeckt dazu Walnussbrot oder Vollkornbaguette.

MELONEN-CARPACCIO
mit mariniertem Mozzarella

EINE SOMMERLICHE VORSPEISE, DIE NICHT NUR MIT HONIGMELONE, SONDERN AUCH MIT SCHEIBEN VON EINER AROMATISCHEN WASSERMELONE SEHR GUT SCHMECKT.

Zutaten für 4 Portionen

- 1 Honig- oder Netzmelone (ca. 900 g)
- 2 Frühlingszwiebeln
- ½ Bund Basilikum
- ½ rote Chilischote
- ½ Bio-Zitrone
- 250 g Büffelmozzarella
- 4 EL Olivenöl, Salz

Zeitbedarf
- 30 Minuten

Nährwerte
- 325 kcal pro Portion

So geht's

1. Die Melone vierteln, von den Kernen samt faserigem Fruchtfleisch befreien und schälen. Die Viertel quer in dünne Scheiben schneiden. Die Scheiben dachziegelartig auf vier Teller verteilen.
2. Die Frühlingszwiebeln waschen, die Wurzelenden und die welken dunkelgrünen Teile abschneiden. Basilikum waschen und trocken schütteln, die Blättchen abzupfen. Das Chilistück waschen. Zwiebeln, Basilikum und Chili zusammen fein hacken. Die Zitronenhälfte waschen und abtrocknen, die Schale fein abreiben, den Saft auspressen. Den Mozzarella in kleine Würfel schneiden.
3. Die Zwiebel-Basilikum-Mischung mit der Zitronenschale und dem Öl verrühren und salzen. Mozzarella untermischen. Die Melonenscheiben mit ca. 1 EL Zitronensaft beträufeln, die Mozzarellamischung darauf verteilen. Das Carpaccio gleich servieren.

Dazu schmeckt knuspriges Weißbrot. Eventuell noch etwas Olivenöl zum Beträufeln mit auf den Tisch stellen.

SO SCHMECKT'S AUCH Natürlich können Sie sich auch am Klassiker orientieren und statt der Melone Fleischtomaten waschen und in Scheiben schneiden. Ebenfalls köstlich: Gurkenscheiben.

MENÜTIPP Nach der leichten sommerlichen Vorspeise schmeckt Pasta mit Kirschtomaten und frittiertem Salbei (Seite 111) oder Zwiebel-Frittata mit getrockneten Tomaten (Seite 164) mit einem gemischten Salat. Als Dessert dann frische Sommerfrüchte anbieten.

ZIEGENKÄSE
mit Melonen-Feigen-Konfitüre

OFENWARMER KÄSE MIT EINER FRUCHTIGEN KONFITÜRE IST EINE GENIALE KOMBINATION, DIE SOWOHL ALS VORSPEISE WIE AUCH ALS KLEINER IMBISS – ETWA AUF BLATTSALAT – SCHMECKT.

Zutaten für 4 Portionen

Für die Konfitüre

- 2 Feigen (etwa 200 g)
- 1 Stück Honig- oder Wassermelone (etwa 200 g)
- ¼ Bio-Zitrone
- ½ TL Koriandersamen
- 2 getrocknete, in Öl eingelegte Tomaten
- 75 g brauner Zucker
- ¼ Bund Basilikum
- Salz, Pfeffer aus der Mühle

Für den Käse

- 4 kleine Ziegenkäse (Crottin oder Picandou)
- 1 kleine getrocknete Chilischote (ersatzweise ¼ TL Chilipulver oder -flocken)
- 2 TL brauner Zucker

Zeitbedarf
- 40 Minuten

Nährwerte
- 300 kcal pro Portion

So geht's

1. Die Feigen waschen und die Stielansätze abschneiden [→a]. Die Feigen klein würfeln. Das Melonenstück von den Kernen befreien [→b], schälen und ebenfalls klein würfeln. Das Zitronenviertel waschen und abtrocknen, die Schale fein abreiben, den Saft auspressen. Die Koriandersamen im Mörser fein zerstoßen. Die Tomaten abtropfen lassen und würfeln.
2. Alle diese Zutaten mit dem Zucker in einem Topf mischen und langsam unter Rühren zum Kochen bringen. Bei mittlerer Hitze offen ca. 12 Minuten köcheln lassen, bis die Konfitüre leicht dicklich wird. Inzwischen das Basilikum kalt abbrausen und trocken schütteln. Die Blättchen abzupfen, fein hacken und unter die Konfitüre mischen. Konfitüre mit Salz und Pfeffer abschmecken und in ein Schälchen oder zum Aufbewahren in ein Schraubenverschlussglas [→c] füllen. Abkühlen lassen.
3. Dann den Grill des Backofens anschalten. Die Käse nebeneinander auf ein mit Backpapier belegtes Backblech oder in eine ofenfeste Form legen. Die Chilischote mit dem Zucker im Mörser fein zerstoßen und auf den Käse streuen. Oder den Zucker mit dem Chilipulver bzw. den Flocken mischen und aufstreuen. Den Käse mit ca. 10 cm Abstand unter die heißen Grillschlangen schieben und ca. 5 Minuten grillen, bis die Oberfläche schön gebräunt ist. Auf Teller verteilen und mit der Konfitüre genießen.

Dazu schmeckt frisches Brot, z. B. ein Walnussbrot.

FÜR VEGANER **Die Konfitüre wie beschrieben zubereiten. Statt Käse Tofuscheiben nehmen und mit dem Chilizucker überbacken. Nehmen Sie dafür die doppelte Menge Chili und Zucker und salzen Sie die Tofuscheiben, bevor Sie den scharfen Zucker aufstreuen.**

DAS IST *wirklich* WICHTIG

[a] FEIGEN VORBEREITEN Die meisten Feigen haben eine weiche Haut und müssen nicht geschält werden. Nur wenn sie sehr hart ist, schneiden Sie die Schale mit einem scharfen Messer dünn ab. Ansonsten die Früchte nur waschen und den Stielansatz entfernen.

[b] MELONE PUTZEN Die Kerne samt dem faserigen Fruchtfleisch, in das sie gebettet sind, mit einem Löffel vom Melonenstück abschaben. Legen Sie das Melonenstück dann seitlich auf ein Küchenbrett und schneiden Sie auch die Schale ab.

[c] KONFITÜRE AUF VORRAT Durch den Zuckergehalt hält sich die Konfitüre etwa 2 Monate an einem kühlen Ort frisch. Wer möchte, bereitet die doppelte Menge zu und füllt einen Teil in ein sauberes Schraubglas. Konfitüre kochend heiß einfüllen, das Glas gleich verschließen.

[b]

DAS IST *wirklich* WICHTIG

[a] EIER TRENNEN Damit Eischnee schön fest wird, dürfen keine Eigelbreste ins Eiweiß geraten. Schlagen Sie die Eier einzeln am Schüsselrand etwa in der Mitte an. Brechen Sie die beiden Hälften vorsichtig auf. Das Eigelb nun langsam von einer Eierschale in die andere umfüllen, das Eiweiß dabei in die Schüssel fließen lassen.

[b] WASSERBAD VORBEREITEN Erhitzen Sie das Wasser fürs Wasserbad im Wasserkocher oder Kochtopf. Stellen Sie eine Fettpfanne oder große Form bereit und legen Sie sie mit einem Küchentuch aus. Dann stehen die Förmchen später gut und stabil im Wasserbad.

[c] [d]

[c] MASSE EINFÜLLEN Die Förmchen werden höchstens zu zwei Dritteln gefüllt, die Flanmasse dehnt sich nämlich in der Wärme aus und geht in die Höhe.

[d] FÖRMCHEN IM WASSERBAD Stellen Sie die Förmchen jetzt in die vorbereitete Fettpfanne oder Form und gießen Sie so viel heißes Wasser an, dass die Förmchen zur Hälfte ihrer Höhe darin stehen.

KÄSEFLAN
mit Senfbirnen

EIN FLAN WIRD AUS EIERN UND EINEM MILCHPRODUKT WIE SÜSSER ODER SAURER SAHNE ZUBEREITET, DANN SEHR SCHONEND IM WASSERBAD IM OFEN GEGART: EINE WUNDERBARE VORSPEISE, AUCH BEI FESTLICHEN GELEGENHEITEN.

Zutaten für 4 Portionen

Für die Senfbirnen

- 3–4 Birnen (je nach Größe)
- 1 EL Zitronensaft
- 1 EL Butter, 1 EL Zucker
- 2 TL gelbe Senfsamen
- 1 TL Koriandersamen
- ⅛ l trockener Weißwein
- 2 Lorbeerblätter
- 2 TL scharfer Senf, Salz

Für den Flan

- 3 Eier, 100 g Crème fraîche
- Salz, Pfeffer aus der Mühle
- frisch geriebene Muskatnuss
- 100 g Appenzeller
- 50 g Pecorino, ½ EL Butter

besonderes Werkzeug
- 4 Förmchen (je ca. 200 ml)

Zeitbedarf
- 30 Minuten + 30 Minuten backen

Nährwerte
- 460 kcal pro Portion

So geht's

1. Die Birnen vierteln, schälen und von den Kerngehäusen befreien. Die Birnen in feine Schnitze schneiden und mit dem Zitronensaft mischen.
2. Die Butter mit dem Zucker in einem Topf schmelzen lassen. Die Birnen darin bei mittlerer Hitze unter Rühren andünsten. Die Senf- und die Koriandersamen kurz mitbraten, den Wein angießen, Lorbeer zugeben und die Birnen offen bei schwacher Hitze ca. 5 Minuten dünsten. Mit dem Senf und Salz abschmecken und abkühlen lassen.
3. Den Backofen auf 150 °C vorheizen (Ober- und Unterhitze; Umluft 130 °C). Für den Flan 2 Eier trennen **[→a]**. Die Eigelbe und das ganze Ei mit der Crème fraîche verrühren, mit Salz, Pfeffer und Muskat würzen. Den Käse eventuell von der Rinde befreien und fein reiben. Die Eiweiße zu steifem Schnee schlagen. Den Eischnee und den Käse auf die Eigelbcreme geben und mit dem Schneebesen locker unterheben.
4. Für das Wasserbad Wasser heiß werden lassen und eine Fettpfanne oder große Form bereitstellen **[→b]**. Die Förmchen mit der Butter auspinseln. Die Eier-Käse-Masse in die Förmchen füllen **[→c]**. Die Förmchen in die Fettpfanne oder Form stellen, das Wasser angießen **[→d]**. Die Flans im heißen Ofen (unten) in ca. 30 Minuten stocken lassen.
6. Die Flans aus dem Ofen nehmen, 5–10 Minuten stehen lassen, dann mit einem Messer vom Rand der Förmchen lösen und vorsichtig herausstürzen. Die Lorbeerblätter aus den Birnen entfernen. Die Birnen abschmecken und zu den Flans servieren.

MENÜTIPP **Nach der eher gehaltvollen Vorspeise bieten Sie am besten ein leichtes Hauptgericht an: Gemüseeintopf aus Italien (Seite 105) oder Salatpäckchen mit Ricotta und Tomaten (Seite 172). Als Dessert schmeckt gekauftes Eis mit erwärmten Himbeeren besonders gut.**

KÜRBISFLAN *mit Kräuterrahm*

EIN FARBENFROHER GEMÜSEFLAN FÜR DEN HERBST UND EIN BEISPIEL, WIE SIE AUS PÜRIERTEM GEMÜSE EINE FEINE VORSPEISE ZAUBERN KÖNNEN.

Zutaten für 4 Portionen

Für den Flan

- 1 Stück Muskatkürbis (ca. 600 g)
- Salz, 2 Eier (Größe M)
- 100 g Crème fraîche
- ½ Bio-Zitrone
- ½ TL Paprikapulver
- Butter für die Förmchen

Für die Sauce

- 1 Bund gemischte Kräuter (z. B. für grüne Sauce)
- 200 g saure Sahne
- 1 TL Honigsenf
- 1 TL Kürbiskernöl
- Salz, Pfeffer aus der Mühle

besonderes Werkzeug
- 4 Förmchen (je ca. 200 ml)

Zeitbedarf
- 30 Minuten + 40 Minuten backen + 5–10 Minuten ruhen

Nährwerte
- 285 kcal pro Portion

So geht's

1. Den Backofen auf 200 °C (Ober- und Unterhitze; Umluft 180 °C) vorheizen. Aus dem Kürbis die Kerne samt faserigem Fruchtfleisch mit einem Löffel herausschaben. Den Kürbis in ca. 2 cm dicke Spalten schneiden und schälen. Die Spalten nebeneinander auf ein mit Backpapier belegtes Backblech legen und salzen. Im Ofen (Mitte) in ca. 30 Minuten weich backen.
2. Den Kürbis etwas abkühlen lassen, dann mit den Eiern und der Crème fraîche in der Küchenmaschine oder im Mixer pürieren. Die Zitronenhälfte heiß waschen und abtrocknen, die Schale fein abreiben. Mit dem Paprikapulver unter das Kürbispüree mischen, alles mit Salz abschmecken.
3. Backofentemperatur auf 150 °C (Ober- und Unterhitze; Umluft 130 °C) reduzieren. Wasser heiß werden lassen. Die Förmchen mit Butter ausstreichen und die Kürbismasse einfüllen. Sie soll die Förmchen nur zu zwei Dritteln füllen (siehe Seite 20).
4. Die Förmchen in die Fettpfanne oder in eine ofenfeste Form stellen und so viel Wasser angießen, dass sie etwa zur Hälfte ihrer Höhe darinstehen. Die Flans im Ofen (unten) ca. 40 Minuten garen, bis die Masse gestockt ist.
5. Inzwischen die Kräuter waschen und trocken schütteln. Die Blättchen von den Stielen zupfen und fein hacken. Die saure Sahne mit dem Senf und dem Kürbiskernöl verrühren, die Kräuter untermischen und die Creme mit Salz und Pfeffer abschmecken.
6. Die Flans 5–10 Minuten stehen lassen, dann mit einem Messer vom Förmchenrand lösen und auf Teller stürzen. Die Kräutercreme daneben anrichten.

SO SCHMECKT'S AUCH 400 g gekochte Erbsen, 400 g gehäutete Paprikaschote oder 400 g gekochte Brokkoli- oder Blumenkohlröschen pürieren und statt Kürbis mit der Eiermasse mischen.

AUBERGINEN
mit Mozzarella

KEIN FLAN, SONDERN EHER EIN GRATIN – AUF JEDEN FALL EINE FEINE KLEINE VORSPEISE AUS DEM OFEN, DIE IHRE GÄSTE BEGEISTERN WIRD.

Zutaten für 4 Portionen

- 1 kleine Aubergine (ca. 280 g)
- Salz, Pfeffer aus der Mühle
- 200 g vollreife Tomaten
- 2 Knoblauchzehen
- 1 Bund Basilikum
- 1 EL Kapern
- 2 getrocknete, in Öl eingelegte Tomaten
- 125 g Mozzarella
- 6 EL Olivenöl
- 50 g frisch geriebener Pecorino
- Rucola zum Garnieren

besonderes Werkzeug
- 4 Förmchen (je ca. 175 ml)

Zeitbedarf
- 30 Minuten + 30 Minuten backen

Nährwerte
- 325 kcal pro Portion

So geht's

1. Die Aubergine waschen und die Enden abschneiden. Die Aubergine quer in dünne Scheiben schneiden. Auf beiden Seiten mit Salz und Pfeffer würzen. Stielansätze keilförmig aus den Tomaten herausschneiden. Die Tomaten mit kochendem Wasser überbrühen, kurz ziehen lassen, kalt abschrecken und häuten (siehe Seite 103). Die Tomaten klein würfeln.
2. Den Knoblauch schälen und in feine Scheiben schneiden. Das Basilikum waschen und trocken schütteln. Die Blättchen abzupfen und mit den Kapern und den getrockneten Tomaten sehr fein hacken. Den Mozzarella abtropfen lassen und in feine Scheiben schneiden.
3. Den Backofen auf 180 °C (Ober- und Unterhitze; Umluft 160 °C) vorheizen. In einer Pfanne nach und nach das Öl erhitzen. Die Auberginenscheiben darin portionsweise bei mittlerer Hitze pro Seite ca. 2 Minuten braten und wieder herausnehmen. Wenn die Auberginen gebraten sind, die Tomaten kurz in der Pfanne schwenken. Mit Salz und Pfeffer abschmecken und mit dem Knoblauch und der Basilikummischung verrühren.
4. Die Auberginen- und die Mozzarellascheiben, falls nötig, in Größe der Förmchen zuschneiden. Lagenweise Auberginen, Tomaten und Mozzarella in die Förmchen schichten, dabei jeweils etwas Pecorino dazwischenstreuen. Die Förmchen in den Ofen (Mitte) stellen und das Gemüse ca. 30 Minuten backen.
5. Die kleinen Gratins ca. 5 Minuten in den Förmchen stehen lassen, dann eventuell mit einem Messer vom Rand lösen und vorsichtig herausstürzen. Teller mit etwas Rucola auslegen. Die Gratins daraufsetzen und warm servieren.

Dazu schmeckt knuspriges Weißbrot.

TOMATEN-HUMMUS

mit Zucchinisalat

DAS KOCHEN VON HÜLSENFRÜCHTEN IST EIN KINDERSPIEL, ES BRAUCHT LEDIGLICH EINE RECHTZEITIGE VORBEREITUNG UND AUSREICHEND ZEIT ZUM GAREN. MIT UNSEREN TIPPS GELINGT DIE ZUBEREITUNG MÜHELOS.

Zutaten für 4 Portionen

- 150 g getrocknete Kichererbsen
- 1 TL Natron [→b]
- 400 g junge Zucchini, Salz
- ½ Bund Minze, 1 Bio-Zitrone
- Pfeffer aus der Mühle
- ½ TL Ahornsirup
- 8 EL Olivenöl
- 2 EL Pinienkerne
- 1 Tomate
- 2 Knoblauchzehen
- 3 EL Tahin (Sesampaste)
- 1 TL Tomatenmark
- 1 TL gem. Kreuzkümmel
- 2 TL Ras-el-hanout (marokkanische Gewürzmischung)
- Cayennepfeffer (nach Belieben)

Zeitbedarf

- 35 Minuten + 12 Stunden quellen + 1 Stunde kochen

Nährwerte

- 465 kcal pro Portion

So geht's

1. Für den Hummus die Kichererbsen in einer Schüssel mit Wasser bedecken und über Nacht quellen lassen [→a]. Am nächsten Tag abgießen und mit frischem Wasser in einen Topf geben. Das Wasser zum Kochen bringen, aber keinesfalls salzen, das Natron einrühren [→b]. Die Kichererbsen bei halb aufgelegtem Deckel in ca. 1 Stunde weich kochen. Die Kichererbsen dann abgießen und abkühlen lassen.
2. Inzwischen für den Salat die Zucchini waschen und die Enden abschneiden. Die Zucchini grob raspeln, mit etwas Salz mischen und ca. 10 Minuten stehen lassen [→c].
3. Die Minze waschen und trocken schütteln, die Blättchen abzupfen und fein hacken. Die Zitrone waschen, abtrocknen und halbieren. Die Schale von 1 Zitronenhälfte fein abreiben, beide Hälften auspressen. 3 EL Saft mit Salz, Pfeffer und dem Ahornsirup verrühren. 4 EL Öl zu einer cremigen Sauce unterschlagen.
4. Die Flüssigkeit von den Zucchini abgießen. Die Zucchini mit der Minze, der Zitronenschale und der Sauce mischen und abschmecken. Die Pinienkerne in einer Pfanne ohne Fett bei mittlerer Hitze unter Rühren goldgelb rösten und auf die Zucchini streuen.
5. Für den Tomaten-Hummus den Stielansatz aus der Tomate herausschneiden. Die Tomate mit kochendem Wasser überbrühen, kurz ziehen lassen, kalt abschrecken und häuten (siehe Seite 103). Die Tomate würfeln. Den Knoblauch schälen und durchpressen. Tomate und Knoblauch mit den Kichererbsen, 1–2 EL Wasser, 2 EL Öl, Tahin, Tomatenmark und 3 EL Zitronensaft in der Küchenmaschine, im Mixer oder mit dem Pürierstab fein pürieren [→d]. Den Hummus mit Salz und Kreuzkümmel abschmecken und in ein Schälchen füllen. Das übrige Öl mit dem Ras-el-hanout und eventuell dem Cayennepfeffer leicht erwärmen, wenig salzen und auf den Hummus löffeln. Den Zucchinisalat dazu servieren.

Dazu passt außerdem Fladenbrot.

GUT KOMBINIERT **Unser Körper kann das Eiweiß aus den Hülsenfrüchten noch besser aufnehmen, wenn Sie Bohnen, Kichererbsen & Co. mit Getreide kombinieren. Essen Sie zusammen mit Getreide also in jedem Fall Brot oder genießen Sie geschmorte Hülsenfrüchte wie die Tajine von Seite 189, mit Couscous oder Bulgur.**

DAS IST *wirklich* WICHTIG

[a] QUELLEN LASSEN Kichererbsen müssen Sie vor dem Kochen einweichen. Dazu die getrockneten Hülsenfrüchte mit Wasser bedecken und ein paar Stunden oder über Nacht stehen lassen. Auf den Warenkundeseiten 186 und 187 erfahren Sie, welche Hülsenfrüchte Sie außerdem einweichen müssen und wie lange die jeweiligen Sorten dann zum Garen brauchen.

[b] SALZ UND SÄURE ERST ZUM SCHLUSS Säure im Kochwasser ist absolut tabu, sie verhindert das Weichwerden der Hülsenfrüchte. Auch zu viel Salz und Kalk im Wasser schaden. Vor allem in Gegenden mit kalkreichem Wasser wie Bayern geben Sie deshalb besser etwas Natron ins Kochwasser. Es macht das Wasser basisch. Sie finden das auch Haushaltsnatron genannte Pulver im Regal mit den Backzutaten.

[c] ZUCCHINI SALZEN Damit der Salat nicht wässrig wird, mischen Sie die Zucchini nach dem Raspeln in einer Schüssel mit Salz. Nach ca. 10 Minuten bildet sich Saft. Diesen gründlich abgießen und die Raspel eventuell sogar leicht ausdrücken. Einfach an den Schüsselrand pressen und den Saft abfließen lassen.

[d] DIE RICHTIGE KONSISTENZ Hummus soll sämig und weich sein, aber nicht zerfließen. Geben Sie eventuell beim Pürieren noch etwas Wasser an die Paste.

[c]

[d]

ROTE-LINSEN-MOUSSE

mit Paprikatatar

FEIN ALS AUFSTRICH ODER AUCH ALS AUSSERGEWÖHNLICHE VORSPEISE. MOUSSE DANN MIT ZWEI ESSLÖFFELN ZU NOCKEN FORMEN UND MIT DEM TATAR ANRICHTEN.

Zutaten für 4 Portionen

- 1 Zwiebel
- 2 Knoblauchzehen
- 1 TL Koriandersamen
- 150 g rote Linsen
- 3 EL Olivenöl
- 1 Stück frischer Ingwer (ca. 3 cm)
- ½ Bund Koriandergrün
- Salz, Pfeffer aus der Mühle
- 1 kleine rote Paprikaschote
- 50 g Feta (Schafskäse)

Zeitbedarf

- 35 Minuten

Nährwerte

- 150 kcal pro Portion

So geht's

1. Die Zwiebel und den Knoblauch schälen und fein hacken. Den Koriander in einem Mörser leicht andrücken. Die Linsen in einem Sieb kalt abspülen.
2. In einem Topf 1 EL Öl erhitzen, die Zwiebel und den Knoblauch mit dem Koriander darin andünsten. Die Linsen unterrühren, 350 ml Wasser angießen und zum Kochen bringen. Die Linsen zugedeckt bei schwacher Hitze ca. 15 Minuten garen, bis sie sehr weich sind. Falls nötig, in dieser Zeit noch etwas Wasser nachgießen.
3. Die Linsen im offenen Topf lauwarm oder komplett abkühlen lassen. Den Ingwer schälen und sehr fein hacken. Koriandergrün waschen und trocken schütteln. Die Blättchen abzupfen und fein hacken.
4. Die Linsen mit dem restlichen Olivenöl fein pürieren. Den Ingwer und den Koriander untermischen und die Mousse mit Salz und Pfeffer abschmecken.
5. Die Paprikaschote waschen und halbieren. Stiel und Trennhäute mit den Kernen entfernen, die Paprika sehr fein hacken. Den Schafskäse zerkrümeln und mit dem Paprikatatar mischen. Leicht salzen und pfeffern und auf die Linsenmousse streuen.

VEGANER **lassen den Schafskäse einfach weg oder ersetzen ihn durch geräucherten Tofu.**

BOHNENCREME

mediterran

BROTAUFSTRICH, DER FÜR ALLE VEGETARIERTYPEN ABWECHSLUNG AUF DEN TISCH BRINGT. AUCH WUNDERBAR ALS BELAG FÜR CROSTINI, WIE MAN SIE IN DER TOSKANA LIEBT.

Zutaten für 4 Portionen

- 150 g weiße getrocknete Bohnenkerne
- 2 Lorbeerblätter
- 2 Knoblauchzehen
- 1 TL Natron
- je ¼ Bund Petersilie und Basilikum
- 4 getrocknete, in Öl eingelegte Tomaten
- 50 g grüne Oliven
- 1 EL in Salz konservierte Kapern
- 4 EL Olivenöl
- 1 ½ EL Zitronensaft
- Salz, Pfeffer aus der Mühle oder Chilipulver

Zeitbedarf

- 15 Minuten + 12 Stunden einweichen + 1 Stunde garen

Nährwerte

- 305 kcal pro Portion

So geht's

1. Die Bohnen in einer Schüssel gut mit Wasser bedecken und über Nacht quellen lassen.
2. Am nächsten Tag die Bohnen abgießen und mit frischem Wasser in einen Topf füllen. Lorbeer einlegen. Knoblauch schälen und dazugeben. Das Natron einrühren und das Wasser zum Kochen bringen. Die Bohnen bei mittlerer Hitze bei halb aufgelegtem Deckel ca. 1 Stunde köcheln lassen, bis sie weich sind. In ein Sieb abgießen, kalt abschrecken und abkühlen lassen.
3. Die Kräuter waschen und trocken schütteln, die Blättchen abzupfen und sehr fein hacken. Die Tomaten abtropfen lassen und klein würfeln. Das Olivenfleisch vom Stein lösen und mit den Kapern ebenfalls fein schneiden.
4. Den Lorbeer aus den Bohnen entfernen. Die Bohnen mit dem Olivenöl und dem Zitronensaft in der Küchenmaschine, im Mixer oder mit dem Pürierstab fein pürieren. Mit 2–3 EL Wasser auf die gewünschte Konsistenz verdünnen. Kräuter, Tomaten und Olivenmischung unterrühren und die Creme mit Salz und Pfeffer oder Chilipulver abschmecken.

DAS IST *wirklich* WICHTIG

[a] BÄLLCHEN FORMEN Nehmen Sie etwas von den pürierten Erbsen ab und rollen Sie die Masse zwischen den Handflächen zu Bällchen. Die kleinen Kugeln auf einem Küchenbrett beiseitelegen, bis alle geformt sind.

[b] PERFEKT FRITTIEREN Die Bällchen portionsweise frittieren, damit das Fett nicht zu sehr abkühlt. Wenn sie am Topfboden kleben, lösen Sie sie mit dem Kochlöffel vorsichtig wieder ab. Die Bällchen so lange frittieren, bis sie knusprig sind.

FALAFEL *mit Minzjoghurt*

DIE KNUSPRIGEN BÄLLCHEN SCHMECKEN ALS VORSPEISE ODER MIT SALAT UND TOMATENSCHEIBEN IM FLADENBROT. VEGANER SERVIEREN SIE MIT EINEM TATAR AUS TOMATEN UND OLIVENÖL ODER ERSETZEN DEN JOGHURT DURCH SOJAGHURT.

Zutaten für 4 Portionen (ca. 25 Bällchen)

Für die Falafel

- 250 g getrocknete gelbe oder grüne Erbsen
- 1 TL Natron, 1 rote Zwiebel
- 2 Knoblauchzehen
- ca. ½ rote Chilischote
- je ½ Bund Petersilie und Minze
- 1 TL Backpulver, Salz
- je 1 geh. TL gem. Koriander, Kreuzkümmel und edelsüßes Paprikapulver

Für den Joghurt

- ½ Bund Minze, 250 g Joghurt
- 2 TL Zitronensaft, 2 TL Olivenöl
- Salz, Pfeffer aus der Mühle
- 1 TL gem. Koriander
- ¾ l Öl oder 750 g gehärtetes Pflanzenfett zum Frittieren

Zeitbedarf
- 45 Minuten + 12–18 Stunden einweichen

Nährwerte
- 335 pro Person

So geht's

1. Die Erbsen am Vortag in einer Schüssel mit Wasser bedecken, das Natron unterrühren. Die Hülsenfrüchte 12–18 Stunden quellen lassen.
2. Dann die Erbsen in einem Sieb kalt abspülen, abtropfen lassen und in die Küchenmaschine oder den Mixer geben. Die Zwiebel und den Knoblauch schälen, das Chilistück waschen. Kräuter waschen und trocken schütteln, die Blättchen abzupfen. Zwiebel, Knoblauch, Chili und Kräuterblättchen grob hacken, zu den Hülsenfrüchten geben und alles in der Küchenmaschine oder im Mixer gründlich pürieren. Backpulver, vorsichtig Salz und die Gewürze dazugeben und alles nochmals mit Salz abschmecken. Die Masse zu Bällchen formen **[→a]**.
3. Für den Joghurt die Minze waschen und trocken schütteln. Die Blättchen abzupfen und fein hacken. Den Joghurt mit dem Zitronensaft und dem Olivenöl verrühren, mit Salz und Koriander abschmecken. Die Minze untermischen.
4. Das Öl oder Fett zum Frittieren gut erhitzen (siehe Seite 40). Die Bällchen darin portionsweise ca. 4 Minuten frittieren **[→b]**. Jeweils mit dem Schaumlöffel aus dem Fett heben, abtropfen lassen und auf einer dicken Lage Küchenpapier abfetten lassen. Heiße Falafel mit dem Joghurt servieren.

SERVIERTIPP **Gut schmecken die Falafel als Imbiss im Fladenbrot mit Salat. Dafür 4 Blätter Romanasalat, 2 Tomaten und 1 Stück Salatgurke (ca. 150 g) waschen und klein würfeln. 1 rote Zwiebel schälen und sehr fein schneiden. Alle diese Zutaten mit 2 EL Olivenöl, Salz und gemahlenem Koriander mischen. 1 Sesamfladenbrot im Backofen bei 220 °C (Ober- und Unterhitze; Umluft 200 °C) in ca. 5 Minuten aufbacken. Das Brot vierteln und in die Viertel jeweils eine Tasche schneiden. Salatmischung, Falafel und etwas vom Joghurt hineinfüllen und schmecken lassen.**

LAUWARMER CHINAKOHL

mit Sesamtofu

WÜRZIGER CHINAKOHL MIT ZARTEM TOFU KÖSTLICH KOMBINIERT – EINE FEINE, ASIATISCH GEWÜRZTE UND WUNDERBAR LEICHTE VORSPEISE.

Zutaten für 4 Portionen

Für den Chinakohl

- 2 kleinere Chinakohlköpfe (ca. 600 g)
- 1 Stück frischer Ingwer (ca. 4 cm)
- 4 Knoblauchzehen
- 4 Frühlingszwiebeln
- 2 EL Öl
- 200 ml Gemüsebrühe
- 4 EL Reiswein
- 4 EL Sojasauce
- 2 TL Sambal oelek
- 2 TL brauner Zucker oder Ahornsirup, Salz

Für den Tofu

- 400 g Tofu, Salz
- 100 g Sesamsamen
- 5 EL Öl

Zeitbedarf

- 35 Minuten

Nährwerte

- 500 kcal pro Portion

So geht's

1. Von den Kohlköpfen welke Blätter entfernen. Chinakohl waschen und der Länge nach halbieren. Die Hälften ebenfalls längs durch den Strunk in Spalten schneiden [→a]. Den Ingwer und den Knoblauch schälen und in Stifte schneiden [→b]. Die Frühlingszwiebeln waschen, die Wurzelenden und die welken dunkelgrünen Teile abschneiden. Die Zwiebeln in feine Ringe schneiden.
2. Das Öl in einem weiten Topf erhitzen. Die Chinakohlspalten darin andünsten. Ingwer, Knoblauch und Zwiebelringe dazugeben und andünsten. Brühe, Reiswein, Sojasauce, Sambal und Zucker oder Sirup verrühren und dazugießen. Den Chinakohl zugedeckt bei schwacher Hitze 6–7 Minuten schmoren. Den Chinakohl vom Herd ziehen und lauwarm abkühlen lassen.
3. Inzwischen den Tofu abtropfen lassen und in ca. 1 cm dicke Scheiben schneiden. Die Tofuscheiben auf beiden Seiten gut salzen. Die Sesamsamen auf einen Teller schütten. Die Tofuscheiben darin rundherum wälzen [→c].
4. Das Öl in einer Pfanne erhitzen. Den Tofu hineinlegen und bei starker Hitze 3–4 Minuten braten. Umdrehen und weitere 3–4 Minuten braten, bis er schön knusprig ist. Die heißen Tofuscheiben mit dem lauwarmen Chinakohl anrichten und servieren.

SO SCHMECKT'S AUCH Bereiten Sie den Chinakohl auch einmal ohne den Tofu als Beilage zu, z. B. zu Getreidebratlingen.

MENÜTIPP Veganer servieren danach das Thai-Curry mit Zitronenreis (Seite 198) und als Dessert die Kokosmousse mit Sirup-Orangen (Seite 210).

[a]

DAS IST *wirklich* WICHTIG

[a] CHINAKOHL VORBEREITEN Alle welken Blätter ablösen. Den Kohl dann kalt abbrausen und der Länge nach halbieren. Schneiden Sie die Hälften nun der Länge nach so durch den Strunk in Spalten, dass die einzelnen Kohlblätter noch zusammenhalten.

[b] INGWER SCHNEIDEN Nehmen Sie ein kleines Messer, damit sie an alle Stellen der unterschiedlich geformten Knolle gelangen. Ingwer dann in dünne Scheiben schneiden. Legen Sie diese aufeinander und schneiden Sie sie nun in feine Stifte.

[c] TOFU PANIEREN Damit die Sesamsamen gut am Tofu haften bleiben, wird er nicht trocken getupft. Schneiden Sie den Tofu in 1 cm dicke Scheiben und drücken Sie ihn von allen Seiten leicht in die Sesamsamen.

DAS IST *wirklich* WICHTIG

[a] REISPAPIER EINWEICHEN Auf der Arbeitsfläche feuchte Küchentücher ausbreiten. Füllen Sie eine Schüssel mit kaltem Wasser und tunken Sie die Reispapierblätter einzeln kurz ins Wasser. Dann die Blätter herausheben, auf die Küchentücher legen und mit weiteren feuchten Tüchern abdecken. Nach 2–3 Minuten sind die Reispapierblätter weich und geschmeidig.

[b] REISPAPIER BELEGEN Die Reispapierblätter einzeln verarbeiten. In der Mitte aus den Füllungszutaten eine „Rolle" legen. Die Seitenränder über der Füllung nach innen klappen.

[c] REISPAPIER ROLLEN Die Reispapierblätter vorsichtig und fest aufrollen. Auf eine Platte legen und bis zum Servieren mit feuchten Küchentüchern abdecken, damit sie nicht wieder trocken werden.

[b]

[c]

SOMMERROLLEN *mit Asia-Kräutern*

DIE MIT KRÄUTERN UND GURKE FRISCH GEFÜLLTEN ROLLEN WERDEN KALT SERVIERT – EINE IDEALE VORSPEISE FÜR HEISSE SOMMERTAGE! IN IHRER HEIMAT VIETNAM WERDEN SIE AUCH GLÜCKSROLLEN GENANNT.

Zutaten für 4 Portionen

Für die Rollen

- 300 g Tofu, Salz, 3 EL Öl
- je ¼ Bund Minze, Koriandergrün und Thai-Basilikum
- 2 Frühlingszwiebeln
- 1 Stück Salatgurke (ca. 150 g)
- 12 Kopfsalatblätter
- 12 Reispapierblätter (22 – 24 cm ø)

Für die Sauce

- 100 g geröstete Erdnusskerne
- 2 Knoblauchzehen
- 1 Stück frischer Ingwer (1 cm)
- 1 TL brauner Zucker
- 150 ml Kokosmilch
- 100 – 125 ml Gemüsebrühe
- ½ – 1 TL rote Currypaste
- 1 EL Limettensaft
- 2 EL Sojasauce

Zeitbedarf
- 50 Minuten

Nährwerte
- 380 kcal pro Portion

So geht's

1. Den Tofu in ca. 5 cm lange und 1 cm dicke Streifen schneiden, trocken tupfen und rundherum salzen. Das Öl in einer Pfanne erhitzen, den Tofu darin bei starker Hitze auf allen Seiten leicht knusprig braten. Herausnehmen.
2. Die Kräuter waschen und trocken schütteln. Blättchen abzupfen. Die Frühlingszwiebeln waschen, die Wurzelenden und die welken dunkelgrünen Teile abschneiden. Die Zwiebeln der Länge nach in feine Streifen schneiden. Lange Streifen einmal halbieren. Das Gurkenstück schälen und längs halbieren. Die Kerne mit einem Teelöffel aus der Mitte herauskratzen. Die Gurke ebenfalls der Länge nach in feine Streifen schneiden. Salatblätter waschen und trocken schütteln, die dicken Blattrippen flacher schneiden.
3. Für die Sauce 1 EL Erdnusskerne fein hacken, den Rest in der Küchenmaschine fein mahlen. Den Knoblauch schälen und hacken. Den Ingwer schälen und hacken, dann mit Knoblauch und Zucker im Mörser so fein wie möglich zerreiben.
4. Gemahlene Erdnüsse mit der Kokosmilch und der Brühe (die Menge hängt von der Dickflüssigkeit der Kokosmilch ab) einmal aufkochen. Ingwermischung, Currypaste und Limettensaft mit Sojasauce untermischen und die Sauce abschmecken. Sauce abkühlen lassen und in Schälchen verteilen. Gehackte Erdnüsse aufstreuen.
5. Die Reispapierblätter einweichen [→a] und jeweils mit 1 Salatblatt belegen. Tofu, Zwiebeln und Gurke mit den Kräuterblättchen darauf anrichten [→b]. Reispapierblätter aufrollen [→c]. Sommerrollen gleich servieren oder bis zum Servieren mit einem feuchten Küchentuch abdecken. Beim Essen in die Erdnusssauce tunken und abbeißen.

MARINIERTE GEMÜSE
mit Zitronen-Kapern-Pesto

APPETITLICH BRAUN GEBRATEN SCHMECKT GEMÜSE VON HAUS AUS GUT. MIT EINER MARINADE VERMISCHT BEKOMMT ES NOCH MEHR GESCHMACK, UND MIT PESTO SERVIERT WIRD ES ZUR IDEALEN VORSPEISE FÜR ALLE.

Zutaten für 4 Portionen

Für das Gemüse

- 1 Aubergine (ca. 250 g)
- 2 Zucchini (ca. 250 g)
- 1 dicke Fenchelknolle
- je 1 rote und gelbe Paprikaschote
- 10 EL Olivenöl
- Salz, Pfeffer aus der Mühle
- 2 Knoblauchzehen
- 2 EL Zitronensaft

Für das Pesto

- 1 Bio-Zitrone, 1 Bund Basilikum
- 50 g Pinienkerne
- 1 EL in Salz konservierte Kapern
- 8 EL Olivenöl
- Salz, Cayennepfeffer

Zeitbedarf
- 1 Stunde + 4 Stunden marinieren

Nährwerte
- 460 kcal pro Portion

So geht's

1. Das Gemüse waschen. Von der Aubergine und den Zucchini die Stielansätze abschneiden. Die Aubergine quer, die Zucchini längs in knapp 1 cm dicke Scheiben schneiden. Den Fenchel waschen, putzen und vierteln. Zartes Fenchelgrün beiseitelegen. Den Strunk herausschneiden **[→a]**. Die Fenchelviertel nochmals halbieren oder in Scheiben schneiden. Die Paprikaschoten halbieren, Stiel und Trennhäute mit Kernen entfernen **[→b]**. Die Paprika in ca. 2 cm breite Streifen schneiden.
2. In einer Pfanne nach und nach 7 EL Öl erhitzen und das Gemüse in Portionen braten: Auberginenscheiben ca. 6 Minuten, Zucchini ca. 4 Minuten, Fenchel und Paprika ca. 5 Minuten. Das Gemüse nach dem Braten jeweils mit Salz und Pfeffer würzen und nach Sorten getrennt auf eine Platte geben.
3. Für die Marinade den Knoblauch schälen und erst in dünne Scheiben, dann in feine Streifen schneiden. Das Fenchelgrün hacken. Den Zitronensaft mit Salz und Pfeffer verrühren, das übrige Öl unterschlagen. Fenchel und Knoblauch unterrühren und die Marinade auf dem Gemüse verteilen. Gemüse mit Klarsichtfolie abdecken und bei Zimmertemperatur mindestens 4 Stunden marinieren. Sie können es aber auch länger ziehen lassen und bis zu 2 Tage im Kühlschrank aufbewahren.
4. Für das Pesto die Zitrone heiß waschen und abtrocknen, die Schale fein abreiben. Das Basilikum waschen und trocken schütteln. Die Blättchen abzupfen und fein schneiden. Die Pinienkerne in einer Pfanne ohne Fett bei mittlerer Hitze unter Rühren rösten, bis sie goldgelb sind. Die Kapern in einem kleinen Sieb abspülen.
5. Die Pinienkerne mit dem Basilikum, den Kapern und dem Öl in der Küchenmaschine, im Mixer oder mit dem Pürierstab fein pürieren. Zitronenschale untermischen und das Pesto mit Salz und Cayennepfeffer abschmecken. Das Pesto zum Gemüse servieren.

Die Variante

Gemüse-Döner
1 Aubergine, 1 Zucchino und 1 Paprikaschote wie beschrieben braten und marinieren. 100 g Feta (Schafskäse) mit einer Gabel zerdrücken und mit 2 EL gehackter Minze oder Petersilie unter 150 g Joghurt rühren. Mit Pfeffer und Salz abschmecken. 4 Salatblätter waschen und trocken schütteln. 1 Tomate waschen und in dünne Scheiben schneiden. 4 Mini-Fladenbrote mit Sesam im Ofen bei 180 °C (Ober- und Unterhitze; Umluft 160 °C) ca. 5 Minuten aufbacken. Brötchen aufschneiden. Jeweils die untere Hälfte mit 1 Salatblatt und einigen Tomatenscheiben belegen, leicht salzen und pfeffern. Mit dem marinierten Gemüse belegen, Käsejoghurt darauflöffeln. Obere Brötchenhälften auflegen. Döner gleich servieren.

[a]

DAS IST *wirklich* WICHTIG

[a] FENCHEL VORBEREITEN Falls nötig, die äußere Schicht ablösen, sonst einfach welke braune Stellen abschneiden. Fenchel waschen und die Stiele entfernen. Das zarte Grün weglegen, es hat viel Geschmack und eine Menge Vitamine zu bieten. Den Fenchel der Länge nach vierteln. Die Viertel aufs Küchenbrett legen und den weißen Strunk in der Mitte abschneiden.

[b] PAPRIKA VORBEREITEN Schneiden Sie die Schoten nach dem Waschen am besten durch den Stiel in zwei Hälften. Den Stiel herausbrechen und die Trennhäute samt den Kernen herauszupfen. Wenn jetzt noch Kerne an den Schoten haften, halten Sie die Hälften noch einmal kurz unter den kalten Wasserstrahl.

ZWIEBELN *in Honig-Rotwein*

Zutaten für 4 Portionen

- 600 g Schalotten oder kleine Zwiebeln
- 1 Zweig Salbei
- 2 EL Olivenöl
- ⅛ l trockener Rotwein
- 1 getrocknete Chilischote
- 1 Lorbeerblatt
- 2 EL Rotweinessig
- 1 EL Honig, Salz

Zeitbedarf
- 25 Minuten + 4 Stunden marinieren

Nährwerte
- 115 kcal pro Portion

So geht's

1. Die Schalotten oder Zwiebeln schälen und ganz lassen. Den Salbei waschen und trocken schütteln, die Blättchen abzupfen.
2. Das Öl in einem Topf erhitzen. Die Schalotten oder Zwiebeln darin bei starker bis mittlerer Hitze unter Rühren anbraten, bis sie appetitlich gebräunt sind. Schalotten oder Zwiebeln mit dem Rotwein ablöschen. Die Chilischote im Mörser leicht andrücken und mit Salbei, Lorbeer, Essig und Honig dazugeben. Sud mit Salz abschmecken und Schalotten oder Zwiebeln darin zugedeckt bei mittlerer Hitze in ca. 10 Minuten bissfest garen.
3. Den Sud eventuell leicht einkochen lassen. Die Schalotten im Sud abkühlen und vor dem Servieren mindestens 4 Stunden marinieren lassen.

Die Schalotten schmecken gut mit Ziegenkäse aus dem Ofen, mit Mozzarella oder mit Ricottanocken, mit einem Esslöffel abgestochen und mit etwas Olivenöl beträufelt.

PFEFFERPILZE *mit Zitrone*

Zutaten für 4 Portionen

- 600 g kleine Champignons oder Egerlinge
- 1 Bio-Zitrone
- 1 Rispe frische grüne Pfefferkörner (ersatzweise 2 TL eingelegte grüne Pfefferkörner aus dem Glas)
- 4 Knoblauchzehen
- ½ Bund Basilikum oder Petersilie
- 4 EL Olivenöl, Salz

Zeitbedarf
- 30 Minuten + 4 Stunden marinieren

Nährwerte
- 125 kcal pro Portion

So geht's

1. Die Pilze mit feuchtem Küchenpapier abreiben, die Stielenden abschneiden. Die Zitrone heiß waschen und abtrocknen, die Schale in Streifen dünn abschneiden. Eine Hälfte auspressen. Den Pfeffer waschen. Die Körner von der Rispe streifen und grob hacken. Den Knoblauch schälen und in dünne Scheiben schneiden. Basilikum oder Petersilie waschen und trocken schütteln. Blättchen abzupfen und fein hacken.
2. In einem weiten Topf oder einer Pfanne 2 EL Olivenöl erhitzen. Die Pilze darin bei starker Hitze unter Rühren ca. 5 Minuten braten. Die Pilze salzen, die Hitze reduzieren, Knoblauch mit Pfeffer, Zitronenschale und Kräutern dazugeben und alles 1 Minute weiterbraten.
3. Die Pilze in eine Schüssel füllen, mit dem Zitronensaft und dem restlichen Öl mischen und bei Bedarf noch mit etwas Salz abschmecken. Pilze vor dem Servieren mindestens 4 Stunden marinieren lassen.

Die Pilze schmecken besonders gut auf geröstetem Brot.

MÖHREN
mit Grenadine

Zutaten für 4 Portionen

- 500 g Möhren
- 1 rote Chilischote
- 1 Bund Frühlingszwiebeln
- 1 Bio-Orange
- ½ Bund Petersilie
- 4 EL Olivenöl, Salz
- 2 EL Zitronensaft
- 2 EL Grenadine (Granatapfelsirup)
- 1 TL gem. Koriander

Zeitbedarf
- 30 Minuten + 4 Stunden marinieren

Nährwerte
- 170 kcal pro Portion

So geht's

1. Die Möhren schälen, putzen und in knapp 1 cm dicke Scheiben schneiden. Chilischote waschen und den Stiel abschneiden, die Schote mit den Kernen in feine Ringe schneiden (siehe Seite 93). Die Frühlingszwiebeln waschen, die Wurzelenden und die welken dunkelgrünen Teile abschneiden. Die Zwiebeln in ca. 5 cm lange Stücke schneiden und längs halbieren.
2. Die Orange heiß waschen und abtrocknen, die Schale fein abreiben, den Saft auspressen. Die Petersilie waschen und trocken schütteln, die Blättchen abzupfen und fein hacken.
3. In einem weiten Topf 2 EL Olivenöl erhitzen, die Möhrenscheiben darin unter Rühren anbraten. Die Chiliringe und die Zwiebelstreifen dazugeben und kurz mitbraten. Orangensaft und 50 ml Wasser angießen. Das Gemüse salzen und zugedeckt bei schwacher Hitze in ca. 8 Minuten bissfest garen.
4. Den Zitronensaft mit Orangenschale, Grenadine und restlichem Olivenöl gründlich verrühren. Petersilie untermischen und die Marinade mit Salz und Koriander würzen.
5. Die Möhren im Sud lauwarm abkühlen lassen, dann Möhren und Sud mit der Marinade mischen und mindestens 4 Stunden ziehen lassen.

LAUCH
mit Vanille und Haselnüssen

Zutaten für 4 Portionen

- 800 g Lauch (am besten zarte Stangen)
- 1 EL Butter
- 1 EL Öl
- 100 ml Gemüsebrühe
- 1 Vanilleschote
- 2 EL Haselnusskerne
- ½ Bio-Zitrone
- Salz, Pfeffer aus der Mühle
- 2 EL Olivenöl
- 2 EL Haselnussöl

Zeitbedarf
- 30 Minuten + 4 Stunden marinieren

Nährwerte
- 200 kcal pro Portion

So geht's

1. Den Lauch von den Wurzelenden und den welken grünen Teilen befreien. Die Stangen der Länge nach aufschlitzen, sehr gründlich waschen und in ca. 5 cm lange Stücke schneiden.
2. Die Butter und das Öl in einem weiten Topf erhitzen, den Lauch darin bei mittlerer Hitze leicht braun anbraten. Die Brühe angießen und den Lauch zugedeckt bei schwacher Hitze in ca. 5 Minuten bissfest garen. Im Sud lauwarm abkühlen lassen.
3. Inzwischen die Vanilleschote der Länge nach aufschlitzen, aufklappen und das Mark mit dem Messerrücken herauskratzen. Die Haselnusskerne in einer Pfanne ohne Fett bei mittlerer Hitze unter Rühren ca. 2 Minuten rösten, in ein Küchentuch geben und gegeneinander reiben, bis die braunen Häute so gut wie möglich entfernt sind. Die Nusskerne mittelgrob hacken.
4. Die Zitronenhälfte heiß waschen und abtrocknen, die Schale fein abreiben, den Saft auspressen. Saft und Schale mit Salz, Pfeffer und dem Vanillemark gründlich verrühren, die beiden Ölsorten nach und nach mit dem Schneebesen zu einer cremigen Sauce unterschlagen.
5. Den Lauch mit dem verbliebenen Sud auf eine Platte geben, mit der Marinade beschöpfen und mit den Nüssen bestreuen. Mindestens 4 Stunden ziehen lassen.

VEGANER ersetzen die Butter zum Braten durch entsprechend mehr Öl.

[a]

DAS IST *wirklich* WICHTIG

[a] GRÜNEN SPARGEL VORBEREITEN
Grüne Spargelstangen sind nur am unteren Ende hart und holzig. Nur diese Enden müssen Sie entfernen. Besonders einfach geht das so: Halten Sie die Stange jeweils am unteren Ende und in der Mitte fest. Die Stange nun biegen: Sie bricht genau an der Stelle, wo der holzige Teil anfängt.

[b] GEMÜSE KOCHEN Wenn Sie das Gemüse ins kochende Wasser geben, kühlt es kurz leicht ab. Die Garzeit immer erst ab dem Zeitpunkt berechnen, an dem das Wasser wieder sprudelnd kocht.

GRÜNER SPARGEL
mit Pinienkern-Kräuter-Kruste

IN DER SPARGELSAISON IM FRÜHSOMMER EINE FEINE KLEINE VORSPEISE, ABER AUCH EINE TOLLE BEILAGE, Z. B. ZU GETREIDE- ODER QUARKBRATLINGEN.

Zutaten für 4 Portionen

- 500 g grüner Spargel, Salz
- je 5 Stängel Zitronenmelisse und Basilikum
- 5 Zweige Thymian
- 2 Frühlingszwiebeln
- 3 EL Pinienkerne
- 25 g Semmelbrösel
- 50 g frisch geriebener Pecorino
- 1 Ei (Größe M)
- Pfeffer aus der Mühle
- 1 EL Butter
- Fett für die Form

Zeitbedarf

- 20 Minuten + 20 Minuten backen + 5 Minuten ruhen

Nährwerte

- 190 kcal pro Portion

So geht's

1. Den Spargel waschen und die holzigen Enden entfernen [→a]. In einem großen Topf Wasser zum Kochen bringen und salzen. Den Spargel darin ca. 4 Minuten sprudelnd kochen lassen [→b]. Den Spargel in ein Sieb abgießen, kalt abschrecken und abtropfen lassen. Spargel in eine ofenfeste gefettete Form geben.
2. Den Backofen auf 200 °C vorheizen (Ober- und Unterhitze; Umluft 180 °C). Die Kräuter waschen und trocken schütteln, die Blättchen abzupfen oder abstreifen und fein hacken. Die Frühlingszwiebeln waschen, die Wurzelenden und die welken grünen Teile abschneiden. Die Zwiebeln fein hacken. Die Pinienkerne in einer Pfanne ohne Fett bei mittlerer Hitze unter Rühren goldgelb rösten. Auf ein Brett geben, etwas abkühlen lassen und grob hacken.
3. Die Pinienkerne mit den Semmelbröseln, dem Käse, den Kräutern, den Zwiebeln und dem Ei verrühren. Masse mit Salz und Pfeffer abschmecken und auf dem Spargel verteilen. Die Butter in kleine Würfel schneiden und auflegen. Den Spargel im Ofen (Mitte) ca. 20 Minuten backen, bis die Kruste schön braun ist. Spargel aus dem Ofen nehmen, ca. 5 Minuten stehen lassen, dann servieren.

Dazu schmeckt knuspriges Baguette.

MENÜTIPP **Bleiben Sie im Mittelmeerraum und servieren Sie nach dem Spargel das Fenchelrisotto mit Kirschtomaten (Seite 135) und einen Rucolasalat und als Dessert frische Früchte.**

[a]

[b]

DAS IST *wirklich* WICHTIG

[a] MANGO VORBEREITEN Obwohl sie geschält wird, sollten Sie die Mango waschen. So werden eventuelle Rückstände auf der Schale entfernt, die sonst über die Hände beim Schälen auch ans Fruchtfleisch gelangen könnten. Schneiden Sie die Schale rundherum ab und lösen Sie dann das Fruchtfleisch in Schnitzen vom Stein.

[b] FETT GUT ERHITZEN Halten Sie zum Test einen hölzernen Kochlöffelstiel ins heiße Öl oder Pflanzenfett. Wenn sich rundherum viele kleine Bläschen bilden, ist das Frittierfett heiß genug. Wer ein Digitalthermometer besitzt, misst die Temperatur: 160 – 170 °C sind perfekt.

[c] PORTIONSWEISE FRITTIEREN Das Fett muss auch beim Ausbacken heiß bleiben. Gibt man zu viele Gemüsestücke auf einmal hinein, kühlt es zu sehr ab, und der Teig saugt mehr davon auf. Deshalb die Gemüsestücke portionsweise frittieren.

[c]

FRITTIERTES GEMÜSE
mit Mangodip

DAS DÜRFEN SIE SICH RUHIG GÖNNEN! DENN IST DAS FETT HEISS GENUG, NEHMEN DIE ZUTATEN BEIM FRITTIEREN KAUM ETWAS DAVON AUF. ZUDEM SIND DIE GARZEITEN KURZ, VITAMINE UND MINERALSTOFFE BLEIBEN ALSO GUT ERHALTEN.

Zutaten für 4 Portionen

Für das Gemüse

- 1 ½ TL Koriandersamen
- ½ Bund Koriandergrün
- 150 g Tempuramehl
- 225 ml kaltes Mineralwasser mit Kohlensäure, Salz
- 1 Kohlrabi, 2 Möhren
- 1 Bund Frühlingszwiebeln
- 250 g Blumenkohlröschen
- 150 g kleine Champignons
- Pfeffer aus der Mühle, 2 EL Mehl
- ¾ l Öl oder 750 g Pflanzenfett zum Frittieren

Für den Dip

- 1 Mango
- 1 Stück frischer Ingwer (ca. 3 cm)
- 1 rote Chilischote, 1 Bio-Limette
- Salz, 1 Prise gem. Koriander

Zeitbedarf
- 50 Minuten

Nährwerte
- 315 kcal pro Portion

So geht's

1. Koriandersamen in einer Pfanne bei mittlerer Hitze ca. 1 Minute rösten, dann im Mörser fein zerstoßen. Koriandergrün waschen und trocken schütteln. Blättchen abzupfen und fein hacken. Das Tempuramehl mit dem Mineralwasser verrühren und dann mit ½ TL Salz, dem zerstoßenen und dem gehackten Koriander verrühren.
2. Kohlrabi und Möhren schälen und in ca. 1 cm breite und 4 cm lange Stifte schneiden. Die Frühlingszwiebeln waschen, die Wurzelenden und die welken dunkelgrünen Teile abschneiden. Die Zwiebeln in ca. 4 cm lange Stücke schneiden. Die Blumenkohlröschen waschen. Die Pilze mit feuchtem Küchenpapier abreiben, die Stielenden abschneiden. Das Gemüse mit Salz und Pfeffer würzen und im Mehl wenden.
3. Für den Dip die Mango schälen und das Fruchtfleisch in Schnitzen vom Stein abschneiden [→a]. Den Ingwer schälen und fein hacken. Chilischote waschen und den Stiel abschneiden. Die Schote mit den Kernen grob hacken (siehe Seite 93) und mit dem Mangofleisch und dem Ingwer in der Küchenmaschine, im Mixer oder mit dem Pürierstab fein pürieren. Limette heiß waschen und abtrocknen. Die Schale fein abreiben, den Saft auspressen. Beides unter das Mangopüree mischen. Dip mit Salz und Koriander abschmecken.
4. Inzwischen das Öl oder das Pflanzenfett in einem weiten Topf gut erhitzen [→b]. Das Gemüse nach und nach in den Tempurateig geben, mit einer Gabel wieder herausfischen und dann in kleinen Portionen ins heiße Fett legen [→c]. Die Gemüsestücke jeweils ca. 4 Minuten frittieren. Frittiertes Gemüse jeweils mit dem Schaumlöffel herausheben und auf Küchenpapier abfetten lassen. Im Backofen bei 70 °C warm halten. Wenn alles frittiert ist, die Stücke mit dem Mangodip servieren.

Die Variante

Kichererbsenteig
In Indien bäckt man Gemüse in einem würzigen Teig aus Kichererbsenmehl aus. Dafür 150 g Kichererbsenmehl mit 175 ml lauwarmem Wasser, 1 gestrichenen TL Salz, 1 TL Öl und nach Belieben zerstoßenen Koriandersamen verrühren und 15 Minuten quellen lassen. Gemüse in etwas Kichererbsenmehl wenden, in den Teig geben und wie beschrieben backen. Kichererbsenmehl bekommen Sie im Asienladen und im Naturkosthandel.

GEFÜLLTE ZUCCHINIBLÜTEN *mit Kirschtomaten*

ZART-AROMATISCHE BLÜTEN MIT CREMIGER RICOTTAFÜLLUNG – EINE EDLE VORSPEISE AUS ITALIEN, DIE SIE IN ALLER RUHE VORBEREITEN KÖNNEN. WENN DIE GÄSTE DA SIND, DIE BLÜTEN EINFACH KURZ IN DEN OFEN SCHIEBEN.

Zutaten für 4 Portionen

- ½ Bio-Zitrone
- ½ Bund Basilikum
- 200 g Ricotta
- 4 EL frisch geriebener Pecorino
- Salz, Pfeffer aus der Mühle
- 12 Zucchiniblüten (mit oder ohne kleine Früchte, [→a])
- 400 g Kirschtomaten
- 3 EL Olivenöl

besonderes Werkzeug
- eventuell ein Spritzbeutel

Zeitbedarf
- 30 Minuten + 15 Minuten backen

Nährwerte
- 225 kcal pro Portion

So geht's

1. Die Zitronenhälfte heiß waschen und abtrocknen, die Schale dünn abschneiden und fein hacken. Das Basilikum kalt abbrausen und trocken schütteln. Die Blättchen abzupfen und fein schneiden. Den Ricotta mit dem Pecorino, der Zitronenschale und dem Basilikum verrühren und mit Salz und Pfeffer abschmecken.
2. Den Backofen auf 230 °C (Ober- und Unterhitze; Umluft 200 °C) vorheizen. Eventuell Zucchinifrüchte waschen und längs einschneiden [→a]. Die Zucchiniblüten öffnen und den Stempel entfernen [→b]. Die Ricottamischung in die Blüten füllen [→c], die Blütenenden zusammendrehen. Die gefüllten Blüten nebeneinander in eine feuerfeste Form legen.
3. Die Tomaten waschen und zwischen den Zucchiniblüten verteilen. Das Öl über den Blüten und den Tomaten verteilen. Die Zucchiniblüten im heißen Ofen (Mitte) etwa 15 Minuten backen, bis sie schön gebräunt sind. Kurz ziehen lassen, dann mit den Tomaten servieren.

Dazu schmeckt knuspriges Baguette oder Ciabatta.

Die Variante

Frittierte Zucchiniblüten
Für den Ausbackteig 1 Ei mit 100 g Mehl, ½ TL Salz und ⅛ l trockenem Weißwein verrühren. Die Zucchiniblüten (in diesem Fall besser ohne Frucht) vorbereiten, durch den Teig ziehen und in heißem Öl oder Pflanzenfett portionsweise etwa 3 Minuten knusprig ausbacken. Mit dem Schaumlöffel herausheben, auf einer dicken Lage Küchenpapier abfetten lassen und frisch servieren. Entweder nur mit Zitronensaft beträufeln oder mit Tomatentatar (Seite 143) oder Pesto (Seite 109) servieren.

MENÜTIPP Die sommerliche Vorspeise passt besonders gut vor Nudelfleckerl mit Erbsenpüree und Kräuterbutter (Seite 175) oder Kartoffelpüree mit pochierten Eiern (Seite 112) als Dessert einen Obstsalat aus Pfirsichen, Aprikosen und Himbeeren zubereiten.

DAS IST *wirklich* WICHTIG

[a] MIT STIEL ODER FRUCHT Leuchtend gelbe Blüten mit dünnem Stiel oder einer kleinen Zucchinifrucht an einem Ende sind im Handel zu haben. Frucht und Stiel können Sie mitessen. Damit Minizucchini in der kurzen Garzeit bissfest werden, schneiden Sie sie nach dem Waschen der Länge nach in dünne Scheiben. Am Blütenende nur so weit einschneiden, dass die Scheiben noch zusammenhalten.

[b] BLÜTENSTEMPEL ENTFERNEN Biegen Sie die Zucchiniblüten vorsichtig auf. Am unteren Ende der Blüten sehen Sie den Stempel. Fassen Sie diesen mit den Fingerspitzen und drehen Sie ihn heraus. Blüten nicht waschen, eventuell vorhandenen Staub mit einem Pinsel entfernen.

[c] BLÜTEN FÜLLEN Die Ricottamischung mit einem Löffel oder einem Spritzbeutel in die Blüten füllen. Zum Verschließen die Enden der Blüten wie ein Bonbonpapier leicht verdrehen, damit nicht zu viel Füllung ausläuft.

DAS IST *wirklich* WICHTIG

[a] AUBERGINE VORBEREITEN Nach dem Waschen den Stiel abschneiden. Stechen Sie die Aubergine jetzt rundherum mit der Messerspitze mehrmals ein, damit die Haut beim Backen nicht aufplatzt.

[b] FRUCHTFLEISCH AUSLÖSEN Die gegarte Aubergine so weit abkühlen lassen, dass Sie sie gut anfassen können. Dann der Länge nach aufschneiden und das Fruchtfleisch aus jeder Hälfte mit einem Löffel von den Schalen abschaben.

[b]

AUBERGINENCREME

mit Oliven und Kräutern

DAS PÜREE SCHMECKT ALS VORSPEISE, Z. B. MIT FLADENBROT UND OLIVEN, ABER AUCH ALS BEILAGE ZU GEGRILLTEM ODER GEBRATENEM GEMÜSE, KÄSE ODER TEMPEH.

Zutaten für 4 Portionen

- 1 Aubergine (ca. 400 g)
- 250 g vollreife Tomaten
- 50 g schwarze Oliven
- ½ Bund Petersilie oder Minze
- 2 Frühlingszwiebeln
- 2 Knoblauchzehen (nach Belieben)
- 1 EL Zitronensaft
- 4 EL Olivenöl
- Salz, Pfeffer aus der Mühle

Zeitbedarf

- 30 Minuten + 30 Minuten backen

Nährwerte

- 170 kcal pro Portion

So geht's

1. Den Backofen auf 250 °C (Ober- und Unterhitze; Umluft 220 °C) vorheizen. Die Aubergine waschen und den Stiel abschneiden. Die Aubergine einstechen [→a] und auf dem Backblech im Ofen ca. 30 Minuten backen, bis die Haut sehr dunkel und die Aubergine weich ist. Aubergine herausnehmen und etwas abkühlen lassen.
2. Inzwischen Stielansätze keilförmig aus den Tomaten herausschneiden. Die Tomaten mit kochendem Wasser überbrühen, kurz ziehen lassen, kalt abschrecken und häuten (siehe Seite 103). Die Tomaten sehr fein würfeln. Die Oliven entsteinen und fein hacken. Die Kräuter waschen und trocken schütteln, die Blättchen abzupfen und fein schneiden. Die Frühlingszwiebeln waschen, die Wurzelenden und die welken dunkelgrünen Teile abschneiden. Die Zwiebeln fein hacken. Nach Belieben den Knoblauch schälen und durch die Presse drücken.
3. Das Auberginenfleisch aus den Schalen lösen [→b] und mit dem Zitronensaft und dem Olivenöl in der Küchenmaschine, im Mixer oder mit dem Pürierstab fein zerkleinern. Die Tomaten mit den Oliven, den Kräutern, den Zwiebeln und eventuell dem Knoblauch unter das Auberginenpüree rühren und mit Salz und Pfeffer abschmecken. Auberginencreme gleich servieren oder im Kühlschrank einige Stunden durchziehen lassen.

Dazu schmeckt Fladenbrot besonders gut.

MENÜTIPP Veganer servieren nach der feinen Creme gebratenen Tofu in Nusspanade (Seite 116) und dazu einen leicht scharfen Tomatensalat, dann als Dessert eine halbe Portion veganen Milchreis (Seite 205).

BROKKOLI-MUFFINS *mit Buttermilch*

KLEINER IMBISS UND MIT EINER SCHÜSSSEL SALAT AUCH EIN FEINES MITTAGESSEN. ODER DIE PIKANTEN MUFFINS ALS PAUSENSNACK INS BÜRO ODER IN DIE SCHULE MITNEHMEN.

Zutaten für 4 Portionen

- 200 g Brokkoli, Salz
- ½ Bund Petersilie
- 2 getrocknete, in Öl eingelegte Tomaten
- 1 EL schwarze Oliven
- 100 g Edelpilzkäse
- 225 g Mehl
- 2 TL Backpulver
- ½ TL Chiliflocken
- 80 ml Öl
- 2 Eier (Größe M)
- 200 ml Buttermilch
- Butter für das Blech

besonderes Werkzeug

- 1 Muffinblech mit 12 Vertiefungen

Zeitbedarf

- 30 Minuten + 25–30 Minuten backen + 5 Minuten ruhen

Nährwerte

- 560 kcal pro Portion

So geht's

1. Den Brokkoli waschen und in Röschen teilen. Die Stiele schälen und würfeln. Wasser zum Kochen bringen und salzen. Brokkoliröschen und -stiele darin in ca. 2 Minuten bissfest kochen. Kalt abschrecken, abtropfen lassen und mittelgrob hacken.
2. Den Backofen auf 180 °C (Ober- und Unterhitze; Umluft 160 °C) vorheizen. Die Vertiefungen des Muffinblechs fetten.
3. Die Petersilie waschen und trocken schütteln, die Blättchen abzupfen und fein hacken. Die Tomaten abtropfen lassen und klein schneiden. Die Oliven entsteinen und ebenfalls fein schneiden. Den Käse in kleine Würfel schneiden.
4. Das Mehl mit dem Backpulver, 1 gehäuften TL Salz und den Chiliflocken mischen. Das Öl, die Eier und die Buttermilch mit dem Schneebesen verrühren. Die Mehlmischung rasch mit einem Holzlöffel unterrühren **[→a]**. Brokkoli, Petersilie, Tomaten, Oliven und Käse unterheben.
5. Den Teig in die Vertiefungen des Muffinblechs füllen **[→b]**. Im heißen Ofen (Mitte) 25–30 Minuten backen, bis die Muffins aufgegangen und schön gebräunt sind. Die Stäbchenprobe machen **[→c]**. Die Muffins aus dem Ofen nehmen und ca. 5 Minuten stehen lassen. Dann aus dem Blech heben und warm oder abgekühlt servieren.

SO SCHMECKT'S AUCH **Statt Brokkoli können Sie Lauchringe, Möhrenwürfel oder Kohlrabiraspel blanchieren, abschrecken und unter den Teig mischen.**

DAS IST *wirklich* WICHTIG

[a] RASCH MISCHEN Bereiten Sie trockene und feuchte Zutaten immer in getrennten Schüsseln vor. Mischen Sie dann die trockenen Zutaten nur kurz unter die feuchte Crememasse. Rührt man zu lange, wird der Teig zäh!

[b] NICHT ZU HOCH Füllen Sie die Förmchen nur zu zwei Dritteln mit Teig. Er geht beim Backen durch die Wärme auf.

[c] STÄBCHENPROBE Um festzustellen, ob die Muffins lange genug gebacken sind, machen Sie die Garprobe mit einem Holzstäbchen: Stechen Sie in die Mitte eines Muffins und ziehen es wieder heraus. Die Muffins sind perfekt gebacken, wenn keine Teigreste mehr am Stäbchen haften.

SALATE
und Rohkost

LEICHT UND FRISCH DER BLATTSALAT, DAZU EINE BUNTE AUSWAHL AN DRESSINGS. VITAMIN- UND MINERALSTOFFREICH DIE ROHKOST, EDEL UND ELEGANT DER SALAT AUS GEBRATENEM GEMÜSE, SÄTTIGEND DER AUS KARTOFFELN, COUSCOUS ODER LINSEN. SO SCHMECKT VITAMINREICHES NOCH MAL SO GUT.

SPROSSEN *selbst ziehen*

Sprossen und Keimlinge schmecken nicht nur fein, sie haben auch einiges an Inhaltsstoffen zu bieten. Beim Keimen der Samenkörner steigt nämlich der Gehalt an Vitaminen und Mineralstoffen deutlich an. Und: Mit Keimlingen und Sprossen haben Sie immer gesundes, frisches Gemüse im Haus.

BESTE BEDINGUNGEN

Beim Keimen geht man immer nach demselben Prinzip vor. Die Samen werden einige Stunden in Wasser eingeweicht, damit sie Feuchtigkeit aufnehmen können und der Wachstumsprozess in Gang kommt. Dann wird das Wasser abgegossen, damit die Keimlinge atmen können. Die keimenden Sprossen müssen nun gleichmäßig feucht gehalten werden, dürfen aber nicht im Wasser liegen bleiben, da sie sonst schimmeln.

Grundsätzlich brauchen die Sprossen helles, indirektes Licht. Eine Temperatur um die 21 °C ist ideal.

GLÄSER UND GERÄTE

Der Bio- und Naturkosthandel hat spezielle Gläser und andere Geräte zum Keimen von Sprossen im Angebot. Eine einfache Lösung ist ein Glas mit einem rostfreien Edelstahlsieb statt Deckel, das sich bequem aufschrauben lässt. Außerdem im Angebot sind Geräte aus Ton oder Acryl, in denen man auf drei Ebenen Sprossen und Keimlinge ziehen kann.

In den Keimgeräten aus Ton wachsen die Sprossen im Dunklen und bleiben zart. Ton speichert die für das Wachstum nötige Feuchtigkeit perfekt, ohne dass Staunässe entsteht. Im Keimgerät aus durchsichtigem Acrylglas hingegen bekommen die Sprossen und Keimlinge Licht und bilden dadurch Chlorophyll (Blattgrün) aus.

Für schleimbildende Saaten wie Kresse, Rucola, Senf und Leinsamen haben manche Hersteller eine Keramikschale im Angebot, die ebenfalls mit einem Edelstahlsieb ausgelegt ist,

damit das Wasser gut abfließen kann. Alternativ können Sie diese Samen auch auf Papier oder Watte keimen lassen. Die Samen dafür in lauwarmem Wasser einweichen, in einem Sieb gut abtropfen lassen und auf eine doppelte Lage Küchenpapier oder ein Stück Watte geben. Samen beim Keimen immer mit etwas Wasser befeuchten und auch Papier oder Watte mit etwas Wasser tränken.

KEIMEN IM WECKGLAS

Die Samen verlesen, also alle beschädigten Samen und eventuell vorhandene kleine Steinchen aussortieren, die Samen dann ins Weckglas geben. Damit sie beim Keimen ausreichend Sauerstoff abbekommen, sollten Sie nicht zu viele Samen auf einmal keimen lassen. Pro Glas (mindestens 1 l Inhalt) also nicht mehr als eine knapp gefüllte Tasse nehmen.
Ebenfalls wichtig: Die Gläser müssen sehr gut gereinigt sein. Säubern Sie sie gründlich und spülen Sie gut nach, damit keine Spülmittelreste in den Gläsern zurückbleiben.
Die Samen im Glas mit lauwarmem Wasser ganz bedecken und 6–12 Stunden einweichen. Das Wasser abgießen und die Samen so lange keimen lassen, bis sie zarte Sprossen entwickeln. Je nach Sorte dauert das 2–5 Tage. Während dieser Zeit müssen die Samen täglich ein- bis zweimal gewässert werden.
Im Weckglas machen Sie das am besten so:

Ein Stück Mulltuch (zum Beispiel Verbandmull) über das Weckglas legen und mit einem Gummi befestigen. Durch dieses Tuch hindurch ein- bis zweimal täglich handwarmes Wasser ins Glas laufen lassen. Samen etwa 15 Minuten darin stehen lassen, dann das Wasser wieder gründlich abfließen lassen. Die Samen dürfen nämlich nicht im Wasser liegen, sonst fangen sie an zu schimmeln. Den Mull am besten täglich wechseln.

KEIMEN IM SPEZIALGERÄT

Im Keimglas mit Siebdeckel funktioniert es auf die gleiche Weise, Sie sparen sich einfach das Auflegen eines Tuches.
Im Keimgerät wird das Wasser oben eingegossen. Es fließt nach und nach in die nächste Ebene und sammelt sich zum Schluss in der unteren Auffangschale. Die wird von Zeit zu Zeit ausgegossen. Auch bei Keimgläsern und -geräten immer auf penible Sauberkeit achten!

SPROSSEN-HIGHLIGHTS

Im Naturkosthandel können Sie heute neben Sojasprossen eine ganze Reihe anderer Keimlinge kaufen: Neben Alfalfa- bzw. Luzernesprossen sind es vor allem die würzigen Rettich-, Senf- oder Erbsensprossen, die geschmacklich begeistern.
Zu Hause können Sie ein breites Sortiment selbst ziehen: Sprossen aus Getreide wie Gerste oder Hirse mit ihrem feinen, süßlichen Geschmack, Würziges aus Rettich-, Rucola-, Bockshorn-, Senf- oder Radieschensamen oder auch etwas ganz Besonderes aus knackigen Sonnenblumenkernen oder Sesamsamen.
Ebenfalls fein: Sprossen aus allerlei Hülsenfrüchten. Zum Keimen eigenen sich dabei nur ungeschälte Hülsenfrüchte, geschälte Linsen (rote und gelbe) keimen ebenso wenig wie geschälte Erbsen.

SOJASPROSSEN

Die meisten werden nicht aus den gelben Sojabohnen, sondern aus den grünen Mungobohnen hergestellt. Diese können im Vitalstoffgehalt aber nicht mit den Sprossen aus den echten gelben Sojabohnen mithalten.
Ein Grund mehr, Keimlinge selbst zu ziehen. Die Sprossen von grünen Mungobohnen sind allerdings knackiger als die der gelben Sojabohnen.

GUT EINGEKAUFT

Es ist wichtig, dass Sie gesunde, unbehandelte Samen für das Keimen der Sprossen nehmen. Um sicherzugehen, dass Sie unbehandelte Samen bekommen, kaufen Sie sie unbedingt im Naturkostladen oder Reformhaus.

SPROSSEN VERWENDEN

Sprossen aus Hülsenfrüchten wie Sojabohnen, Erbsen, Linsen oder Kichererbsen können noch einen Teil an natürlichem Gift, dem Phasin, enthalten. Um dieses Risiko auszuschließen, sollten Sie die Sprossen kurz in kochendem Wasser blanchieren.
Da die Sprossen in einem feuchten und warmen Milieu keimen, können sich schnell unerwünschte Bakterien bilden. Achten Sie deshalb darauf, dass die Keimlinge nicht zu feucht in den Gefäßen liegen und dass sich auf keinen Fall Schimmel bildet.

DAS IST *wirklich* WICHTIG

[a] BLATTSALAT WASCHEN Schwenken Sie die Blätter in stehendem Wasser kurz und nur so oft durch, bis die Blätter sauber sind und das Wasser klar bleibt. Die Blätter immer erst nach dem Waschen zerkleinern, dadurch bleiben die Vitamine besser erhalten.

[b] VINAIGRETTE CREMIG SCHLAGEN Zuerst den Essig mit dem Senf, Gelee, Sirup oder Dicksaft, Salz und Pfeffer verrühren. Damit die Vinaigrette dickflüssig wird und gut am Salat haften bleibt, schlagen Sie das Öl jetzt nach und nach mit einer Gabel cremig unter.

[b]

BLATTSALAT *mit Sprossen und Senf-Vinaigrette*

SALATSORTEN EINFACH NACH JAHRESZEIT WÄHLEN: IM SOMMER KNACKIGE SALATKÖPFE NEHMEN. IM HERBST UND WINTER SCHMECKEN RADICCHIO, PORTULAK ODER FELDSALAT, IM FRÜHLING ZARTE SALATE MIT KRÄUTERN.

Zutaten für 4 Portionen

- 150 g Blattsalat (je nach Saison: eine Sorte wie Kopf- oder Burgundersalat oder gemischte Blattsalate)
- 4 Radieschen
- 50 g zarte Sprossen (Alfalfa-, Radieschen-, Kresse- oder Linsensprossen)
- 1 Bund Schnittlauch
- 2 EL Essig (z. B. Weißwein- oder Apfelessig)
- 1 TL scharfer Senf (z. B. Dijon-Senf)
- ½ TL Quitten- oder Apfelgelee, Ahornsirup, Apfel- oder Birnendicksaft
- Salz, Pfeffer aus der Mühle
- 6 EL Öl (Raps-, Sonnenblumen- oder Olivenöl)

Zeitbedarf
- 15 Minuten

Nährwerte
- 150 kcal pro Portion

So geht's

1. Von Kopf- oder Burgundersalat den Strunk abschneiden. Salatblätter auseinander lösen und in stehendem kaltem Wasser waschen **[→a]**. Die Blätter dann in der Salatschleuder gut trocken schleudern oder in einem Sieb gut abtropfen lassen oder in einem Küchentuch trocknen. Große Salatblätter in mundgerechte Stücke zupfen.
2. Die Radieschen waschen und die Enden abschneiden. Die Radieschen erst in dünne Scheiben, dann in feine Streifen schneiden. Die Sprossen in einem Sieb kalt abbrausen und gut abtropfen lassen. Den Schnittlauch waschen, trocken schütteln und in feine Röllchen schneiden. Salatblätter, Radieschen, Sprossen und Schnittlauch in einer Salatschüssel mischen.
3. Den Essig mit dem Senf und dem Gelee, Sirup oder Dicksaft sowie Salz und Pfeffer verrühren. Das Öl nach und nach unterschlagen, sodass eine cremige Sauce entsteht **[→b]**. Das Dressing unter die Salatzutaten heben. Den Salat gleich servieren, damit die Blätter schön knackig bleiben.

Der Salat schmeckt als kleine Vorspeise ebenso gut wie als Beilage, z. B. zu Getreidebratlingen oder Gemüsepuffern.

SO SCHMECKT'S AUCH Je nach Jahreszeit können Sie die Radieschen durch andere knackige Gemüsesorten ersetzen. Roh schmecken vor allem Möhren, Fenchel, Staudensellerie, Gurke und Paprika gut im Salat. Schneiden Sie das Gemüse nach dem Waschen oder Schälen am besten in feine Streifen.

Die Variante

Balsamico-Honig-Dressing
1 getrocknete, in Öl eingelegte Tomate und 1 TL Kapern abtropfen lassen und sehr fein hacken. Mit 2 EL Aceto balsamico, 1 TL flüssigem Honig, Salz und 1 Prise Chilipulver verrühren.
6 EL Olivenöl nach und nach zu einer cremigen Sauce unterschlagen.
Das Dressing passt besonders gut zu Tomatensalat, zu Rucolasalat mit Tomaten, zu Blattsalat und auch zu Salaten aus gekochtem Gemüse wie grünen Bohnen.

APFEL-DRESSING *mit Minze*

Zutaten für 4 Portionen

- 1 säuerlicher Apfel
- 2 TL Butter
- 2 TL Zucker
- Salz, Pfeffer aus der Mühle
- 1 Prise gemahlener Koriander
- 4 Zweige Minze oder Basilikum
- 2 ½ EL Zitronensaft
- 4 EL Olivenöl
- 2 EL Nussöl (z. B. Walnuss- oder Kürbiskernöl)

Zeitbedarf
- 15 Minuten

Nährwerte
- 185 kcal pro Portion

So geht's

1. Den Apfel vierteln, schälen und vom Kerngehäuse befreien. Den Apfel in kleine Würfel schneiden.
2. Die Butter mit dem Zucker schmelzen, die Apfelwürfel einrühren und bei starker Hitze unter Rühren in etwa 2 Minuten leicht braun braten. Mit Salz, Pfeffer und Koriander abschmecken.
3. Die Kräuter waschen und trocken schütteln, die Blättchen abzupfen und fein hacken. Den Zitronensaft mit Salz und Pfeffer verrühren, die beiden Ölsorten nach und nach zu einer cremigen Sauce unterschlagen. Die Kräuter und die Apfelwürfel untermengen und die Sauce bald verwenden.

Die Sauce passt zu Blattsalaten, besonders gut zu Rucola, Feldsalat und Portulak.

KÄSE-DRESSING *mit Nüssen*

Zutaten für 4 Portionen

- 1 Handvoll Walnusskerne
- 2 Stängel Basilikum oder Zitronenmelisse
- 50 g würziger Edelpilzkäse
- 50 g Frischkäse oder Ricotta
- ca. 75 ml Milch
- 1 EL Zitronensaft
- 1 EL Öl
- frisch geriebene Muskatnuss
- Pfeffer aus der Mühle, Salz

Zeitbedarf
- 15 Minuten

Nährwerte
- 155 kcal pro Portion

So geht's

1. Die Walnusskerne in einer trockenen Pfanne bei mittlerer Hitze unter Rühren 1–2 Minuten anrösten, bis sie fein duften. Auf einem Teller beiseitestellen. Die Kräuter waschen und trocken schütteln. Die Blättchen abzupfen und fein hacken.
2. Den Blauschimmelkäse in kleine Würfel schneiden und mit dem Frischkäse und der Milch mit einer Gabel fein zerdrücken oder mit dem Pürierstab mixen. Den Zitronensaft und das Öl unterrühren und das Dressing mit Muskat, Pfeffer und Salz (vorsichtig salzen, der Käse ist schon salzig) abschmecken. Kräuter untermischen, Nusskerne in kleine Stücke brechen und aufstreuen.

Das Dressing schmeckt gut zu Blattsalaten, aber auch zu Tomaten, Gurken, roh geraspelten Zucchini oder gekochten grünen Bohnen.

FÜR TOMATEN-VINAIGRETTE 2 Tomaten waschen und ohne die Stielansätze in kleine Würfel schneiden. ¼ Bund Basilikum waschen und die Blättchen fein hacken. 2 EL Aceto balsamico mit 1 TL Honig, Salz und Pfeffer verrühren. 5 EL Olivenöl unterschlagen. Die Tomaten und das Basilikum unterrühren. Die Vinaigrette passt zu Blattsalat und zu gekochten grünen Bohnen, Blumenkohl oder Brokkoli.

JOGHURT-DRESSING *mit Kräutern*

Zutaten für 4 Portionen

- 1 Bund gemischte Kräuter (z. B. für grüne Sauce oder selbst gemischt: Petersilie, Schnittlauch, Sauerampfer, Dill, Borretsch und Basilikum)
- 1 TL grüne Pfefferkörner nach Belieben (am besten frisch, ersatzweise eingelegt)
- 2 TL süßer Senf
- 1 TL frisch geriebener Meerrettich
- 2 EL Zitronensaft
- 150 g Joghurt
- 2 EL Rapsöl
- Salz

Zeitbedarf
- 10 Minuten

Nährwerte
- 85 kcal pro Portion

So geht's

1. Die Kräuter waschen und trocken schütteln. Grobe Stiele entfernen. Falls verwendet, frische Pfefferkörner kalt abspülen. Kräuter und Pfefferkörner fein hacken.
2. Den Senf, den Meerrettich und den Zitronensaft mit dem Joghurt und dem Öl mit dem Schneebesen gut verrühren. Kräuter und eventuell den Pfeffer untermischen. Das Dressing mit Salz abschmecken.

Das Dressing passt sehr gut zu Blattsalat, aber auch zu Gurken- oder Rettichscheiben und zu Kohlrabi- oder Möhrenstiften.

MISO-DRESSING *mit Ingwer*

Zutaten für 4 Portionen

- 1 Stück frischer Ingwer (ca. 2 cm)
- ½ Bio-Zitrone
- 1 Frühlingszwiebel
- 1 TL brauner Zucker
- 1 EL mittelhelle Misopaste
- 4 EL milde Gemüsebrühe
- 1 EL Sojasauce
- 1 EL Sojaöl
- Salzr

Zeitbedarf
- 10 Minuten

Nährwerte
- 50 kcal pro Portion

So geht's

1. Den Ingwer schälen und fein hacken. Die Zitronenhälfte heiß waschen und abtrocknen, die Schale fein abreiben, den Saft auspressen. Die Frühlingszwiebel waschen, das Wurzelende und die welken grünen Teile abschneiden. Den Rest der Zwiebel fein hacken.
2. Ingwer, Zitronenschale, Frühlingszwiebel und Zucker im Mörser so fein wie möglich zerdrücken.
3. Die Misopaste mit ca. 1 EL Zitronensaft, der Brühe und der Sojasauce mit einem Schneebesen gut durchmixen. Das Öl unterschlagen, die Ingwerpaste untermischen. Dressing bei Bedarf noch mit etwas Salz abschmecken.

Das Dressing schmeckt zu Blattsalat mit Sprossen und zu rohem Spinatsalat. Fein auch zu geraspeltem Spitzkohl, gekochten grünen Bohnen, weißen Bohnen oder kurz blanchierten Möhrenscheiben.

DAS IST *wirklich* WICHTIG

[a] ZIMMERWARME ZUTATEN Damit die Mayonnaise nicht gerinnt, müssen alle Zutaten die gleiche Temperatur haben. Nehmen Sie das Ei für das Eigelb also mindestens 30 Minuten vor der Zubereitung aus dem Kühlschrank.

[b] FELDSALAT WASCHEN Der feine Salat wird mit der Wurzel geerntet. Zwischen den Blättern kann sich reichlich Sand oder Erde verstecken. Schwenken Sie den Salat deshalb kräftig in stehendem kaltem Wasser durch. Und zwar so oft, bis das Wasser klar bleibt.

[c] MAYONNAISE RÜHREN Verrühren Sie erst das Eigelb mit dem Senf und dem Orangensaft. Das Öl jetzt in kleinen Portionen, am besten tropfenweise, dazugeben und jeweils sehr gut unterschlagen. Am besten füllen Sie es vorher in ein kleines Kännchen. Sobald die Masse dicker und glänzender wird, können Sie das Öl in einem dünnen Strahl dazufließen lassen und unterrühren.

[c]

FELDSALAT
mit gebratenen Pilzen

EIN WÜRZIGER WINTERSALAT MIT FEINER ORANGENMAYONNAISE UND KNUSPRIG GEBRATENEN PILZEN – IDEAL ALS KLEINE MAHLZEIT ODER VORSPEISE VOR EINEM LEICHTEN ESSEN.

Zutaten für 4 Portionen

- 250 g Feldsalat
- 250 g Egerlinge oder Champignons
- 1 EL Zitronensaft
- ½ Bio-Orange
- 1 zimmerwarmes, sehr frisches Eigelb [→a]
- 1 TL Honigsenf
- 100 ml Distelöl
- Salz, Pfeffer aus der Mühle
- 4 Scheiben Toastbrot
- 2 EL Butter

Zeitbedarf

- 30 Minuten

Nährwerte

- 355 kcal pro Portion

So geht's

1. Den Feldsalat gründlich waschen [→b] und trocken schleudern. Die Pilze mit feuchtem Küchenpapier abreiben, die Stielenden abschneiden. Die Pilze vierteln und mit dem Zitronensaft mischen.
2. Die Orangenhälfte heiß waschen und abtrocknen, die Schale fein abreiben und den Saft auspressen. Das Eigelb in einer Schüssel mit 1 EL Orangensaft und dem Senf glatt verrühren.
3. Das Öl in ein Kännchen füllen und zuerst tropfenweise, dann in einem dünnen Strahl langsam unter die Eigelbcreme schlagen [→c], bis sie dick und cremig wird. Die Orangenschale und noch 1 EL Orangensaft unterrühren und die Mayonnaise mit Salz und Pfeffer abschmecken.
4. Das Toastbrot von der Rinde befreien und in 1 cm große Würfel schneiden. In einer Pfanne 1 EL Butter erhitzen und die Brotwürfel darin unter Rühren bei mittlerer Hitze rundherum knusprig braten. Auf einem Teller beiseitestellen.
5. Die übrige Butter in der Pfanne zerlaufen lassen. Die Pilze dazugeben und bei starker Hitze unter Rühren in 3–4 Minuten braun braten. Pilze mit Salz und Pfeffer würzen.
6. Den Feldsalat mit der Mayonnaise und den Brotwürfeln mischen und auf Teller verteilen. Die Pilze darauf anrichten und den Salat gleich servieren.

Dazu schmeckt knuspriges Baguette oder Nussbrot.

SCHARFER KRAUTSALAT *mit Aprikosen*

EINE INGWERWÜRZIGE VARIANTE DES KLASSISCHEN KRAUTSALATS, DER HIER AUCH NOCH DURCH GETROCKNETE APRIKOSEN UND SCHARFE CHILIS DAS BESONDERE ETWAS BEKOMMT.

Zutaten für 4 Portionen

- ½ oder 1 kleiner Weiß- oder Spitzkohl (ca. 700 g)
- Salz
- 100 g getrocknete Aprikosen
- 1 rote Zwiebel
- 1 Stück frischer Ingwer (ca. 1 cm)
- 1 rote Chilischote
- 1 TL Kreuzkümmelsamen
- 4 EL Öl
- 2–3 EL heller Essig
- 1 Bund Schnittlauch

Zeitbedarf
- 30 Minuten

Nährwerte
- 195 kcal pro Portion

So geht's

1. Den Kohl von allen welken Blättern befreien, vierteln, putzen und in feine Streifen hobeln **[→a]**. Kohlstreifen mit Salz mischen und kräftig durchkneten **[→b]**.
2. Die Aprikosen erst in Scheiben, dann in feine Streifen schneiden. Die Zwiebel schälen und fein hacken. Den Ingwer schälen und würfeln. Die Chilischote waschen und den Stiel abschneiden. Die Schote mit den Kernen fein hacken (siehe Seite 93).
3. Den Kreuzkümmel in einer Pfanne ohne Fett bei mittlerer Hitze unter Rühren ca. 1 Minute anrösten. Die Samen mit Ingwer und Chili in einem Mörser so fein wie möglich zerstoßen.
4. In der Pfanne 1 EL Öl erhitzen, die Zwiebel darin bei schwacher bis mittlerer Hitze glasig dünsten. Mit 2 EL Essig ablöschen, die Gewürzmischung unterrühren und das restliche Öl unterschlagen. Die Sauce mit den Aprikosen zum Kohl geben. Alles gründlich mischen und mit Salz und eventuell noch etwas Essig abschmecken. Den Schnittlauch waschen, trocken schütteln und in Röllchen schneiden. Vor dem Servieren aufstreuen.

Der Salat schmeckt zu Getreidebratlingen, zu gebratenem Tofu oder zu goldbraun frittiertem Tempeh.

SO SCHMECKT'S AUCH **Nicht nur Weißkohl lässt sich auf diese Weise zubereiten. Versuchen Sie auch einmal Rotkohl, z. B. mit getrockneten Feigen statt Aprikosen. Und auch andere harte Gemüsesorten lassen sich zu einer vitaminreichen Rohkost verarbeiten. Fenchel- oder Möhrenstreifen, geraspeltem Knollensellerie oder Roter Bete tut das Verkneten mit Salz ebenfalls gut, es macht diese Gemüse zarter und geschmeidiger.**

DAS IST *wirklich* WICHTIG

[a] KOHL VORBEREITEN Zunächst alle welken äußeren Blätter ablösen. Den Kohl vierteln, die Stücke seitlich aufs Küchenbrett legen. So lässt sich der dicke Strunk aus der Mitte komplett mit einem großen Messer entfernen. Die Viertel dann auf dem Gurkenhobel in feine Streifen schneiden.

[a]

[b]

[b] KRÄFTIG KNETEN Mischen Sie die Kohlstreifen in einer Schüssel mit 2 TL Salz. Das Ganze jetzt mit den Händen ca. 5 Minuten kräftig durchkneten, bis die Kohlstreifen weicher werden und glasig aussehen.

ASIA-ROHKOST
mit Wasabisauce

Zutaten für 4 Portionen

- 1 Stück weißer Rettich (ca. 200 g)
- 200 g zarte Möhren
- 2 Stangen Staudensellerie
- 2 Frühlingszwiebeln
- 2 EL Reisessig
- 1 TL Wasabipaste (aus der Tube)
- 1 TL Ahornsirup, Salz
- 4 EL Sojaöl
- 1 EL Sesamöl (aus gerösteten Sesamsamen)
- 2 EL Sesamsamen
- 2–3 Stängel Basilikum oder Koriandergrün

Zeitbedarf
- 25 Minuten

Nährwerte
- 175 kcal pro Portion

So geht's

1. Den Rettich und die Möhren schälen, putzen und erst in dünne Scheiben, dann in feine Streifen schneiden. Den Sellerie waschen und die Enden abschneiden. Wenn sich dabei Fäden lösen, diese abziehen. Den Sellerie in ca. 4 cm lange Stücke, diese der Länge nach in feine Streifen schneiden. Zartes Selleriegrün fein hacken. Die Frühlingszwiebeln waschen, die Wurzelenden und die welken grünen Teile abschneiden. Die Zwiebeln ebenfalls in ca. 4 cm lange Stücke und dann in Streifen schneiden.
2. Den Essig mit dem Wasabi, dem Ahornsirup und Salz verrühren, das Sojaöl nach und nach unterschlagen. Rettich, Möhren, Sellerie samt Grün und Zwiebelstreifen untermischen und abschmecken.
3. Das Sesamöl in einer Pfanne leicht erwärmen, die Sesamsamen darin bei mittlerer Hitze unter Rühren anrösten und leicht salzen. Die Kräuter waschen und trocken schütteln, die Blättchen abzupfen und fein hacken. Die Rohkost damit garniert servieren.

SO SCHMECKT'S AUCH Zu einem kleinen Imbiss wird der Salat, wenn Sie Tofu würfeln und wie auf Seite 114 beschrieben braten, salzen und auf der Rohkost anrichten.

KÜRBIS-ROHKOST
mit Kohlrabi

Zutaten für 4 Portionen

- 2 zarte Kohlrabi
- 1 Stück Kürbis (ca. 250 g)
- 1 Bio-Zitrone
- 1 Stück frischer Meerrettich (ca. 2 cm)
- 1 TL süßer Senf
- Salz, Pfeffer aus der Mühle
- 1 Prise gem. Kümmel (nach Belieben)
- 150 g saure Sahne
- 1 EL Rapsöl

Zeitbedarf
- 20 Minuten

Nährwerte
- 105 kcal pro Portion

So geht's

1. Den Kohlrabi schälen und alle holzigen Stellen abschneiden. Zartes Kohlrabigrün beiseitelegen. Aus dem Kürbisstück die Kerne samt faserigem Fruchtfleisch mit einem Löffel herausschaben. Den Kürbis schälen und mit dem Kohlrabi fein raspeln.
2. Die Zitrone heiß waschen und abtrocknen, die Schale fein abreiben. Eine Hälfte auspressen. Den Meerrettich schälen und fein reiben.
3. Den Senf mit 2 EL Zitronensaft, Salz, Pfeffer und eventuell dem Kümmel verrühren. Die saure Sahne und das Öl kräftig unterschlagen. Zitronenschale und Meerrettich dazugeben.
4. Das Kohlrabigrün fein schneiden und mit den Gemüseraspeln und der Sauce mischen. Rohkost abschmecken und servieren.

SELLERIE-ROHKOST *mit Apfel*

Zutaten für 4 Portionen

- 1 kleiner Knollensellerie (ca. 600 g)
- Salz
- 2 säuerliche Äpfel
- 2 EL Zitronensaft
- 2 EL Mandelstifte oder -blättchen
- 1 geh. EL Mandelmus
- 2 EL Orangensaft
- 100 g saure Sahne
- Pfeffer aus der Mühle
- frisch geriebene Muskatnuss
- 1 EL Öl
- 1 kleines Bund Schnittlauch

Zeitbedarf
- 30 Minuten

Nährwerte
- 170 kcal pro Portion

So geht's

1. Den Sellerie schälen und in feine Stifte raspeln. Oder in dünne Scheiben hobeln und dann in feine Stifte schneiden. Mit 1 TL Salz in einer Schüssel mischen und leicht verkneten (siehe Seite 59).
2. Die Äpfel vierteln, schälen und von den Kerngehäusen befreien. Die Apfelviertel fein raspeln und mit 1 EL Zitronensaft mischen. Die Mandelstifte in einer Pfanne bei mittlerer Hitze unter Rühren rösten, bis sie fein duften. Aus der Pfanne nehmen.
3. Das Mandelmus mit dem übrigen Zitronensaft, dem Orangensaft und der sauren Sahne mit dem Pürierstab fein mixen, mit Salz, Pfeffer und Muskat abschmecken und das Öl untermischen. Sellerie, Äpfel und Mandeln unterrühren. Den Schnittlauch waschen und in feine Röllchen schneiden. Die Rohkost damit bestreut servieren.

AVOCADO-ROHKOST *mit Harissa*

Zutaten für 4 Portionen

- 1 gelbe Paprikaschote
- 2 Tomaten
- 2 reife Avocados
- 2 Frühlingszwiebeln
- 2 EL Zitronensaft
- 1 TL Harissa (scharfe Paprikapaste)
- 1 TL Ahornsirup
- Salz, 1 Prise gem. Koriander
- 4 EL Olivenöl
- ¼ Bund Basilikum oder Koriandergrün

Zeitbedarf
- 20 Minuten

Nährwerte
- 330 kcal pro Portion

So geht's

1. Die Paprikaschote waschen und vierteln. Stiel und Trennhäute mit den Kernen entfernen. Die Paprika in schmale Streifen schneiden. Die Tomaten waschen und halbieren, die Stielansätze herausschneiden. Die Tomaten ebenfalls in Streifen schneiden.
2. Die Avocados rundherum bis zum Kern einschneiden. Die Hälften gegeneinander drehen und so voneinander lösen. Die Kerne herauslösen. Die Avocadohälften schälen und in Spalten schneiden.
3. Die Frühlingszwiebeln waschen, die Wurzelenden und die welken grünen Teile abschneiden, die Zwiebeln in feine Ringe schneiden. Den Zitronensaft mit dem Harissa und dem Ahornsirup gut verrühren. Mit Salz und Koriander abschmecken. Das Öl nach und nach mit einer Gabel zu einer cremigen Sauce unterschlagen.
4. Das Basilikum oder Koriandergrün waschen und trocken schütteln, die Blättchen abzupfen und fein hacken. Paprika, Tomaten, Avocados und Zwiebeln mit der Sauce mischen und abschmecken. Rohkost mit den Kräutern bestreut servieren.

DAS IST *wirklich* WICHTIG

[a] PFIRSICHE HÄUTEN Bei sehr reifen Früchten können Sie die Haut einfach einritzen und abziehen. Alle anderen Pfirsiche mit kochendem Wasser überbrühen, kurz ziehen lassen und kalt abschrecken. Jetzt die Haut mit einem kleinen Messer einschneiden und abziehen.

[b] FÜR MEHR SAFT Limetten lassen sich besser auspressen, wenn Sie sie vorher mit den Handflächen mehrmals kräftig über die Arbeitsfläche rollen.

ZUCCHINISALAT
mit Pfirsich und Koriander

EIN SOMMERLICHER SALAT, DER LEICHT UND ERFRISCHEND AUF DEN TISCH KOMMT. SERVIEREN SIE IHN ALS VORSPEISE ODER ALS KLEINEN IMBISS MIT GERÖSTETEN BROTSCHEIBEN.

Zutaten für 4 Portionen

- 2 Pfirsiche
- ½ Bund Koriandergrün
- 4 junge Zucchini (ca. 400 g)
- 4 Frühlingszwiebeln
- 5 EL Öl
- 1 TL Koriandersamen
- Salz, Pfeffer aus der Mühle
- 1 Limette
- 2 TL Ahornsirup

Zeitbedarf

- 25 Minuten

Nährwerte

- 175 kcal pro Portion

So geht's

1. Die Pfirsiche häuten **[→a]** und halbieren. Die Hälften auseinanderlösen, die Kerne entfernen. Die Pfirsichhälften noch einmal halbieren, dann in dünne Scheiben schneiden. Koriandergrün waschen und trocken schütteln. Blättchen abzupfen und fein hacken.
2. Die Zucchini waschen und die Enden abschneiden. Die Zucchini der Länge nach in ca. ½ cm dicke Scheiben, dann längs in ebenso dicke Streifen schneiden. Die Frühlingszwiebeln waschen, die Wurzelenden und die welken dunkelgrünen Teile abschneiden. Die Zwiebeln der Länge nach achteln.
3. In einer Pfanne 1 EL Öl erhitzen. Die Koriandersamen im Mörser leicht andrücken und mit dem Gemüse ins Öl rühren. Das Gemüse bei starker bis mittlerer Hitze unter Rühren in ca. 5 Minuten bissfest braten. Mit Salz und Pfeffer würzen und lauwarm abkühlen lassen.
4. Die Limette auspressen **[→b]**. Das übrige Öl mit 4 EL Limettensaft und dem Ahornsirup mit einer Gabel cremig schlagen, mit Salz und Pfeffer abschmecken. Die Pfirsiche mit dem Gemüse unter die Sauce mischen. Den Salat nochmals abschmecken und mit dem Koriandergrün bestreut servieren.

Dazu schmeckt knuspriger Vollkorntoast.

SO SCHMECKT'S AUCH **Für eine feine Vorspeise zusätzlich kleine Ziegenfrischkäse mit etwas Öl einpinseln und im Ofen unter dem heißen Grill (mit ca. 10 cm Abstand von den Grillschlangen) in ca. 5 Minuten braun werden lassen. Zum Salat servieren.**

ARTISCHOCKEN
mit roten Zwiebeln

NEHMEN SIE FÜR DIESES GERICHT DIE KLEINEN, ZARTEN ARTISCHOCKEN, DIE VOR ALLEM AUS ITALIEN IN DEN WINTERMONATEN AUCH AUF UNSEREN (BIO-)MÄRKTEN IM ANGEBOT SIND.

Zutaten für 4 Portionen

- 8 kleine, zarte Artischocken
- 1 EL Zitronensaft
- 2 milde rote Zwiebeln
- Salz
- 150 g gemischter Blattsalat oder Salatblätter und Rucola oder Portulak und Feldsalat gemischt
- 1 TL scharfer Senf
- 1 TL Honig
- 2 EL Weißweinessig
- Pfeffer aus der Mühle
- 8 EL Olivenöl
- 3 EL Pinienkerne

Zeitbedarf
- 30 Minuten

Nährwerte
- 285 kcal pro Portion

So geht's

1. Die Artischocken von den äußeren Blättern befreien **[→a]** und putzen **[→b]**. Falls vorhanden, das Heu entfernen **[→c]**. Die Artischocken längs halbieren, auf die Schnittflächen legen und ebenfalls längs in dünne Scheiben schneiden. Mit dem Zitronensaft mischen.
2. Die Zwiebeln schälen, vierteln und in feine Streifen schneiden. Mit etwas Salz mischen, das macht sie etwas mürbe.
3. Den Salat waschen und trocken schütteln. Größere Blätter in mundgerechte Stücke zupfen. Den Senf mit dem Honig, dem Essig, Salz und Pfeffer gut verrühren. Nach und nach 4 EL Olivenöl zu einer cremigen Sauce unterschlagen.
4. Die Pinienkerne in einer Pfanne ohne Fett bei mittlerer Hitze unter Rühren rösten, bis sie goldgelb sind. Auf einem Teller beiseitestellen.
5. Das restliche Olivenöl in die Pfanne geben, die Artischockenscheiben einrühren und bei mittlerer Hitze unter Rühren 8–10 Minuten braten, bis sie bissfest und appetitlich braun sind. Mit Salz und Pfeffer würzen.
6. Die Salate mit den Zwiebelstreifen und der Sauce mischen und auf Teller verteilen. Die Artischocken darauf anrichten, mit den Pinienkernen bestreuen und gleich servieren.

Dazu schmeckt knuspriges Baguette.

SO SCHMECKT'S AUCH **Wer mag, kann den Salat zusätzlich mit Pecorinospänen garnieren. Und Veganer ersetzen den Honig im Dressing durch Ahornsirup oder Apfeldicksaft.**

DAS IST *wirklich* WICHTIG

[a] ARTISCHOCKENBLÄTTER ENTFERNEN Von kleinen Artischocken müssen Sie nicht so viele Blätter entfernen wie von den großen, bauchigen. Zupfen Sie die äußeren Blätter ab, bis sie am anhaftenden Ende heller und fleischiger werden. Machen Sie dann die Beißprobe: Lässt sich das fleischige Ende leicht beißen, haben Sie genug Blätter abgezupft.

[b] ARTISCHOCKEN PUTZEN Schneiden Sie die Spitzen der restlichen Blätter mit einem scharfen Messer ab. Den Stiel ca. 5 cm lang stehen lassen und dieses Stück schälen. Die Artischocken jetzt der Länge nach halbieren.

[c] HEU ENTFERNEN Ist in der Mitte „Heu" zu sehen, schneiden Sie dieses mit einem Messer heraus. Bei zarten Artischocken ist es jedoch nicht oder nur wenig ausgeprägt und muss nicht entfernt werden.

GEMÜSESALAT
mediterran

EIN MIX AUS GEBRATENEN ZUCCHINI- UND PAPRIKASTREIFEN. AUF BLATTSALAT MIT GETROCKNETEN TOMATEN UND OLIVEN LAUWARM SERVIERT, EINE EDLE UND DABEI EINFACHE VORSPEISE.

Zutaten für 4 Portionen

- je 1 rote und gelbe Paprikaschote
- 2 Zucchini (ca. 400 g)
- 2 Frühlingszwiebeln
- 2 Knoblauchzehen
- 8 getrocknete, in Öl eingelegte Tomaten
- ½ Bund Basilikum
- 2 EL Aceto balsamico
- Salz, Pfeffer aus der Mühle
- 6 EL Olivenöl
- 1 kleiner Romanasalat
- 1 EL kleine schwarze Oliven
- 1 kräftige Prise Chilipulver (nach Belieben)

Zeitbedarf
- 20 Minuten

Nährwerte
- 300 kcal pro Portion

So geht's

1. Die Paprika und die Zucchini waschen. Die Paprika halbieren, Stiel und Trennhäute mit den Kernen entfernen. Die Hälften quer in 1 cm breite Streifen schneiden. Die Zucchini von den Enden befreien und erst der Länge nach in ca. 1 cm dicke Scheiben, dann in ebenso breite Streifen schneiden. Die Streifen auf eine Länge von ca. 5 cm kürzen. Die Frühlingszwiebeln waschen, die Wurzelenden und die welken dunkelgrünen Teile abschneiden. Die Zwiebeln der Länge nach in Streifen schneiden, diese halbieren. Den Knoblauch schälen und in dünne Scheiben schneiden.
2. Die Tomaten abtropfen lassen und in Streifen schneiden. Basilikum waschen und trocken schütteln, die Blättchen abzupfen und in Streifen schneiden. Balsamico mit Salz und Pfeffer verrühren. Nach und nach 4 EL Olivenöl mit einer Gabel oder einem Schneebesen zu einer cremigen Sauce unterschlagen.
3. Vom Romanasalat die Salatblätter auseinanderlösen, waschen und trocken schleudern. Den Salat in Streifen schneiden und mit dem Basilikum, den getrockneten Tomaten und den Oliven mischen.
4. Das restliche Öl in einer Pfanne erhitzen. Die Zucchini- und die Paprikastreifen darin bei starker bis mittlerer Hitze unter Rühren in 4–5 Minuten bissfest braten. Zwiebeln und Knoblauch dazugeben und kurz weiterbraten, aber nicht zu braun werden lassen, sonst schmeckt der Knoblauch bitter.
5. Romanasalatmischung auf Teller verteilen. Die Zucchini-Paprika-Mischung mit dem Dressing verrühren. Das Gemüse mit Salz, Pfeffer und eventuell Chilipulver abschmecken und auf dem Salat anrichten. Den Salat gleich servieren.

Dazu schmeckt knuspriges Brot oder Grissini.

ROSMARINSPARGEL
auf Rucola

GEBRATEN BEKOMMT SPARGEL EIN GANZ BESONDERES AROMA UND BEHÄLT EINEN ANGENEHMEN BISS. STATT PECORINO SCHMECKT AUCH GEREIFTER RICOTTA SEHR GUT.

Zutaten für 4 Portionen

- 500 g weißer Spargel
- 1 Zweig Rosmarin
- 5 EL Olivenöl
- 1 ½ EL Aceto balsamico
- Salz, Pfeffer aus der Mühle
- 100 g Rucola
- 1 TL Honig
- 50 g Pecorino

Zeitbedarf

- 25 Minuten

Nährwerte

- 190 kcal pro Portion

So geht's

1. Den Spargel waschen und die holzigen Enden abschneiden. Die Stangen schälen. Die Spargelspitzen abschneiden und die Stangen in ca. 3 cm lange Stücke schneiden. Den Rosmarin waschen und trocken schütteln, die Nadeln abzupfen und fein schneiden.
2. In einer Pfanne 2 EL Öl erhitzen. Den Spargel einrühren und bei mittlerer Hitze 8–10 Minuten braten, bis er bissfest ist. Dabei immer wieder durchrühren.
3. Inzwischen den Balsamico mit Salz, Pfeffer und dem übrigen Olivenöl mit einer Gabel zu einer cremigen Sauce verrühren. Den Rucola von den groben Stielen befreien, waschen und trocken schütteln oder schleudern. Mit dem Dressing mischen und auf vier Teller verteilen.
4. Den Rosmarin mit dem Honig zum Spargel geben und den Spargel mit Salz und Pfeffer abschmecken. Auf dem Rucola verteilen. Vom Pecorino mit dem Gurkenhobel feine Späne über den Salat hobeln. Salat gleich servieren.

Dazu schmeckt frisches Baguette.

DAS IST *wirklich* WICHTIG

[a] ROTE BETE SCHÄLEN Die Rüben färben die Hände und auch Küchenbretter kräftig rot. Ziehen Sie deshalb zum Schälen am besten Einmalhandschuhe an. Und schneiden Sie die Knollen möglichst auf Kunststoffbrettern klein.

ROTE-BETE-SALAT
mit Orange und Meerrettich

EIN WINTERLICHER SALAT, DER DURCH ORANGENSCHALE UND FRISCH GERIEBENEN MEERRETICH NOCH MEHR AROMA, VITAMINE UND MINERALSTOFFE BEKOMMT.

Zutaten für 4 Portionen

- 700 g Rote Beten (möglichst gleich groß)
- 1 Bio-Orange
- 2 Frühlingszwiebeln
- 2 EL Rotweinessig
- 1 TL Orangenmarmelade oder Quittengelee (nach Belieben)
- Salz, Pfeffer aus der Mühle
- 1 Prise gem. Kümmel
- 4 EL Rapsöl
- 1 Stück frischer Meerrettich (ca. 2 cm; siehe Tipp unten)
- 1 Kästchen Gartenkresse

Zeitbedarf

- 30 Minuten + 40 – 60 Minuten kochen

Nährwerte

- 155 kcal pro Portion

So geht's

1. Die Roten Beten waschen. Die Knollen in einen Topf legen und bis zur Hälfte ihrer Höhe Wasser angießen. Das Wasser zum Kochen bringen und die Roten Beten zugedeckt bei mittlerer Hitze je nach Größe in 40 – 60 Minuten weich kochen, kalt abschrecken und mindestens lauwarm oder komplett abkühlen lassen.
2. Die Orange heiß waschen und abtrocknen, die Schale fein abreiben. Den Saft auspressen. Die Frühlingszwiebeln waschen, die Wurzelenden und die welken dunkelgrünen Teile abschneiden. Die Zwiebeln fein schneiden.
3. Den Essig mit dem Orangensaft und der -schale, eventuell der Marmelade oder dem Gelee, Salz, Pfeffer und Kümmel verrühren. Das Öl nach und nach mit einer Gabel zu einer cremigen Sauce unterschlagen.
4. Den Meerrettich schälen und fein reiben. Mit den Frühlingszwiebeln unter die Sauce rühren. Die Roten Beten von den Enden befreien, schälen [→a], vierteln und in dünne Scheiben schneiden. Unter die Sauce rühren und den Salat abschmecken. Die Kresse mit einer Schere vom Beet schneiden und aufstreuen.

FRISCHER MEERRETTICH **ist viel aromatischer als Meerrettich aus dem Glas. Kaufen Sie am besten eine ganze Stange. Schälen Sie von der Stange jeweils nur ein kleines Stück – so viel, wie Sie gleich verbrauchen. Die Stange dann in Klarsichtfolie wickeln und im Kühlschrank lagern. Wer einen kühlen Keller hat, macht es so: In eine kleine Kiste Sand (aus dem Baumarkt) füllen und den Meerrettich darin vergraben.**

KARTOFFELSALAT *mit Kürbis*

KARTOFFELSALAT MIT WÜRZIGER BRÜHE IST LEICHT UND FEIN. DER KÜRBIS, DIE KÜRBISKERNE UND DAS AROMATISCHE KÜRBISKERNÖL SORGEN HIER FÜR NOCH MEHR GESCHMACK.

Zutaten für 4 Portionen

- 600 g festkochende Kartoffeln
- 1 Stück Kürbis (ca. 600 g; siehe Tipp unten)
- Salz
- 1 EL Butter
- 4 EL Kürbiskerne
- 1 Bund Schnittlauch
- ¼ l kräftige Gemüsebrühe
- 3 EL Zitronensaft oder Weißweinessig
- 2 EL Öl
- 2 EL Kürbiskernöl
- 1 TL scharfer Senf
- 1 TL frisch geriebener Meerrettich
- Pfeffer aus der Mühle

Zeitbedarf
- 45 Minuten

Nährwerte
- 315 kcal pro Portion

So geht's

1. Die Kartoffeln waschen und in der Schale in Wasser zugedeckt bei mittlerer Hitze in 20–30 Minuten weich, aber nicht zu weich kochen. Abgießen und kurz ausdämpfen lassen.
2. Noch während die Kartoffeln kochen, den Kürbis schälen oder waschen. Aus dem Kürbis die Kerne samt faserigem Fruchtfleisch mit einem Löffel herausschaben. Muskat- und Butternutkürbis auch schälen. Den Kürbis in knapp 1 cm dicke Scheiben schneiden und in einen Topf geben. Ca. 2 cm hoch Wasser angießen, salzen und zum Kochen bringen. Kürbisstücke zugedeckt bei mittlerer Hitze in 4–5 Minuten bissfest garen, dann abgießen.
3. Die Butter in einer Pfanne zerlassen. Die Kürbiskerne einrühren und bei mittlerer Hitze unter Rühren 1–2 Minuten rösten, bis sie knusprig sind. Auf einen Teller geben. Den Schnittlauch waschen, trocken schütteln und in Röllchen schneiden.
4. Die Brühe erhitzen und mit dem Zitronensaft, beiden Ölsorten und dem Senf verrühren. Lauwarm abkühlen lassen, dann den Meerrettich unterrühren [→a] und die gewürzte Brühe mit Salz und Pfeffer abschmecken.
5. Die Kartoffeln heiß schälen [→b] und in dünne Scheiben schneiden. Lagenweise mit dem Kürbis in eine Schüssel geben und jeweils mit etwas Brühe beschöpfen. Zum Schluss den Schnittlauch und die Kürbiskerne dazugeben und alles locker miteinander mischen. Den Salat abschmecken und lauwarm oder kalt servieren.

Der Salat schmeckt besonders gut als Beilage, z. B. zu Getreidebratlingen.

Die Variante

Kartoffelsalat mit Feldsalat
Bereiten Sie den Salat aus 1 kg Kartoffeln mit der Sauce von oben, aber ohne Kürbis und Kürbiskerne zu. Vor dem Servieren 100 g Feldsalat putzen, waschen und trocken schütteln. Mit 2 TL Essig, Salz, Pfeffer und 1 EL Öl anmachen und locker unter den Kartoffelsalat heben.

KÜRBIS KAUFEN Nehmen Sie entweder 1 Stück von einem aromatischen Muskatkürbis oder Butternut- oder Hokkaidokürbis. Hokkaidokürbis können Sie mit der Schale garen. Das sieht hübsch aus, und die Stücke behalten optimal ihre Form.

DAS IST *wirklich* WICHTIG

[a] MEERRETTICH ZUGEBEN Da der würzige Meerrettich seine Schärfe beim Erhitzen verliert, geben Sie ihn erst unter die mindestens lauwarm abgekühlte Salatsauce.

[b] KARTOFFELN HEISS SCHÄLEN Frisch gekocht lassen sich Kartoffeln am besten schälen. Außerdem nehmen sie warm die Sauce besser auf. Damit Sie sich die Finger beim Schälen nicht verbrennen, nehmen Sie am besten eine spezielle dreizinkige Gabel, die es in Haushaltswarengeschäften zu kaufen gibt. Mit ihr können Sie die Kartoffel gut aufspießen.

[b]

NÜSSE, KERNE *und Öle*

Kraftprotze im Miniformat sind Nüsse und Kerne. Und dass sie in puncto wertvoller Inhaltsstoffe so viel zu bieten haben, macht sie für Vegetarier und vor allem Veganer zu besonders wichtigen Nährstofflieferanten: Fett, Eiweiß und Ballaststoffe, aber auch eine ganze Menge an Mineralstoffen wie Natrium, Kalium, Eisen, Phosphor und Magnesium stecken in ihnen. Dazu viele Vitamine, vor allem einige der B-Gruppe und Vitamin E.

MEHR ALS EINE FAMILIE

Genau genommen dürfen sich nur Edelkastanien (Maronen), Haselnüsse, Macadamia- und Walnüsse als Nüsse bezeichnen. Botanisch zählen sie zum Schalenobst. Dazu gesellen sich ein paar Früchte anderer Familien, die aber ganz ähnliche Inhaltsstoffe zu bieten haben: Die Erdnuss, die mal zu den Nüssen, mal zu den Hülsenfrüchten gerechnet wird; Steinfrüchte wie Kokosnuss, Mandel, Pekannuss und Pistazie. Und ein paar Einzelgänger – botanisch gesehen – wie die Cashewnuss, die Paranuss, der Kürbiskern, der Sonnenblumenkern, der Sesamsamen und der Pinienkern. Ihre Gemeinsamkeit: Alle sind ausgesprochen gesund und haben in der vegetarischen Küche einen hohen Stellenwert.

SONDERFALL MANDEL

Mandeln sind eng mit der Kirsche, der Aprikose, der Zwetschge und dem Pfirsich verwandt. Man unterscheidet Süß-, Bitter- und Krachmandeln.

Süßmandeln schmecken mild-aromatisch und leicht süßlich. Bittermandeln haben einen hohen Gehalt an Amygdalin, das bei der Verdauung in giftige Blausäure umgewandelt wird. Sie sind also nicht für den Verzehr geeignet. Das aus ihnen gewonnene Bittermandelöl kann man allerdings problemlos zum Aromatisieren, vor allem süßer Gerichte, verwenden. Krachmandeln ähneln in Aussehen und Geschmack der Süßmandel.

KEINE ANGST VORM FETT

Lange Zeit ging Nüssen und Kernen kein guter Ruf voraus – sie seien zu fett und zu schwer verdaulich. Heute weiß man, dass Nüsse und Kerne – in Maßen genossen – sich sehr positiv auf die Gesundheit auswirken. Vor allem die Fettsäuren spielen hier eine wichtige Rolle. Der hohe Gehalt an einfach und mehrfach ungesättigten Fettsäuren hat einen günstigen Einfluss auf das Herz-Kreislauf-System und auch auf die Blutfettwerte – im Gegensatz zu den gesättigten Fettsäuren aus tierischen Produkten.

FÜR MEHR AROMA

Der Geschmack von Haselnuss & Co. kommt noch besser zur Geltung, wenn Sie sie rösten. Dazu die Kerne in einer trockenen Pfanne bei mittlerer Hitze unter Rühren 1–2 Minuten rösten, bis sie fein duften. Abkühlen lassen und weiter verwenden.

BITTE GANZ LASSEN! Das, was sie so wertvoll macht, macht sie auch anfällig. Die fettreichen Nüsse und Kerne sind nicht lange haltbar, nach einiger Zeit wird das Fett ranzig. Besonders schnell passiert das, wenn die Nüsse gemahlen oder gehackt sind. Kaufen Sie Nüsse also immer im Ganzen, wenn möglich sogar in der Schale wie Walnüsse. Zum Aufbewahren immer an einen kühlen Ort legen.

ÖLE – BITTE NICHT MEIDEN!

Die wertvollen einfach und mehrfach ungesättigten Fettsäuren, die in pflanzlichen Ölen vorkommen, braucht der Körper dringend, um reibungslos zu funktionieren. Diese Fettsäuren senken den Cholesterinspiegel und regeln den Stoffwechsel. Die wichtigen Omega-3-Fettsäuren, die zum Beispiel Lein-, Raps-, Soja-, Walnuss- und Weizenkeimöl liefern, lassen Entzündungen abklingen, verdünnen das Blut und senken den Blutdruck.

GLÄNZENDE VIELFALT

Walnuss-, Mandel- und Haselnussöl bereichern unsere Küche. Da sie beim Erhitzen den Eigengeschmack verlieren, werden sie fast nur kaltgepresst angeboten und auch verwendet. Sie machen sich gut in der Salatsauce oder als Würze vor allem von Gemüse. Träufeln Sie einfach vor dem Essen ein paar Tropfen davon über das fertige Gericht auf dem Teller.

Walnussöl ist blass bis hellgelb, hat kaltgepresst einen intensiven nussigen Ton und außer den gesunden Omega-3-Fettsäuren auch Linolsäure zu bieten. Es besteht zu etwa 75 Prozent aus mehrfach ungesättigten Fettsäuren und wird dadurch leicht ranzig. Bewahren Sie es kühl und dunkel auf und kaufen Sie es in kleinen Mengen, die Sie rasch verbrauchen.

Walnussöl passt wunderbar zu Salaten aus rohen oder gegarten Zutaten. Es eignet sich aber auch für die Herstellung von Pesto.

Haselnussöl hingegen enthält um die 80 % einfach ungesättigte Fettsäuren, lässt sich also etwas länger aufbewahren. Das Öl ist besonders reich an Vitamin E. Man kann das Öl aus puren oder aus gerösteten Haselnusskernen kaufen, das noch mehr Aroma zu bieten hat. Haselnussöl passt sehr gut zu Salat, vor allem zu kräftigen Sorten wie Radicchio und Feldsalat, aber auch zu Gemüse und sogar zu Käse.

Kürbiskernöl wird aus den reifen Samen großer Kürbisse hergestellt, hat eine tiefgrüne Farbe und einen intensiven Geschmack. Es passt gut zu Hülsenfrüchten und zu gegartem Gemüse, aber auch zu Blattsalat. Vor allem zu Feldsalat schmeckt es wunderbar.

Sesamöl wird vor allem aus gerösteten Sesamsamen gewonnen und verdankt diesen den dunkelbraunen Ton und das intensive Aroma. Sesamöl ist besonders reich an Linolsäure, einer essenziellen, zweifach ungesättigten Fettsäure. Es wird zum Würzen – besonders asiatischer Gerichte – verwendet.

Sonnenblumenöl ist geschmacklich eher neutral, hat aber eine ganze Menge Vitamin E zu bieten. Und natürlich gilt auch hier: Das kaltgepresste Öl aus dem Bioladen hat viel mehr Aroma als das raffinierte aus dem Supermarkt.

KALTGEPRESST BEVORZUGEN

Kaltgepresste Öle enthalten mehr Vitamine, Geschmacksstoffe und essenzielle Fettsäuren als raffinierte Öle. Bei Letzteren werden Nüsse, Kerne oder Früchte mit Wärme vorbehandelt. Bei der Kaltpressung dagegen entwickelt sich lediglich beim Pressen selbst Wärme, die 40 °C aber nicht übersteigen darf. Die meisten kaltgepressten Öle sollten nur in der kalten Küche verwendet werden, da sie beim Erhitzen oxidieren und gesundheitsschädliche Stoffe entstehen.
Eine Ausnahme von dieser Regel ist das Olivenöl. Es enthält viele einfach ungesättigte Fettsäuren, die auch starke Hitze vertragen. Deshalb eignet sich auch kaltgepresstes Olivenöl zum Braten, Dünsten und Schmoren.

Sonst verwenden Sie zum Dünsten und Braten bei nicht zu hohen Temperaturen Distel- oder Sonnenblumenöl, zum Frittieren und scharfen Anbraten einfache Pflanzenöle, zum Beispiel Erdnuss-, Palm-, Raps- oder Sojaöl.

DUNKEL UND KÜHL HALTEN

Kaltgepresste Öle halten sich wie die Kerne, Samen und Früchte, aus denen sie gewonnen werden, nur eine begrenzte Zeit. Wenn sie sachgerecht aufgehoben werden, rechnet man mit mindestens einem Jahr nach der Herstellung. Und: Sachgerecht heißt dunkel – am besten in einer braunen oder dunkelgrünen Flasche –, trocken und kühl.

DAS IST *wirklich* WICHTIG

[a] FLÜSSIGER HONIG Nur flüssiger Honig lässt sich mit anderen Zutaten glatt verrühren. Wenn Sie festeren Honig haben, erwärmen Sie ihn bei sehr schwacher Hitze in einem kleinen Topf. Oder Sie stellen das Honigglas in heißes Wasser. Oder Sie geben den Honig in einer kleinen Schüssel beim Vorheizen mit in den Ofen. Durch die Wärme wird der Honig flüssig.

[b] DATTELN ENTSTEINEN Schneiden Sie die Datteln jeweils der Länge nach auf und klappen Sie die beiden Seiten auf. Den Stein herauslösen, dann die Datteln in Streifen schneiden. Sehr frische Datteln sind ziemlich klebrig. Tauchen Sie das Messer zum Schneiden zwischendurch in lauwarmes Wasser.

[b]

LINSENSALAT
mit Ofentomaten und Datteln

ORIENTALISCH GEWÜRZT UND MIT SÜSSEN DATTELN UND FRUCHTIGEN TOMATEN GEMISCHT SCHMECKEN LINSEN GANZ BESONDERS GUT – ALS VORSPEISE ODER AUCH ALS BEILAGE.

Zutaten für 4 Portionen

- 500 g Kirschtomaten
- Salz, Pfeffer aus der Mühle
- 8 Zweige Thymian
- 2 TL flüssiger Honig [→a]
- 5 EL Olivenöl
- 200 g schwarze oder grüne Linsen (Beluga oder Puy)
- ¾ l milde Gemüsebrühe oder Wasser
- 2 Lorbeerblätter
- 100 g Datteln
- ¼ Bund Minze oder Basilikum
- 2 Frühlingszwiebeln
- 2 EL Zitronensaft
- ca. 1 TL Harissa (scharfe Paprikapaste)

Zeitbedarf
- 1 Stunde

Nährwerte
- 335 kcal pro Portion

So geht's

1. Den Backofen auf 200 °C (Ober- und Unterhitze; Umluft 180 °C) vorheizen. Die Tomaten waschen und halbieren. Mit den Schnittflächen nach oben nebeneinander in eine ofenfeste Form setzen und mit Salz und Pfeffer würzen. Den Thymian waschen und trocken schütteln, die Blättchen abstreifen und mit dem flüssigen Honig [→a] und 2 EL Olivenöl mischen. Mischung auf den Tomaten verteilen. Die Tomaten im heißen Ofen (Mitte) ca. 30 Minuten backen, bis sie leicht gebräunt sind.
2. Inzwischen die Linsen verlesen und in einem Sieb kalt abspülen. Die Linsen mit der Brühe oder dem Wasser sowie den Lorbeerblättern in einem Topf zum Kochen bringen. Zugedeckt bei mittlerer Hitze in 35–45 Minuten bissfest kochen. Linsen in ein Sieb gießen und abtropfen lassen, die Lorbeerblätter entfernen.
3. Die Datteln aufschneiden und den Kern entfernen [→b]. Die Datteln in ca. ½ cm breite Streifen schneiden. Minze oder Basilikum waschen und trocken schütteln. Die Blättchen abzupfen und fein hacken. Die Frühlingszwiebeln waschen, die Wurzelenden und die welken dunkelgrünen Teile abschneiden. Die Zwiebeln in feine Ringe schneiden.
4. Den Zitronensaft mit dem Harissa und Salz verrühren. Das restliche Öl nach und nach unterschlagen. Die Linsen mit den Frühlingszwiebeln, den Kräutern und den Datteln mischen, die Sauce unterrühren. Zum Schluss die Tomaten unterheben und den Salat abschmecken.

Dazu passt am besten Fladenbrot mit Sesam, kurz im Ofen aufgebacken. Wer mag, krümelt noch Feta (Schafskäse) in kleine Stücke und streut ihn auf den Salat.

Die Variante

Linsensalat mit Balsamico-Dressing
Linsen wie beschrieben kochen. 2 junge Zucchini waschen, würfeln und in 1 EL Olivenöl unter Rühren braun braten, salzen und pfeffern. 500 g Tomaten waschen und ohne die Stielansätze würfeln. 1 rote Zwiebel schälen, vierteln und in feine Streifen schneiden. 2 EL Aceto balsamico mit 1 TL scharfem Senf und 1 TL Honig oder Ahornsirup, Salz und Pfeffer verrühren. 4 EL Olivenöl nach und nach zu einer cremigen Sauce unterschlagen. Linsen mit 2 Zucchini, Tomaten und Zwiebeln sowie 1 EL fein gehackter Petersilie unter die Sauce mischen und abschmecken.

COUSCOUSSALAT
mit Granatapfelkernen

IM HANDUMDREHEN GANZ EINFACH GEMACHT UND DABEI DOCH ETWAS GANZ BESONDERES: COUSCOUSSALAT SCHMECKT ALS VORSPEISE EBENSO GUT WIE ALS BEILAGE, Z. B. ZU GEBRATENEM ODER GEGRILLTEM GEMÜSE.

Zutaten für 4 Portionen

- 200 g Couscous
- 2 dünne Stangen Lauch
- Salz
- je 1 großes Bund Petersilie und Minze
- 1 Granatapfel
- 4 EL Zitronensaft
- je ½ TL gem. Koriander, Kreuzkümmel und rosenscharfes Paprikapulver
- 5 EL Olivenöl

Zeitbedarf
- 30 Minuten

Nährwerte
- 175 kcal pro Portion

So geht's

1. Den Couscous in einer Schüssel mit lauwarmem Wasser begießen und 15 – 20 Minuten quellen lassen **[→a]**.
2. Inzwischen den Lauch von den Wurzelenden und den welken grünen Teilen befreien. Die Stangen der Länge nach aufschlitzen, gründlich waschen und in feine Streifen schneiden. Salzwasser zum Kochen bringen, den Lauch darin 1 Minute sprudelnd kochen lassen. In ein Sieb abgießen, kalt abschrecken und abtropfen lassen.
3. Die Kräuter waschen und trocken schütteln. Die Blättchen abzupfen und sehr fein hacken. Den Granatapfel halbieren. Eine Hälfte auseinanderbrechen und die Kerne zwischen den Trennhäuten herauslösen **[→b]**. Die andere Hälfte auspressen.
4. Den Granatapfelsaft mit dem Zitronensaft, den Gewürzen und Salz verrühren. Das Öl nach und nach zu einer cremigen Sauce unterschlagen.
5. Die Kräuter und den Lauch mit der Sauce unter die Couscouskörner mischen, abschmecken und mit den Granatapfelkernen bestreut servieren.

Die Variante

Tabouleh
Für den klassischen Couscoussalat die Getreidekörner wie beschrieben in lauwarmem Wasser quellen lassen. Die Blättchen von 2 großen Bund Petersilie und ½ Bund Minze fein hacken. 2 Tomaten, 1 Stück Salatgurke und 4 Frühlingszwiebeln waschen, putzen und klein würfeln.
Für die Sauce 5 EL Zitronensaft mit Salz und Pfeffer verrühren, 5 EL Olivenöl cremig unterschlagen. Alle Zutaten damit mischen und den Salat abschmecken.

SO SCHMECKT'S AUCH **Sie können für den Salat auch Instant-Couscous nehmen. Diesen nur ca. 5 Minuten im Wasser quellen lassen.**

DAS IST *wirklich* WICHTIG

[a] QUELLEN LASSEN Couscous muss nur in warmem Wasser quellen, um weich zu werden. Dazu die Getreidekörnchen in einer Schüssel mit so viel lauwarmem Wasser begießen, dass sie gerade davon bedeckt sind. 15–20 Minuten stehen lassen, bis die Körnchen die Flüssigkeit aufgesogen haben und weich sind.

[b] GRANATAPFELKERNE AUSLÖSEN Brechen Sie die Granatapfelhälfte in Stücke und lösen Sie die Kerne aus den weißen Häuten heraus. Am besten über einer Schüssel arbeiten.

BOHNENSALAT
mit Birnen-Vinaigrette

MIT DREIERLEI BOHNEN ZUBEREITET IST DER SALAT NICHT NUR EINE AUGENWEIDE, SONDERN AUCH GESCHMACKLICH EINE FEINE KOMBINATION.

Zutaten für 4 Portionen

- 250 g grüne Bohnen
- ½ Bund Bohnenkraut
- Salz
- 200 g enthülste dicke Bohnen (frisch oder TK)
- 200 g gegarte weiße Bohnenkerne (aus der Dose oder selbst gekocht; siehe Seite 187)
- 1 saftige Birne
- 1 Stück frischer Ingwer (ca. 1 cm)
- ½ Bio-Zitrone
- Salz, Pfeffer aus der Mühle
- 1 Prise Chilipulver (nach Belieben)
- 4 EL Rapsöl

Zeitbedarf
- 30 Minuten

Nährwerte
- 180 kcal pro Portion

So geht's

1. Die grünen Bohnen waschen, die Enden abschneiden und bei Bedarf die Fäden abziehen. Die Bohnen halbieren. Das Bohnenkraut waschen und trocken schütteln. 1–2 Stängel beiseitelegen, den Rest mit 1 l Wasser und Salz in einen Topf geben. Das Wasser zum Kochen bringen.
2. Die grünen Bohnen ins kochende Wasser geben und knapp 5 Minuten sprudelnd kochen lassen. Die dicken Bohnen dazugeben und alles noch ca. 5 Minuten kochen lassen, bis die Bohnen bissfest sind. In ein Sieb abgießen, kalt abschrecken und abtropfen lassen. Die weißen Bohnen aus der Dose ebenfalls in einem Sieb kalt abspülen.
3. Die Birne vierteln, schälen und vom Kerngehäuse befreien. Birne in kleine Würfel schneiden. Den Ingwer schälen, die restlichen Bohnenkrautblättchen abzupfen und zusammen mit dem Ingwer sehr fein hacken.
4. Die Zitronenhälfte heiß waschen und abtrocknen, die Schale fein abreiben. Den Saft auspressen und mit Salz, Pfeffer und eventuell Chilipulver verrühren. Das Öl nach und nach unterschlagen. Ingwermischung und Zitronenschale mit der Birne dazugeben. Die Bohnen mit der Birnensauce mischen und abschmecken. Den Salat möglichst frisch servieren.

GERSTENSALAT *mit Sommergemüse*

EIN BUNTER SALAT, LEICHT UND FRISCH UND DAS IDEALE ESSEN FÜR EINEN HEISSEN SOMMERTAG. MACHEN SIE AUCH MAL DIE DOPPELTE MENGE FÜR EIN BUFFET.

Zutaten für 4 Portionen

- 150 g Gerstengraupen (Rollgerste)
- Salz
- 1 kleine Aubergine (ca. 270 g)
- 1 Zucchino
- je 1 rote und gelbe Paprikaschote
- 1 rote Zwiebel
- 4 Knoblauchzehen
- 2 Tomaten
- 1 Bund Basilikum
- 4 EL Olivenöl
- 1 TL rosenscharfes Paprikapulver
- 1 Prise Zucker
- 4 EL Zitronensaft

Zeitbedarf
- 45 Minuten

Nährwerte
- 280 kcal pro Portion

So geht's

1. Graupen in einem Sieb kalt abspülen. 1 l Salzwasser zum Kochen bringen. Die Gerste darin bei schwacher bis mittlerer Hitze zugedeckt in ca. 30 Minuten bissfest kochen.
2. Inzwischen die Aubergine, den Zucchino und die Paprika waschen, putzen und in kleine Würfel schneiden. Die Zwiebel und den Knoblauch schälen und fein hacken. Die Tomaten waschen und ohne die Stielansätze würfeln. Das Basilikum waschen und trocken schütteln, die Blättchen abzupfen und fein schneiden.
3. 2 EL Olivenöl in einer Pfanne erhitzen. Aubergine, Zucchino und Paprika darin unter Rühren bei starker Hitze ca. 5 Minuten braten. Zwiebel und Knoblauch kurz mitbraten, das Gemüse mit Salz, Paprika und Zucker abschmecken und lauwarm abkühlen lassen.
4. Den Zitronensaft mit Salz und Pfeffer verrühren und mit dem restlichen Öl zu einer cremigen Sauce aufschlagen. Die Gerste in ein Sieb abgießen, kurz kalt abschrecken und abtropfen lassen. Die Gerste, das gebratene Gemüse, die Tomaten, die Sauce und das Basilikum gut verrühren und abschmecken. Lauwarm oder abgekühlt servieren.

DAS IST *wirklich* WICHTIG

[a] BROKKOLI VORBEREITEN Schneiden Sie nach dem Waschen die Röschen in möglichst gleich großen Stücken ab. Der Stiel hat eine harte Haut und muss geschält werden. Entfernen Sie dabei auch alle faserigen Teile.

[b] MANGOLD PUTZEN Die Blätter von den Stielen abschneiden und hacken. Die Stielenden entfernen. Falls sich dabei Fäden lösen, diese mit abziehen.

GEMÜSESALAT
mit paniertem Feta

JE BUNTER DIE GEMÜSEMISCHUNG, DESTO FEINER DER SALAT, DER AM BESTEN LAUWARM SCHMECKT. VEGANER LASSEN DEN FETA WEG UND BRATEN STATTDESSEN DEN SESAMTOFU VON SEITE 30 ZUM GEMÜSE.

Zutaten für 4 Portionen

- 1 Kohlrabi
- 150 g junge Möhren
- 1 Stange Lauch
- 1 Brokkoli (ca. 500 g)
- 200 g Mangold, Salz
- ½ Bund Petersilie
- 3 EL Zitronensaft
- 3 EL Gemüsebrühe
- je 1–2 TL scharfer und süßer Senf
- Pfeffer aus der Mühle
- 8–9 EL Olivenöl
- 200 g Feta (Schafskäse)
- 2 EL Mehl
- 1 Ei (Größe L)
- 100 g Semmelbrösel

Zeitbedarf
- 30 Minuten

Nährwerte
- 500 kcal pro Portion

So geht's

1. Das Gemüse schälen bzw. waschen und putzen. Den Kohlrabi in 1 cm dicke Scheiben, dann in ebenso dicke Stifte schneiden. Die Möhren der Länge nach vierteln, den Lauch in 1 cm breite Stücke schneiden. Brokkoli in Röschen teilen. Den Stiel schälen und in Scheiben schneiden **[→a]**. Vom Mangold die Blätter abschneiden und grob hacken. Die Stielenden entfernen **[→b]**, die Stiele in dickere Streifen schneiden.
2. In einem großen Topf reichlich Salzwasser zum Kochen bringen. Kohlrabi und Möhren darin 3 Minuten sprudelnd kochen lassen. Lauch, Brokkoli und Mangoldstiele dazugeben und weitere 3 Minuten kochen lassen. Mangoldblätter einrühren und alles noch ca. 1 Minute kochen lassen, bis das Gemüse bissfest ist. In ein Sieb abgießen, kurz kalt abschrecken und abtropfen lassen.
3. Schon während das Wasser für das Gemüse heiß wird, für die Sauce die Petersilie waschen und trocken schütteln. Die Blättchen abzupfen und fein hacken. Den Zitronensaft und die Gemüsebrühe mit den beiden Senfsorten, Salz und Pfeffer verrühren. Nach und nach 4–5 EL Olivenöl cremig unterschlagen.
4. Den Feta in 4 Stücke schneiden. Das Mehl in einen Teller geben. Das Ei in einem zweiten Teller mit Salz und Pfeffer verquirlen. Die Semmelbrösel auf einem dritten Teller verteilen.
5. Das Gemüse mit der Sauce mischen, abschmecken und zugedeckt beiseitestellen.
6. Das restliche Öl in einer Pfanne erhitzen. Die Fetastücke im Mehl wenden, überschüssiges Mehl abschütteln. Dann durch das verquirlte Ei ziehen und zum Schluss in den Semmelbröseln wenden. Die Käsestücke im heißen Öl bei starker Hitze pro Seite ca. 2 Minuten braten. Gemüsesalat auf Tellern verteilen, panierten Feta jeweils daneben oder darauf anrichten.

Dazu schmeckt Brot.

Die Variante

Lauwarmer Gemüse-Nudel-Salat
250 g kurze Nudeln (z. B. Fusilli, Orecchiette oder Casarecce) in kochendem Salzwasser ca. 5 Minuten garen. 200 g Brokkoliröschen und 200 g enthülste Erbsen (frisch oder tiefgekühlt) dazugeben und alles noch ca. 3 Minuten kochen lassen, bis Nudeln und Gemüse bissfest sind. Dann in ein Sieb abgießen, kurz kalt abschrecken und abtropfen lassen. 2 Tomaten waschen und ohne die Stielansätze würfeln. 2 EL Pinienkerne anrösten. 2 EL Balsamico bianco mit 1 TL Pesto, Salz, Pfeffer und 4 EL Olivenöl zu einer cremigen Sauce verrühren. Gemüse und Nudeln mit den Tomaten und der Sauce mischen. Mit den Pinienkernen bestreut lauwarm servieren.

SUPPEN *und Eintöpfe*

KLAR UND VOLLER AROMA DIE GEMÜSEBRÜHE, BUNT UND VERFÜHRERISCH DIE SAFRAN-GEMÜSESUPPE, WUNDERBAR CREMIG DIE TOPINAMBURSUPPE, SCHÖN SÄTTIGEND DAS KARTOFFELGULASCH. ALL DAS UND NOCH VIEL MEHR KOMMT AUS DEM GROSSEN TOPF AUF DEN TISCH.

[a]

DAS IST *wirklich* WICHTIG

[a] FÜR MEHR GESCHMACK Zwiebel und Gemüse vor dem Kochen anbraten. So entstehen Röstaromen, die für mehr Geschmack sorgen. Die ungeschälte Zwiebel dafür mit der Schnittfläche nach unten in eine Pfanne setzen und gut braun werden lassen. Gemüse und Knoblauch im Suppentopf in Öl unter Rühren anbraten.

[b]

[b] GEMÜSE AUSDRÜCKEN Die Brühe durch ein Sieb in einen Topf oder eine Schüssel gießen. Drücken Sie die Gemüsestücke im Sieb nun mit dem Kochlöffel etwas aus, so geben sie noch mehr Geschmack ab. Das Gemüse ist allerdings ausgekocht. Werfen Sie es am besten in den Biomüll.

GEMÜSEBRÜHE
selbst gemacht

EINFACH UNÜBERTROFFEN GUT! DIE GRUNDLAGE VEGETARISCHER SUPPEN, ABER AUCH VON SAUCEN UND VIELEN ANDEREN GERICHTEN KÖNNEN SIE GUT IN GRÖSSERER MENGE ZUBEREITEN UND PORTIONSWEISE EINFRIEREN.

G V

Zutaten für 4 Portionen (ca. 1½ l)

- 1 Fenchelknolle
- 3 Stangen Staudensellerie
- 3 Möhren
- 1 Stange Lauch
- 1 große Tomate
- 1 Zwiebel
- 2 Knoblauchzehen
- 1 Bund gemischte Kräuter (z. B. Petersilie, Borretsch, Basilikum, Salbei, Thymian und Bohnenkraut)
- 1 EL Olivenöl
- 2 Lorbeerblätter
- Salz, Pfeffer aus der Mühle

Zeitbedarf

- 20 Minuten + 30 Minuten garen

Nährwerte

- 25 kcal pro Portion

So geht's

1. Fenchel, Sellerie, Möhren, Lauch und Tomate schälen bzw. waschen und putzen. Tomate und zartes Fenchelgrün beiseitelegen. Das Gemüse mittelgrob hacken. Die Zwiebel waschen und mit der Schale halbieren. Den Knoblauch schälen und in Scheiben schneiden. Die Kräuter waschen und mit den Stielen mit der Küchenschere grob zerkleinern.
2. Eine Pfanne erhitzen, die Zwiebel mit der Schnittfläche nach unten hineinsetzen und anbraten **[→a]**. Das Öl in einem großen Topf erhitzen. Das Gemüse mit dem Knoblauch darin unter Rühren 2–3 Minuten anrösten. 2 l Wasser angießen, die Zwiebel und die Kräuter samt Lorbeer und Fenchelgrün untermischen. Das Wasser zum Kochen bringen, die Tomate untermischen und alles offen bei mittlerer Hitze ca. 30 Minuten köcheln lassen.
3. Die Brühe durch ein Sieb in einen Topf oder eine Schüssel abgießen, das Gemüse im Sieb leicht ausdrücken **[→b]**. Die Brühe mit Salz und Pfeffer abschmecken und entweder gleich verwenden oder abkühlen lassen und (portionsweise) einfrieren.

Die Varianten

Asiatische Brühe
Das Gemüse wie beschrieben vorbereiten. Mit dem Knoblauch 1 Stück frischen Ingwer (ca. 4 cm) schälen und in Scheiben schneiden. Die angegebenen Kräuter durch Minze, Thai-Basilikum und frisches Koriandergrün ersetzen. Alles anbraten und mit Wasser aufgießen. 5 getrocknete Shiitakepilze, 2 TL Sichuanpfeffer und 1 Stück Bio-Zitronenschale dazugeben. Die Brühe mit Sojasauce abschmecken.

Scharf-würzige Brühe
Das Gemüse wie beschrieben vorbereiten. Die Knoblauchmenge verdoppeln und zusätzlich 2 Chilischoten waschen und mit den Kernen in Ringe schneiden. Mit dem Gemüse im Öl 1 TL Fenchelsamen, 2 TL Koriandersamen, 1 TL Wacholderbeeren und 2 Gewürznelken anbraten. Ca. ⅛ l Wasser durch trockenen Sherry ersetzen. Die Brühe wie beschrieben kochen und nach dem Sieben mit Salz und eventuell 1 Prise Zucker abschmecken.

KÄSENOCKEN *mit Kräutern*

Zutaten für 4 Portionen

- 125 g Quark
- 1 Ei (Größe M)
- 4 EL Hartweizengrieß
- je ¼ Bund Schnittlauch, Petersilie und Dill
- 50 g frisch geriebener Hartkäse (z. B. Pecorino)
- Salz, Pfeffer aus der Mühle
- frisch geriebene Muskatnuss

Zeitbedarf

- 30 Minuten

Nährwerte

- 150 kcal pro Portion

So geht's

1. Den Quark mit dem Ei und dem Grieß verrühren und 15 Minuten quellen lassen.
2. Inzwischen die Kräuter waschen und trocken schütteln. Schnittlauch in Röllchen schneiden. Petersilie- und Dillblättchen abzupfen und fein schneiden. Kräuter mit dem Käse unter den Quark rühren und mit Salz, Pfeffer und Muskat abschmecken.
3. Reichlich Wasser zum Kochen bringen und salzen. Von der Quarkmasse mit zwei Teelöffeln Nocken abstechen und formen. Ins heiße Wasser gleiten lassen und darin bei schwacher Hitze offen in 8 – 10 Minuten gar ziehen lassen. Nocken mit dem Schaumlöffel herausheben und in heißer Brühe, z. B. mit Tomatenwürfeln, servieren. Oder eine bunte Gemüsesuppe damit anreichern.

SCHÖBERL *mit Polenta und Tomaten*

Zutaten für 4 Portionen

- 4 getrocknete, in Öl eingelegte Tomaten
- 2 Knoblauchzehen
- 2 Stängel Basilikum
- 2 Eier (Größe M)
- 40 g weiche Butter
- Salz, Pfeffer aus der Mühle
- 40 g Polenta (Maisgrieß)
- 2 EL frisch geriebener Hartkäse (z. B. Pecorino)
- Butter und Mehl für die Form

besonderes Werkzeug

- eckige ofenfeste Form (ca. 24 x 24 cm)

Zeitbedarf

- 10 Minuten + 20 Minuten backen

Nährwerte

- 235 kcal pro Portion

So geht's

1. Den Backofen auf 180 °C (Ober- und Unterhitze; Umluft 160 °C) vorheizen. Die Form mit Butter ausstreichen. Etwas Mehl hineinstreuen und durch Drehen der Form darin verteilen. Überschüssiges Mehl ausschütten.
2. Die Tomaten abtropfen lassen und fein schneiden. Den Knoblauch schälen und durch die Presse drücken. Das Basilikum waschen und trocken schütteln. Die Blättchen abzupfen und fein hacken.
3. Die Eier trennen, die Eiweiße steif schlagen. Die Butter cremig rühren, die Eigelbe nach und nach unterrühren. Buttermasse mit Salz und Pfeffer würzen. Polenta, Käse, Tomaten, Knoblauch und Basilikum unterrühren. Den Eischnee unterheben.
4. Die Mischung in die Form füllen und glatt streichen. Im heißen Ofen (Mitte) ca. 20 Minuten backen, bis der Teig goldbraun ist. Abkühlen lassen, aus der Form lösen und in Rauten oder Würfel schneiden. Zum Servieren Polentaschöberl in Suppenteller legen und mit heißer Brühe beschöpfen. Kurz ziehen und warm werden lassen, dann rasch servieren.

EIERSTICH *mit Kresse*

Zutaten für 4 Portionen

- 1 Kästchen Gartenkresse
- ½ Bund Brunnenkresse (ersatzweise 1 weiteres Kästchen Gartenkresse)
- 4 Eier (Größe M)
- 80 ml Milch
- Salz, Pfeffer aus der Mühle
- frisch geriebene Muskatnuss
- Butter für die Form

besonderes Werkzeug
- eckige hitzefeste Form (ca. 15 x 15 cm) und passender größerer Topf

Zeitbedarf
- 10 Minuten + 30 Minuten garen

Nährwerte
- 80 kcal pro Portion

So geht's

1. Die Gartenkresse mit einer Schere vom Beet schneiden. Die Brunnenkresse waschen und trocken schütteln. Die Blättchen von den Stielen zupfen und fein hacken.
2. Die Form mit Butter ausstreichen. Die Eier mit Milch, Salz, Pfeffer und Muskat verquirlen, die Kresse untermischen. Eiermasse in die Form füllen und die Form mit Alufolie verschließen.
3. In einem Topf, der so groß sein muss, dass die Form hineinpasst, ca. 5 cm hoch Wasser zum Kochen bringen. Die Form hineinstellen und die Eiermasse bei sehr schwacher Hitze in diesem Wasserbad in ca. 30 Minuten stocken lassen.
4. Form aus dem Wasser heben und den Eierstich lauwarm abkühlen lassen. Eierstich aus der Form stürzen und in ca. 1 cm dicke Scheiben, dann in Würfel schneiden. Zum Servieren Eierstich in Suppenteller legen und mit heißer Brühe beschöpfen. Kurz ziehen und warm werden lassen, dann rasch servieren.

KLÖSSCHEN *mit Tofu und Chili*

Zutaten für 4 Portionen

- 1 Scheibe Toastbrot
- 1 rote Chilischote
- 1 Knoblauchzehe
- ½ Bio-Zitrone
- ½ Bund Schnittlauch
- 200 g Tofu
- 1 EL Speisestärke
- Salz

Zeitbedarf
- 25 Minuten

Nährwerte
- 85 kcal pro Portion

So geht's

1. Das Toastbrot mit lauwarmem Wasser begießen und weich werden lassen. Die Chilischote waschen und den Stiel abschneiden. Den Knoblauch schälen, die Zitronenhälfte heiß waschen und abtrocknen, die Schale dünn abschneiden. Chili, Knoblauch und Zitronenschale zusammen sehr fein schneiden.
2. Den Schnittlauch waschen, trocken schütteln und in feine Röllchen schneiden. Den Tofu abtropfen lassen und mit einer Gabel sehr fein zerdrücken. Das Brot kräftig ausdrücken und gut zerpflücken.
3. Tofu mit dem Brot, der Speisestärke, der Chilimischung und dem Schnittlauch mischen und kräftig salzen. Die Masse gründlich durchkneten, bis sie zusammenhält. Zu knapp walnussgroßen Klößchen formen.
4. Reichlich Wasser zum Kochen bringen und salzen. Die Klößchen einlegen und in ca. 10 Minuten offen bei schwacher Hitze gar ziehen lassen. Mit dem Schaumlöffel herausheben und in heißer Brühe oder Cremesuppe servieren.

TOMATENSUPPE *mit Melonen*

EINE FEIN WÜRZIGE UND FRUCHTIGE SUPPE, DIE KALT SERVIERT WIRD. AN HEISSEN SOMMERTAGEN SCHMECKT SIE ALS KLEINE MAHLZEIT UND AUCH ALS ELEGANTE VORSPEISE.

Zutaten für 4 Portionen

- 4 Scheiben (Vollkorn-)Toastbrot
- 4 Frühlingszwiebeln
- 2 Knoblauchzehen
- 500 g Tomaten
- 1 Stück Wassermelone (ca. 600 g)
- 4 EL Olivenöl
- 2 EL Rotweinessig
- Salz, Pfeffer aus der Mühle
- ½ TL Ahornsirup
- 1 kleines Bund Basilikum

Zeitbedarf

- 30 Minuten + 1 Stunde kühlen

Nährwerte

- 235 kcal pro Portion

So geht's

1. 2 Scheiben Toastbrot mit Wasser begießen und in ca. 10 Minuten weich werden lassen.
2. Inzwischen die Frühlingszwiebeln waschen, die Wurzelenden und die welken dunkelgrünen Teile abschneiden. Zwiebeln fein schneiden. Knoblauch schälen und grob würfeln. Tomaten waschen und ohne die Stielansätze würfeln. Aus der Wassermelone die Kerne mit einer Messerspitze herauslösen. Melonenstück schälen und würfeln.
3. Je ca. 1 EL Tomaten- und Melonenfleisch sehr fein würfeln und zugedeckt beiseitestellen. Das Toastbrot ausdrücken und mit den restlichen Melonen- und Tomatenwürfeln, Zwiebeln, Knoblauch, Öl und Essig in der Küchenmaschine, im Mixer oder mit dem Pürierstab fein pürieren. Mit Salz, Pfeffer und Ahornsirup abschmecken und ca. 1 Stunde kühl stellen.
4. Übriges Brot von der Rinde befreien und in Würfel schneiden. In einer Pfanne ohne Fett bei mittlerer Hitze unter Rühren rundherum knusprig braten und auf einem Teller beiseitestellen. Das Basilikum waschen und trocken schütteln, die Blättchen abzupfen und fein hacken.
5. Basilikum unter die gekühlte Suppe rühren. Die Suppe nochmals abschmecken. Brot und übrige Tomaten-Melonen-Mischung dazustellen. Beim Essen gibt sich jeder ein paar Brotwürfel und etwas von der Tomaten-Melonen-Mischung auf seine Suppe.

Die Variante

Klassische Gazpacho
Die Frühlingszwiebeln durch 1 rote oder weiße Zwiebel ersetzen, die Melone durch 1 geschälte und entkernte Salatgurke und 1 große grüne Paprikaschote. Von der Gurke und der Paprika ein Stück abschneiden, würfeln und beiseitelegen, den Rest vom Gemüse mit dem Brot und den anderen Zutaten pürieren. Statt Basilikum Petersilie verwenden.

DAS IST *wirklich* WICHTIG

[a] SAFRAN QUELLEN LASSEN Zerreiben Sie die Fäden leicht zwischen den Fingern und mischen Sie sie dann mit etwas Gemüsebrühe. Das Ganze so lange stehen lassen, bis sich die Brühe kräftig orange gefärbt hat.

[b]

[b] BOHNEN PUTZEN Die Bohnen waschen und beide Enden mit einem kleinen Gemüsemesser abschneiden. Den meisten Bohnen wurden inzwischen die Fäden weggezüchtet. Wenn sich doch einmal beim Entfernen der Enden Fäden zeigen, ziehen Sie sie der Länge nach ganz ab.

[a]

SAFRAN-GEMÜSE-SUPPE
mit Knoblauch-Croûtons

DIE BUNTE GEMÜSEMISCHUNG AUS DEM SUPPENTOPF PUNKTET MIT VIEL AROMA. HIER IST DIE KOMBINATION EHER SOMMERLICH, DIE SUPPE SCHMECKT ABER AUCH MIT WINTERLICHEN GEMÜSESORTEN AUSGEZEICHNET.

Zutaten für 4 Portionen

- 1 Döschen Safranfäden (0,1 g)
- 1 ¼ l Gemüsebrühe
- 1 Handvoll grüne Bohnen
- 1 Zucchino oder 1 Stück Kürbis (ca. 200 g)
- 1 Fenchelknolle
- 1 rote Paprikaschote
- 1 Tomate
- 200 g Mangold (ersatzweise Spinat)
- 1 milde rote oder weiße Zwiebel
- ¼ Bund Thymian
- 1 Zweig Rosmarin
- 4 EL Olivenöl
- 1 TL Fenchelsamen
- 1 EL Pastis (franz. Anislikör, nach Belieben)
- Salz, Pfeffer aus der Mühle
- 4 Scheiben (Vollkorn-)Toastbrot
- 2 Knoblauchzehen

Zeitbedarf
- 45 Minuten

Nährwerte
- 265 kcal pro Portion

So geht's

1. Den Safran zwischen den Fingern zerreiben, mit ¼ l Gemüsebrühe mischen und stehen lassen [→a].
2. Das Gemüse waschen. Von den grünen Bohnen die Enden abschneiden und bei Bedarf die Fäden abziehen [→b]. Die Bohnen in 2 cm lange Stücke schneiden. Den Zucchino von den Enden befreien und 1 cm groß würfeln. Oder aus dem Kürbis die Kerne samt faserigem Fruchtfleisch mit einem Löffel herausschaben. Fruchtfleisch schälen und in knapp 1 cm große Würfel schneiden. Den Fenchel waschen, putzen und vierteln. Zartes Fenchelgrün beiseitelegen. Den Strunk herausschneiden. Den Fenchel quer in Streifen schneiden. Die Paprika vierteln. Stiel und Trennhäute mit den Kernen entfernen. Die Paprika in Streifen schneiden. Die Tomate würfeln. Vom Mangold die Blätter abschneiden und grob hacken. Die Stielenden entfernen. Stiele in dünne Streifen schneiden.
3. Die Zwiebel schälen, vierteln und in dünne Streifen schneiden. Die Kräuter waschen und trocken schütteln. Blättchen oder Nadeln von den Stielen abstreifen bzw. abzupfen und fein hacken.
4. In einem Suppentopf 2 EL Olivenöl erhitzen, die Zwiebel mit den Fenchelsamen, dem Thymian und dem Rosmarin darin andünsten. Die Mangoldstiele, die grünen Bohnen und den Fenchel dazugeben und kurz mitbraten. Nach Belieben alles mit dem Pastis ablöschen. Die übrige Brühe angießen und zum Kochen bringen. Die Suppe zugedeckt bei schwacher bis mittlerer Hitze ca. 10 Minuten garen.
5. Das übrige Gemüse mit der Safranbrühe dazugeben, die Suppe salzen und pfeffern und weitere 4 – 5 Minuten garen, bis das Gemüse bissfest ist.
6. Inzwischen das Toastbrot von der Rinde befreien und in 1 cm große Würfel schneiden, den Knoblauch schälen. Das restliche Öl in einer Pfanne erhitzen, die Brotwürfel darin unter Rühren bei mittlerer Hitze knusprig braten. Den Knoblauch dazupressen, untermischen und die Pfanne gleich vom Herd ziehen, damit der Knoblauch nicht verbrennt. Die Croûtons leicht salzen. Das Fenchelgrün hacken. Die Suppe in Teller verteilen und mit Fenchelgrün und Croûtons garniert servieren.

THAI-SUPPE
mit Kokosmilch und Gemüse

EIN ECHTER GENUSS, AUCH FÜR VEGANER: SCHÖN CREMIG DURCH DIE KOKOSMILCH, WÜRZIG DURCH DIE CHILIPASTE UND APPETITLICH BUNT DURCHS GEMÜSE!

Zutaten für 4 Portionen

- ½ Bund Koriandergrün
- 1 Stück frischer Ingwer (ca. 2 cm)
- 1 Bio-Limette
- 2 rote Chilischoten
- 1 TL Koriandersamen
- 1 TL brauner Zucker
- 250 g Blumenkohl
- 150 g Zuckerschoten
- 100 g Kirschtomaten
- 1 EL Öl
- 400 ml Kokosmilch
- 400 ml Gemüsebrühe, Salz

Zeitbedarf
- 30 Minuten

Nährwerte
- 115 kcal pro Portion

So geht's

1. Das Koriandergrün waschen und trocken schütteln. Die Blättchen abzupfen, ca. 1 EL beiseitelegen, den Rest fein hacken. Den Ingwer schälen und fein schneiden. Die Limette heiß waschen und abtrocknen, die Schale fein abreiben, eine Hälfte auspressen. Die Chilischoten waschen und die Stiele abschneiden. Die Schoten fein schneiden **[→a]**.
2. Die Koriandersamen, das gehackte Koriandergrün, den Ingwer, die Limettenschale, die Chilischoten und den Zucker in den Mörser geben und alles so fein zerdrücken **[→b]**, dass eine Paste entsteht.
3. Den Blumenkohl waschen. Röschen vom Strunk abbrechen. Strunk in Würfel oder Scheiben schneiden. Die Zuckerschoten waschen, die Enden abschneiden und dabei gleich die Fäden auf beiden Seiten mit abziehen. Die Tomaten waschen und halbieren.
4. Das Öl im Suppentopf erhitzen, die Chilipaste aus dem Mörser darin unter Rühren ca. 1 Minute anbraten. Kokosmilch und Brühe angießen, gut verrühren und zum Kochen bringen. Blumenkohl und Zuckerschoten in die Suppe geben und bei mittlerer Hitze offen in ca. 5 Minuten bissfest kochen.
5. Die Tomaten einlegen und nur heiß werden lassen. Die Suppe mit Salz und 1 EL Limettensaft abschmecken und mit den übrigen Korianderblättchen bestreut servieren.

Die Variante

Linsen-Kokos-Suppe mit Currypaste
Im Öl 100 g rote Linsen und 1 EL rote oder grüne Currypaste (fertig gekauft; Asienladen) anrösten. Kokosmilch und Brühe angießen, zum Kochen bringen und alles zugedeckt bei schwacher Hitze 10 – 15 Minuten köcheln lassen, bis die Linsen weich sind. 2 Frühlingszwiebeln in feinen Ringen und 2 Tomaten in Würfeln untermischen, die Suppe mit Salz und 1 – 2 EL Zitronensaft abschmecken und mit Koriander- oder Basilikumblättchen bestreut servieren.

DAS IST *wirklich* WICHTIG

[a] CHILI SCHNEIDEN Damit die Schärfe nicht an den Fingern haftet, ziehen Sie zum Schneiden der Schote am besten Einweghandschuhe an. Wer nicht so scharf essen will, entfernt die Kerne mitsamt den Trennhäutchen. In ihnen sitzt am meisten Schärfe. Um zu prüfen, wie feurig die Chili schmeckt, leicht mit der Fingerspitze über eine Schnittfläche streichen. Beim Abschlecken des Fingers merken Sie sofort, wie scharf die Schote ist.

[b] FEIN MÖRSERN Der Geschmack der Gewürze kommt besser zur Geltung, wenn sie im Mörser fein zerkleinert werden. Leichter gelingt das, wenn Zucker mit von der Partie ist. Er funktioniert wie ein zusätzliches „Reibeisen".

DAS IST *wirklich* WICHTIG

[a] TOPINAMBUR VORBEREITEN Zarte und junge Exemplare der Knollen können Sie wie neue Kartoffeln einfach unter dem Wasserstrahl kräftig bürsten. Größere müssen geschält werden. Nehmen Sie dazu den Sparschäler, an unregelmäßig geformten Stellen entfernen Sie die Schale mit einem kleinen Messer.

[b] SUPPE SCHAUMIG SCHLAGEN Schneiden Sie die kalte Butter in kleine Würfel und schlagen Sie sie nach und nach mit dem Schneebesen unter die pürierte Suppe. Sie soll dabei schön schaumig werden. Danach die Schlagsahne rasch unterziehen und die Suppe gleich servieren.

[b]

[a]

TOPINAMBURSUPPE *mit Chips*

FEIN-CREMIGE SUPPE UND KNUSPRIGE CHIPS – EINE SPANNENDE KOMBINATION, DIE SIE GUT ALS WINTERLICHE VORSPEISE SERVIEREN KÖNNEN.

Zutaten für 4 Portionen

- 600 g Topinambur (siehe Tipp unten)
- 1 größere Zwiebel
- 1 säuerlicher Apfel
- 4 Zweige Thymian oder Bohnenkraut
- 4 EL Butter
- 1 l Gemüsebrühe
- ¼ l Öl zum Frittieren
- Salz, 125 g Sahne
- Pfeffer aus der Mühle
- frisch geriebene Muskatnuss

Zeitbedarf

- 30 Minuten

Nährwerte

- 315 kcal pro Portion

So geht's

1. Die Topinambur nur waschen oder schälen und waschen [→a]. Ca. 100 g beiseitelegen, den Rest in Würfel schneiden. Die Zwiebel schälen und fein hacken. Den Apfel vierteln, schälen, vom Kerngehäuse befreien und in kleine Würfel schneiden. Die Kräuter waschen und trocken schütteln, die Blättchen abstreifen.
2. 1 EL Butter im Topf erhitzen, Zwiebel und Apfel darin mit Thymian oder Bohnenkraut andünsten. Die Topinambur dazugeben und kurz mitbraten. Brühe angießen. Die Suppe zugedeckt bei mittlerer Hitze ca. 10 Minuten garen, bis die Topinambur weich sind.
3. Inzwischen die übrigen Topinambur in feine Scheiben hobeln. Mit Küchenpapier trocken tupfen. Das Öl in einem kleinen Topf gut erhitzen (siehe Seite 40). Die Topinamburscheiben darin in zwei Portionen jeweils in ca. 3 Minuten knusprig frittieren. Mit dem Schaumlöffel herausheben, auf einer dicken Lage Küchenpapier abfetten lassen und salzen.
4. Die Sahne steif schlagen. Die Topinamburmischung in der Brühe mit dem Pürierstab gut durchmixen. Die übrige Butter in kleine Würfel schneiden und unterschlagen [→b]. Die Suppe mit Salz, Pfeffer und Muskat abschmecken. Die Schlagsahne bis auf einen kleinen Rest mit dem Schneebesen unter die Suppe ziehen. Die Suppe in vorgewärmte Suppenteller verteilen, mit der übrigen Sahne und den Topinamburchips garnieren und gleich servieren.

TOPINAMBUR werden auch Erdartischocken genannt und erinnern im Geschmack tatsächlich leicht an Artischocken. Verwandt sind sie allerdings nicht mit der Artischocke, sondern mit der Sonnenblume. Frische Topinambur – übrigens ein vitamin- und mineralstoffreiches Wintergemüse – müssen schön prall aussehen. Beim Lagern verlieren sie durch ihre dünne Haut rasch Feuchtigkeit und werden schrumpelig. Topinambur enthalten Inulin, was sie für Diabetiker sehr gut verträglich macht. Wenn Sie die Knollen nicht gleich nach dem Schälen weiterverarbeiten, legen Sie sie in Zitronenwasser, damit sie sich nicht verfärben.

MÖHRENSCHAUM

mit grünem Spargel

VITAMINREICH, FARBENFROH UND SCHÖN KRÄFTIG IM GESCHMACK IST DIESE SUPPE EIN IDEALER START INS FRÜHLINGSMENÜ.

Zutaten für 4 Portionen

- 1 Zwiebel
- 2 Knoblauchzehen
- 400 g junge Möhren
- 1 kleine Kartoffel (ca. 70 g)
- 250 g grüner Spargel, Salz
- 4 EL Butter
- 1 l Gemüsebrühe
- ¼ Bund Dill oder Schnittlauch
- 125 g Sahne
- Pfeffer aus der Mühle
- frisch geriebene Muskatnuss
- 2 TL Zitronensaft

Zeitbedarf
- 20 Minuten

Nährwerte
- 260 kcal pro Portion

So geht's

1. Die Zwiebel und den Knoblauch schälen und fein hacken. Die Möhren und die Kartoffel schälen und in kleine Würfel schneiden.
2. Den Spargel waschen und die holzigen Enden entfernen (siehe Seite 38). Die Stangen in ca. 3 cm lange Stücke schneiden. Inzwischen in einem Topf Wasser zum Kochen bringen und salzen. Den Spargel darin in ca. 4 Minuten bissfest kochen. In ein Sieb abgießen, kalt abschrecken und abtropfen lassen.
3. In einem Suppentopf 2 EL Butter zerlassen. Die Zwiebel und den Knoblauch darin andünsten. Möhren und Kartoffel untermischen und kurz mitdünsten. Die Brühe angießen und zum Kochen bringen. Die Suppe zugedeckt bei mittlerer Hitze 12–15 Minuten garen, bis das Gemüse weich ist.
4. Inzwischen Dill oder Schnittlauch waschen und trocken schütteln. Dill abzupfen und hacken oder den Schnittlauch in Röllchen schneiden. Die Sahne steif schlagen.
5. Die Möhrenmischung in der Brühe mit dem Pürierstab gut durchmixen. Die übrige Butter in kleine Würfel schneiden und untermixen. Den Spargel in die Suppe geben und mit erwärmen.
6. Die Suppe mit Salz, Pfeffer, 1 kräftigen Prise Muskat und dem Zitronensaft abschmecken. Die Schlagsahne bis auf einen kleinen Rest mit dem Schneebesen unterziehen. Die Suppe in vorgewärmte Suppenteller verteilen und mit der übrigen Sahne und den Kräutern garniert gleich servieren.

ROTE-BETE-CREME
mit Ingwer und Kressesahne

KRÄFTIG IN FARBE UND GESCHMACK, WÄRMT UNS DIESE AROMATISCHE SUPPE VOR ALLEM IM HERBST UND WINTER WUNDERBAR VON INNEN.

Zutaten für 4 Portionen

- 500 g Rote Beten
- 1 kleine mehligkochende Kartoffel (ca. 100 g)
- 1 Stück frischer Ingwer (ca. 5 cm)
- 1 große rote Zwiebel
- 1 kleine rote Chilischote
- 1 EL Öl
- 1 l Gemüsebrühe, Salz
- 2 EL Zitronen- oder Limettensaft
- 1 Prise Zucker oder 1 Msp. Honig
- 1 Kästchen Gartenkresse
- 150 g saure Sahne

Zeitbedarf
- 35 Minuten

Nährwerte
- 180 kcal pro Portion

So geht's

1. Die Roten Beten von den Enden befreien, schälen und in kleine Würfel schneiden, am besten mit Einweghandschuhen. Die Kartoffel schälen, waschen und ebenfalls würfeln. Den Ingwer schälen, 2 dünne Scheiben abschneiden, den Rest klein schneiden. Die Zwiebel schälen und klein würfeln. Die Chilischote waschen und den Stiel abschneiden. Die Schote mit den Kernen fein schneiden (siehe Seite 93).
2. Das Öl im Suppentopf erhitzen. Die Roten Beten darin mit Kartoffel, Ingwer, Zwiebel und Chili andünsten. Die Brühe angießen und zum Kochen bringen. Die Suppe zugedeckt bei mittlerer Hitze ca. 20 Minuten garen, bis die Roten Beten weich sind.
3. Die Suppe im Topf mit dem Pürierstab fein mixen. Mit Salz, dem Zitronen- oder Limettensaft und dem Zucker oder Honig abschmecken.
4. Die beiden Ingwerscheiben in feine Streifen schneiden. Die Kresse mit einer Schere vom Beet schneiden. Die saure Sahne mit etwas Salz mit dem Schneebesen gut verrühren. Kresse und Ingwer untermischen. Die Suppe in vorgewärmte Teller verteilen und jeweils mit Kressesahne garniert gleich servieren.

GRÜNKERNSUPPE
mit Wintergemüse

DAS GETREIDEKORN BIETET EINE MENGE KOHLENHYDRATE UND EIWEISS, DAZU VITAMINE DER B-GRUPPE UND DIE MINERALSTOFFE MAGNESIUM UND EISEN. KOCHT MAN DAS GANZE KORN – WIE HIER DEN GRÜNKERN –, NUTZT MAN ALLE DIESE INHALTSSTOFFE OPTIMAL.

Zutaten für 4 Portionen

- 125 g Grünkern
- 1 Stange Lauch
- 2 Möhren
- 150 g Rosenkohl
- ein paar Blätter Wirsing
- 1 EL Butter
- 2 TL Kümmelsamen
- 1 ¼ l Gemüsebrühe
- 1 Stück frischer Meerrettich (ca. 2 cm; nach Belieben)
- Salz, Pfeffer aus der Mühle
- 1 TL edelsüßes Paprikapulver

Zeitbedarf

- 45 Minuten + 1 Stunde kochen + 30 Minuten quellen

Nährwerte

- 220 kcal pro Portion

So geht's

1. Den Grünkern mit 1 l Wasser zum Kochen bringen. Bei mittlerer Hitze und halb aufgelegtem Deckel in ca. 1 Stunde fast weich kochen. Auf der abgeschalteten Kochstelle zugedeckt weitere 30 Minuten nachquellen lassen.
2. Inzwischen den Lauch vom Wurzelende und den welken grünen Teilen befreien. Die Stange der Länge nach aufschlitzen, gründlich waschen und in Streifen schneiden.
3. Die Möhren putzen, schälen und klein würfeln. Den Rosenkohl waschen, die Strunkansätze abschneiden [→a]. Die äußeren welken Blätter ablösen und den Rosenkohl je nach Größe halbieren oder vierteln. Die Wirsingblätter waschen und die dicken Blattrippen etwas flacher schneiden [→b]. Wirsing in Streifen schneiden, lange Streifen halbieren.
4. Die Butter in einem Suppentopf erhitzen, den Kümmel darin andünsten. Das Gemüse dazugeben und kurz mitbraten. Die Brühe angießen und zum Kochen bringen. Den Grünkern abgießen und dazugeben. Die Suppe bei schwacher Hitze zugedeckt ca. 8 Minuten garen, bis das Gemüse bissfest ist.
5. Inzwischen den Meerrettich schälen und fein reiben. Die Suppe mit Salz, Pfeffer und Paprika abschmecken. Vor dem Servieren den Meerrettich aufstreuen.

SO SCHMECKT'S AUCH **Für die Suppe können Sie auch alle anderen Getreidearten verwenden. Manche Getreidearten wie die Hirse sind schnell gar, andere wie der Weizen brauchen etwas länger. Die Garzeit von ganzen Getreidekörnern können Sie um ca. 30 Minuten verkürzen, wenn Sie die Körner über Nacht in reichlich Wasser quellen lassen. Die genauen Garzeiten finden Sie in der Tabelle auf Seite 129.**

DAS IST *wirklich* WICHTIG

[a] ROSENKOHL VORBEREITEN Den Rosenkohl waschen und den Strunkansatz abschneiden. Lösen Sie dann die äußeren welken Blätter vom Rosenkohl ab. Je nach Größe können Sie den Rosenkohl jetzt halbieren oder vierteln.

[b] WIRSING VORBEREITEN Die Wirsingblätter vom Kohlkopf ablösen und waschen. Schneiden Sie die dicken Mittelrippen der Blätter etwas flacher oder lösen Sie sie ganz heraus. Die Blätter dazu aufeinanderlegen, einmal zusammenklappen und in Streifen schneiden.

[a]

[b]

[a]

DAS IST *wirklich* WICHTIG

[a] PILZE PUTZEN Mit viel Wasser sollten Pilze nicht in Berührung kommen, sie saugen sich leicht damit voll und verlieren dann ihren feinen Geschmack. Wischen Sie Erd- oder Sandreste besser mit feuchtem Küchenpapier ab oder verwenden Sie eine spezielle Pilzbürste zum Säubern. Danach noch die Stielenden abschneiden.

KARTOFFELGULASCH *mit Pilzen*

WÜRZIG ABGESCHMECKT WIE IN UNGARN UND SCHÖN SÄMIG DURCH DIE STÄRKE DER KARTOFFELN. VEGANER NEHMEN NUR ÖL ZUM ANBRATEN UND LASSEN DIE SAURE SAHNE BEIM SERVIEREN EINFACH WEG.

Zutaten für 4 Portionen

- 1 kg festkochende Kartoffeln
- 2 größere rote Zwiebeln
- 4 Knoblauchzehen
- 3 EL Butter, 1 EL Öl
- 1 TL getrockneter Majoran
- 2 TL Kümmelsamen (nach Belieben)
- 1 EL edelsüßes Paprikapulver
- 2 TL rosenscharfes Paprikapulver
- ½ l Gemüsebrühe
- Salz, Pfeffer aus der Mühle
- 500 g kleine Champignons oder Egerlinge
- 2 TL Tomatenmark
- 1 Bund Schnittlauch
- 250 g saure Sahne
- ca. 1 EL Zitronensaft

So geht's

1. Die Kartoffeln schälen, waschen und in gut 2 cm große Würfel schneiden. Die Zwiebeln und den Knoblauch schälen und klein würfeln.
2. In einem Topf die Hälfte der Butter und das Öl erhitzen. Die Zwiebeln und den Knoblauch mit dem Majoran und eventuell dem Kümmel darin unter Rühren bei schwacher Hitze 2–3 Minuten andünsten. Das Paprikapulver darüberstäuben und mitbraten.
3. Die Kartoffeln untermischen. Die Brühe angießen und zum Kochen bringen. Kartoffeln mit Salz und Pfeffer würzen und zugedeckt bei schwacher Hitze ca. 15 Minuten schmoren, bis sie weich sind.
4. Inzwischen die Pilze mit feuchtem Küchenpapier abreiben, die Stielenden abschneiden **[→a]**. Die übrige Butter zerlassen und die Pilze darin unter Rühren 3–4 Minuten bei starker bis mittlerer Hitze braten. Pilze zu den Kartoffeln geben, das Tomatenmark unterrühren und alles zugedeckt noch ein paar Minuten ziehen lassen.
5. Inzwischen den Schnittlauch waschen und trocken schütteln. In feine Röllchen schneiden und mit der sauren Sahne verrühren. Mit Salz und Pfeffer abschmecken und in ein Schälchen füllen. Kartoffelgulasch mit dem Zitronensaft und eventuell noch etwas Salz abschmecken und mit der Schnittlauchsahne servieren.

Die Variante

Kartoffelcurry mit Mohn
Kartoffeln wie beschrieben vorbereiten und mit 400 g Brokkoliröschen in 2 EL Butterschmalz oder Öl anbraten. 2 TL frisch gehackten Ingwer und 2 gehackte rote Chilischoten dazugeben und kurz mitbraten, mit 1 EL Madras-Curry bestäuben. ⅜ l Gemüsebrühe angießen. Alles mit Salz würzen und zugedeckt bei schwacher Hitze ca. 20 Minuten schmoren, bis die Kartoffeln weich sind. 1 Bund Frühlingszwiebeln in Ringen und 1 gehäutete gewürfelte Tomate untermischen. Curry mit Salz und 1 Prise Zimtpulver abschmecken. 2 EL Mohnsamen in 1 EL Butter oder Öl anbraten und vor dem Servieren aufstreuen.

Zeitbedarf
- 40 Minuten

Nährwerte
- 390 kcal pro Portion

MENÜTIPP **Probieren Sie davor den Blattsalat mit Sprossen und Senf-Vinaigrette (Seite 53) oder die Kürbis-Rohkost mit Kohlrabi (Seite 60) und danach Birnen mit verschiedenen Käsesorten.**

RATATOUILLE
mit gratinierten Käsebroten

LEICHTER EINTOPF AUS DER SÜDFRANZÖSISCHEN GEMÜSEKÜCHE – IN DIESER MODERNEN VERSION MIT ETWAS MEHR BISS. FÜR DEN GRÖSSEREN HUNGER EINFACH MEHR KÄSEBROTE ZUBEREITEN.

Zutaten für 4 Portionen

Für die Ratatouille

- 400 g junge Zucchini
- 1 Aubergine (ca. 300 g)
- je 1 rote und gelbe Paprikaschote
- 400 g vollreife Tomaten
- 1 rote oder weiße Zwiebel
- 4 Knoblauchzehen
- 8 Zweige Thymian
- 6 EL Olivenöl
- Salz, Pfeffer aus der Mühle
- 1 Prise Zucker oder 1 Msp. Honig (nach Belieben)

Für die Käsebrote

- 200 g reifer (Ziegen-) Camembert
- 8 Scheiben Baguette
- 1 EL Olivenöl

Zeitbedarf
- 1 Stunde

Nährwerte
- 500 kcal pro Portion

So geht's

1. Die Zucchini, die Aubergine und die Paprikaschoten waschen und putzen. Die Zucchini und die Aubergine in ca. 1 cm große Würfel schneiden, die Paprika vierteln. Stiel und Trennhäute mit den Kernen entfernen, Paprika in knapp 1 cm breite Streifen schneiden.
2. Stielansätze keilförmig aus den Tomaten herausschneiden. Die Tomaten mit kochendem Wasser überbrühen, kurz ziehen lassen, kalt abschrecken und häuten **[→a]**. Tomaten klein würfeln. Die Zwiebel und den Knoblauch schälen und fein hacken. Den Thymian waschen, trocken schütteln und die Blättchen abstreifen **[→b]**.
3. In einem Topf 4 EL Olivenöl erhitzen. Die Auberginenwürfel darin bei mittlerer Hitze unter Rühren ca. 5 Minuten braten, bis sie leicht braun sind. Zucchini, Paprika, Zwiebel und Knoblauch mit dem Thymian und dem restlichen Öl dazugeben und kurz anbraten. Die Tomaten untermischen, das Gemüse mit Salz, Pfeffer und nach Belieben mit dem Zucker oder Honig kräftig abschmecken und zugedeckt bei schwacher bis mittlerer Hitze ca. 20 Minuten schmoren. Ratatouille zwischendurch umrühren.
4. Inzwischen den Backofen auf 220 °C (Ober- und Unterhitze; Umluft 200 °C) vorheizen. Den Camembert in ca. 1 cm dicke Scheiben teilen und in Größe der Baguettescheiben zuschneiden. Käse auf den Baguettescheiben verteilen und mit etwas Olivenöl beträufeln. Die Brote nebeneinander auf ein mit Backpapier belegtes Backblech legen und im heißen Ofen (Mitte) ca. 5 Minuten backen, bis der Käse leicht geschmolzen und gebräunt ist.
5. Die Ratatouille noch einmal abschmecken und mit den Käsebroten servieren.

SO SCHMECKT'S AUCH **Versuchen Sie auch einmal Kürbis statt Zucchini und Stangensellerie in Scheiben statt Paprika. Auch beim Käse können Sie experimentieren. Büffelmozzarella schmeckt milder, Edelpilzkäse, den Sie auch als Camembert bekommen, würziger.**

[a]

DAS IST *wirklich* WICHTIG

[a] TOMATEN HÄUTEN Zunächst jeweils den Stielansatz mit einem kleinen Messer wie einen Keil herausschneiden. Legen Sie die Tomaten dann in eine Schüssel und gießen Sie kochend heißes Wasser darüber. Die Tomaten darin ziehen lassen, bis sich die Haut leicht aufbiegt. Tomaten aus dem Wasser nehmen oder in ein Sieb abgießen, kalt abschrecken und dann die Haut abziehen.

[b] THYMIAN ABSTREIFEN Die kleinen Thymianblättchen müssen nicht gehackt, sondern nur von den harten Stielen befreit werden. Streifen Sie sie einfach mit den Fingern von den Stielen ab. Am besten geht das gegen die Richtung, in die sie wachsen.

GEMÜSEEINTOPF
mit Ananassalsa

EINE MEXIKANISCHE MISCHUNG AUS GEMÜSE UND KIDNEYBOHNEN, DIE DURCH DIE FRUCHTIG-SCHARFE ANANASSAUCE DAS BESONDERE ETWAS BEKOMMT.

Zutaten für 4 Portionen

Für die Salsa

- 1 kleine oder ½ Ananas
- 1 Bio-Limette
- 1 – 2 rote Chilischoten
- ½ Bund Koriandergrün
- 1 TL brauner Zucker, Salz

Für das Gemüse

- je 1 grüne und rote Paprikaschote
- 500 g vollreife Tomaten
- 300 g Zwiebeln
- 4 Knoblauchzehen
- 1 Dose gegarte Kidneybohnen (ca. 225 g Abtropfgewicht)
- 1 Avocado, 1 EL Limettensaft
- 2 EL Öl, Salz, Tabascosauce

Zeitbedarf

- 25 Minuten + 15 Minuten garen

Nährwerte

- 315 kcal pro Portion

So geht's

1. Die Ananas putzen und schälen. Die braunen Augen ausstechen, z. B. mit einem Sparschäler oder kleinen Kugelausstecher. Die Ananas längs vierteln, vom Strunk befreien und würfeln. Die Limette heiß waschen und abtrocknen, die Schale fein abreiben, den Saft auspressen. Die Chilischoten waschen und den Stiel abschneiden. Die Schoten mit den Kernen grob schneiden (siehe Seite 93). Koriandergrün waschen und trocken schütteln, die Blättchen abzupfen und fein hacken.
2. Ananas mit Limettensaft, Chili, Koriander und Zucker im Blitzhacker, Mixer oder in der Küchenmaschine nicht zu fein zerkleinern. Mit Salz abschmecken und die Salsa in ein Schälchen füllen.
3. Für das Gemüse die Paprika waschen und vierteln. Stiele und Trennhäute mit den Kernen entfernen. Schotenviertel quer in ca. 1 cm breite Streifen schneiden. Stielansätze keilförmig aus den Tomaten herausschneiden. Die Tomaten mit kochendem Wasser überbrühen, kurz ziehen lassen, kalt abschrecken und häuten (siehe Seite 103). Tomaten würfeln. Zwiebeln und Knoblauch schälen. Zwiebeln vierteln und in Streifen, Knoblauch in dünne Scheiben schneiden.
4. Die Bohnen in einem Sieb kalt abspülen und abtropfen lassen. Die Avocado rundherum bis zum Kern einschneiden. Die Hälften gegeneinander drehen und so voneinander lösen. Den Kern herauslösen. Die Avocadohälften schälen, in ca. ½ cm dicke Scheiben schneiden und mit dem Limettensaft mischen.
5. Das Öl in einem Topf erhitzen, Zwiebeln, Knoblauch und Paprika darin andünsten. Die Tomaten und die Bohnen dazugeben, das Gemüse mit Salz und Tabasco abschmecken und offen bei mittlerer Hitze ca. 10 Minuten garen, bis Paprika und Zwiebeln bissfest und die Tomaten etwas eingekocht sind. Den Topf vom Herd ziehen, die Avocado untermischen und nur kurz erwärmen. Lässt man sie kochen, wird sie bitter. Gemüse abschmecken und mit der Salsa servieren.

Dazu schmecken Reis oder Tortillas (fertig gekauft und in der Pfanne aufgebacken).

GEMÜSEEINTOPF *aus Italien*

STAMMT AUS SÜDITALIEN – VOR ALLEM KALABRIEN UND APULIEN – UND WIRD DORT GIAMBOTTA GENANNT. HINEIN KOMMT, WAS GERADE SAISON HAT. HIER EINE SOMMERVERSION.

Zutaten für 4 Portionen

- 250 g grüne Bohnen, Salz
- 2 Zucchini (ca. 400 g)
- 1 Aubergine (ca. 400 g)
- 300 g vorwiegend festkochende Kartoffeln
- 400 g vollreife Tomaten
- 2 Zwiebeln
- 4 Knoblauchzehen
- je 2 Zweige Rosmarin und Salbei
- 4 EL Olivenöl
- 175 ml Gemüsebrühe
- Pfeffer aus der Mühle
- ½ Bund Basilikum
- 100 g Caciocavallo (ital. Käse)

Zeitbedarf
- 45 Minuten

Nährwerte
- 305 kcal pro Portion

So geht's

1. Die grünen Bohnen waschen, die Enden abschneiden und bei Bedarf die Fäden abziehen. Die Bohnen je nach Größe halbieren oder dritteln. In einem Topf Salzwasser zum Kochen bringen, die Bohnen darin 2–3 Minuten sprudelnd kochen lassen. In ein Sieb abgießen, kalt abschrecken und abtropfen lassen.
2. Die Zucchini und die Aubergine waschen, von den Enden befreien und in ca. 1 cm große Würfel schneiden. Die Kartoffeln schälen, waschen und ca. 2 cm groß würfeln. Die Tomaten waschen oder mit kochendem Wasser überbrühen und häuten (siehe Seite 103). Die Tomaten ohne die Stielansätze würfeln. Die Zwiebeln schälen, halbieren und in Streifen schneiden. Den Knoblauch schälen und in dünne Scheiben schneiden. Die Kräuter waschen und trocken schütteln. Nadeln oder Blättchen abstreifen bzw. abzupfen und fein schneiden.
3. Das Öl in einem Topf erhitzen. Die Aubergine und die Zucchini darin anbraten. Die Kartoffeln und die Bohnen dazugeben. Die Kräuter mit den Zwiebeln und dem Knoblauch dazugeben und kurz mitbraten. Mit der Brühe ablöschen, salzen, pfeffern und zugedeckt bei mittlerer Hitze ca. 15 Minuten schmoren.
4. Die Tomaten dazugeben und alles offen weitere 10 Minuten schmoren, bis die Kartoffeln weich sind und sich alle Aromen gut verbunden haben.
5. Inzwischen das Basilikum waschen und trocken schütteln. Die Blättchen abzupfen und fein schneiden. Den Käse reiben. 2 EL Käse und das Basilikum unter den Eintopf mischen. Eintopf abschmecken und servieren. Den übrigen Käse extra dazu reichen.

HAUPTGERICHTE *für jeden Tag*

VOLLER AROMA DIE PASTA MIT GRÜNEN BOHNEN UND SELBST GEMIXTEM PESTO, KRÄUTERWÜRZIG DER MANGOLD MIT BULGUR, KNUSPRIG AUS DER PFANNE DER REISFLADEN MIT TOMATEN: SCHNELL UND EINFACH GEHT'S IN DER VEGETARISCHEN ALLTAGSKÜCHE ZU. DOCH DER GENUSS KOMMT NICHT ZU KURZ!

DAS IST *wirklich* WICHTIG

[a] PESTO CREMIG RÜHREN Damit das Pesto schön cremig ist und sich gut mit der Pasta verbindet, wird es mit heißem Nudelkochwasser verrührt. Mischen Sie es in der Servierschüssel mit 2 – 3 EL heißem Wasser aus dem Nudeltopf und rühren Sie dann Nudeln und Bohnen unter.

PASTA UND PESTO
mit grünen Bohnen

G

PASTA, PESTO UND GRÜNE BOHNEN WERDEN VOR ALLEM IN LIGURIEN SEHR GERNE KOMBINIERT, DORT SIND MEIST SOGAR NOCH EIN PAAR KARTOFFELWÜRFEL MIT VON DER PARTIE.

Zutaten für 4 Portionen

Für das Pesto

- 1 Bund Bohnenkraut
- 4 getrocknete, in Öl eingelegte Tomaten
- 2 Knoblauchzehen
- 50 g Pinienkerne
- 8 EL Olivenöl
- 2 EL frisch geriebener Pecorino
- Salz, Pfeffer aus der Mühle

Für die Pasta

- 400 g grüne Bohnen, Salz
- 400 g kurze Nudeln (z. B. Fusilli, Casarecce oder Orecchiette)
- frisch geriebener Pecorino zum Servieren

Zeitbedarf

- 30 Minuten

Nährwerte

- 730 kcal pro Portion

So geht's

1. Das Bohnenkraut waschen und trocken schütteln, die Blättchen abstreifen und grob hacken. Die Tomaten abtropfen lassen und würfeln. Den Knoblauch schälen und hacken oder durchpressen.
2. Die Pinienkerne in einer Pfanne ohne Fett bei mittlerer Hitze unter Rühren goldgelb braten. Mit dem Bohnenkraut, den Tomaten, dem Knoblauch und dem Öl in der Küchenmaschine, im Mixer oder mit dem Pürierstab zu einer feinen Paste verarbeiten. Käse unterrühren und das Pesto mit Salz und Pfeffer abschmecken.
3. Die grünen Bohnen waschen, die Enden abschneiden und bei Bedarf die Fäden abziehen. Die Bohnen je nach Größe halbieren oder dritteln. In einem großen Topf reichlich Wasser zum Kochen bringen und salzen. Die Nudeln und die Bohnen darin in ca. 8 Minuten bissfest kochen.
4. Das Pesto in einer Schüssel mit 2–3 EL heißem Nudelwasser cremig rühren **[→a]**. Die Nudeln und Bohnen abgießen, abtropfen lassen und in der Schüssel gründlich mit dem Pesto mischen. Rasch mit dem frisch geriebenen Pecorino servieren.

Die Variante

Pesto alla genovese
Für den Klassiker die Blättchen von 2 Bund Basilikum grob hacken. 60 g Pinienkerne in einer Pfanne ohne Fett anrösten und mit dem Basilikum und 8 EL Olivenöl fein pürieren. Wer mag, presst 1–2 Knoblauchzehen dazu und mischt 2–3 EL frisch geriebenen Pecorino unter. Pesto mit Salz und Pfeffer abschmecken. Es schmeckt zu den Nudeln mit Bohnen und Kartoffelwürfeln, aber auch pur zu Nudeln oder zu Pasta, die Sie mit kurz gedünsteten Kirschtomatenhälften mischen.

PESTO AUFBEWAHREN **Wer möchte, kann die Pestomenge erhöhen und einen Teil davon in ein sauberes Schraubglas füllen. Mit einer Ölschicht bedeckt lässt sich Sie Pesto bis zu 2 Monate im Kühlschrank aufheben. Wichtig: Nach jedem Entnehmen die Ölschicht wieder erneuern.**

LINSEN-SUGO *mit Paprika*

Zutaten für 4 Portionen

- 1 rote Paprikaschote
- 1 große Zwiebel
- 1 rote Chilischote
- 2 EL Olivenöl
- 100 g rote Linsen
- 300 ml Gemüsebrühe
- ¼ Bund Petersilie, Salz
- 1 TL edelsüßes Paprikapulver
- ½ TL gem. Koriander

Zeitbedarf
- 30 Minuten

Nährwerte
- 105 kcal pro Portion

So geht's

1. Die Paprika waschen und halbieren. Stiel und Trennhäute mit den Kernen entfernen. Paprikahälften klein würfeln. Die Zwiebel schälen und fein hacken. Chilischote waschen und den Stiel abschneiden. Die Schote mit den Kernen fein hacken (siehe Seite 93).
2. Das Öl in einem Topf erhitzen. Zwiebel, Chili und Paprika darin anbraten. Linsen in einem Sieb kalt abspülen und mit der Brühe dazugeben. Alles zugedeckt bei schwacher bis mittlerer Hitze 10–15 Minuten garen, bis die Linsen weich sind.
3. Inzwischen die Petersilie waschen und trocken schütteln, die Blättchen abzupfen und fein hacken. Die Linsen mit Salz, Paprikapulver und Koriander abschmecken, Petersilie untermischen. Mit frisch gekochter Pasta mischen und rasch servieren.

Besonders gut zu Bandnudeln und zu kurzen Nudeln wie Fusilli oder Casarecce.

ROTE BETE *mit Mozzarella*

Zutaten für 4 Portionen

- 2 kleine Rote Beten (ca. 450 g, am besten junge)
- 2 Frühlingszwiebeln
- 2 EL Öl
- 150 ml trockener Rotwein oder Gemüsebrühe
- Salz, Pfeffer aus der Mühle
- 250 g Büffelmozzarella
- ½ Bund Zitronenmelisse oder Basilikum
- 1–2 TL Johannisbeergelee, Honig oder Ahornsirup
- Chiliflocken (nach Belieben)

Zeitbedarf
- 30 Minuten

Nährwerte
- 270 kcal pro Portion

So geht's

1. Die Roten Beten von den Enden befreien, schälen und auf der Rohkostreibe grob raspeln, am besten mit Einweghandschuhen. Die Frühlingszwiebeln waschen, die Wurzelenden und die welken dunkelgrünen Teile abschneiden. Knackige grüne Teile beiseitelegen, weiße Zwiebeln fein schneiden.
2. Das Öl in einem Topf erhitzen. Rote Beten und Zwiebeln darin andünsten. Wein oder Brühe untermischen, die Roten Beten mit Salz und Pfeffer würzen und zugedeckt bei schwacher Hitze in ca. 15 Minuten bissfest dünsten.
3. Inzwischen den Mozzarella abtropfen lassen und in knapp 1 cm große Würfel schneiden. Die Kräuter waschen und trocken schütteln. Blättchen abzupfen und fein hacken.
4. Die Kräuter unter die Roten Beten mischen und mit Gelee, Honig oder Sirup und eventuell mit den Chiliflocken abschmecken. Den Mozzarella auflegen und nur heiß werden lassen. In einer vorgewärmten Schüssel mischen und kurz stehen lassen, bis der Mozzarella leicht geschmolzen ist. Mit frisch gekochter Pasta mischen und rasch servieren.

Besonders gut zu Orecchiette oder Casarecce.

KIRSCHTOMATEN *mit frittiertem Salbei*

Zutaten für 4 Portionen

- 400 g Kirschtomaten
- 4–6 Zweige Salbei
- 100 ml Olivenöl zum Frittieren
- 1–2 getrocknete Chilischoten (nach Belieben)
- 1 Msp. Honig oder Ahornsirup
- Salz

Zeitbedarf
- 20 Minuten

Nährwerte
- 40 kcal pro Portion

So geht's

1. Die Tomaten waschen und halbieren. Den Salbei waschen und trocken schütteln, die Blättchen abzupfen und mit Küchenpapier trocken tupfen.
2. Das Öl in einem weiten Topf gut erhitzen (siehe Seite 40). Den Salbei darin in 1–2 Minuten knusprig frittieren. Mit dem Schaumlöffel aus dem Öl fischen und auf Küchenpapier entfetten lassen.
3. Das Öl bis auf einen dünnen Film aus dem Topf gießen (in einem Schraubglas auffangen, das kann man zum Braten wiederverwenden). Nach Wunsch die Chilischoten zerkrümeln und dazugeben. Die Tomaten im Öl unter Rühren 2–3 Minuten braten. Mit dem Honig oder Sirup und Salz abschmecken. Mit frisch gekochter Pasta mischen und rasch servieren.

Besonders gut zu kurzen Nudeln, z. B. Penne oder Casarecce. Dazu schmeckt außerdem frisch geriebener Pecorino oder zerkrümelter Feta (Schafskäse).

ASIA-GEMÜSE *mit Chili-Erdnüssen*

Zutaten für 4 Portionen

- 50 g frische Erdnüsse mit Schale
- 1 getrocknete Chilischote
- 3 EL Öl, Salz
- 2 Möhren
- 2 Stangen Staudensellerie
- 1 Stange Lauch
- 200 g Austernpilze
- 1 Stück frischer Ingwer (ca. 2 cm)
- 2 Knoblauchzehen
- 2–3 EL helle Sojasauce
- 2 TL Sesamöl zum Abschmecken

Zeitbedarf
- 20 Minuten

Nährwerte
- 170 kcal pro Portion

So geht's

1. Die Erdnusskerne aus den Schalen und den braunen Häutchen lösen und grob hacken. Die Chilischote im Mörser fein zerstoßen. In einer Pfanne 1 EL Öl erhitzen. Die Erdnüsse mit den Chilikrümeln einrühren und unter Rühren bei mittlerer Hitze 1–2 Minuten knusprig rösten. Leicht salzen und auf einem Teller beiseitestellen.
2. Das Gemüse schälen bzw. waschen und putzen. Die Pilze feucht abreiben. Alles in möglichst feine Streifen schneiden. Ingwer und Knoblauch schälen und fein hacken.
3. Das restliche Öl in einer Pfanne erhitzen, das Gemüse mit Ingwer und Knoblauch einrühren und bei mittlerer Hitze unter Rühren in ca. 4 Minuten bissfest braten. Gemüse und Pilze mit der Sojasauce und dem Sesamöl abschmecken.
4. Alles mit nur kurz abgetropften, noch eher feuchten Nudeln mischen. Abschmecken und in Schälchen servieren. Die Nüsse zum Bestreuen dazustellen.

Besonders gut zu japanischen Buchweizennudeln (Udon).

KARTOFFELPÜREE
mit pochierten Eiern

PIKANT GEWÜRZTES PÜREE MIT FRUCHTIGEN TOMATEN UND WUNDERBAR SAFTIG GEGARTEN EIERN – EINE PERFEKTE KOMBINATION.

Zutaten für 4 Portionen

Für Püree und Sauce

- 1 kg vorwiegend festkochende Kartoffeln **[→a]**
- 1 getrocknete Chilischote, Salz
- 300 g Kirschtomaten
- 6 EL Olivenöl
- ¼ l heiße Gemüsebrühe
- Pfeffer aus der Mühle
- 50 g Crème fraîche
- 2 TL grobkörniger Senf
- 1 Kästchen Gartenkresse

Für die Eier

- 4 EL Weißweinessig
- 8 sehr frische Eier (Größe M)

besonderes Werkzeug
- Kartoffelstampfer

Zeitbedarf
- 40 Minuten

Nährwerte
- 510 kcal pro Portion

So geht's

1. Die Kartoffeln schälen und würfeln. Die Chilischote im Mörser leicht andrücken. Beides mit Wasser und Salz zum Kochen bringen und zugedeckt bei schwacher bis mittlerer Hitze in 10–15 Minuten weich kochen.
2. Inzwischen die Tomaten waschen und halbieren. Das Öl erhitzen und die Tomaten darin bei starker Hitze 1–2 Minuten braten.
3. Die Kartoffeln abgießen und mit dem Kartoffelstampfer zerdrücken. Ca. 80 ml Gemüsebrühe und die Tomaten unterrühren und das Püree mit Salz und Pfeffer abschmecken. Zugedeckt auf der abgeschalteten Herdplatte warm halten.
4. Für die Sauce die übrige Gemüsebrühe zum Kochen bringen und offen bei starker Hitze in ca. 5 Minuten auf die Hälfte einkochen lassen.
5. Gleichzeitig für die Eier 1 l Wasser zum Kochen bringen, den Essig unterrühren. Dann den Topf vom Herd ziehen oder die Hitze sehr klein stellen. Die Eier nacheinander vorsichtig ins Wasser geben **[→b]**, mit zwei Esslöffeln in Form bringen **[→c]** und ca. 4 Minuten im heißen Wasser ziehen lassen.
6. Die Crème fraîche und den Senf unter die eingekochte Brühe rühren. Die Sauce mit Salz und Pfeffer abschmecken und in ein Schälchen füllen. Kresse mit einer Schere vom Beet schneiden und untermischen.
7. Eier mit dem Schaumlöffel aus dem Wasser heben und auf eine Platte geben oder auf vier Tellern verteilen. Das Kartoffelpüree daneben anrichten, die Sauce extra dazureichen.

GUT KOMBINIERT **Der Körper kann das Eiweiß aus Eiern und Kartoffeln besonders gut aufnehmen, wenn man sie in einer Mahlzeit kombiniert, also zusammen auf den Tisch bringt wie in diesem Gericht.**

DAS IST *wirklich* WICHTIG

[a] DIE RICHTIGE KARTOFFELSORTE Vorwiegend festkochende Kartoffeln sind Allrounder, können für alle Zubereitungsarten verwendet werden und sind auch für dieses Püree ideal.Ebenfalls geeignet sind mehligkochende Kartoffeln, das Püree wird damit aber weicher. Festkochende bleiben beim Garen stabiler und sind deshalb besonders gut für Salat geeignet.

[b] EIER INS WASSER GEBEN Die Eier einzeln in eine Suppenkelle aufschlagen. Die Kelle dazu am besten in eine Tasse stellen, damit sie gerade steht. Die Eier nacheinander langsam und vorsichtig in das Essigwasser gleiten lassen.

[b]

[c]

[c] EIWEISS IN FORM BRINGEN Das Eiweiß mit 2 Esslöffeln um das Eigelb herum in Form bringen. Für die Schönheit außerdem die pochierten Eier nach dem Abtropfen auf ein Küchenbrett legen und sehr ausgefranste Eiweißränder mit einem Messer glatter schneiden.

[a]

DAS IST *wirklich* WICHTIG

[a] KÜRBIS VORBEREITEN Die Kerne samt dem weichen faserigen Fruchtfleisch, in das sie gebettet sind, müssen entfernt werden. Schaben Sie sie am besten mit einem Löffel aus dem Kürbis heraus. Damit er sich leichter schälen lässt, schneiden Sie ihn dann in Spalten. Diese seitlich aufs Brett legen und die Schale Stück für Stück abschneiden.

[b] TOFU BRATEN Damit die Scheiben im Fett nicht spritzen, tupfen Sie sie zunächst mit Küchenpapier trocken. Tofu dann salzen und ins heiße Fett legen. Lassen Sie ihm jetzt bei starker Hitze ca. 2 Minuten Zeit, bevor Sie ihn wenden. Die braucht er, um eine Kruste zu bilden. Tofu möglichst auf allen Seiten braten.

SCHARFER TOFU
mit Kürbis und Datteln

TOFU IST WUNDERBAR ZART UND HAT EINEN MILDEN GESCHMACK. ER VERTRÄGT SICH ALSO BESONDERS GUT MIT KRÄFTIGEN GEWÜRZEN WIE CHILI UND KORIANDER, ABER AUCH INGWER UND SOJASAUCE. KNUSPRIG GEBRATEN BEKOMMT ER NOCH MEHR AROMA.

Zutaten für 4 Portionen

- 1 Stück Kürbis (ca. 600 g)
- 300 g vollreife Tomaten
- ½ Bio-Zitrone
- 2 rote Chilischoten
- 4 Frühlingszwiebeln
- 8 Datteln
- 2 TL Koriandersamen
- 500 g Tofu, Salz
- 4 EL Öl
- 200 ml Gemüsebrühe
- 4 Stängel Basilikum oder Minze

Zeitbedarf

- 25 Minuten

Nährwerte

- 370 kcal pro Portion

So geht's

1. Aus dem Kürbis die Kerne samt faserigem Fruchtfleisch mit einem Löffel herausschaben. Fruchtfleisch schälen **[→a]** und in gut 1 cm große Würfel schneiden. Stielansätze keilförmig aus den Tomaten herausschneiden. Die Tomaten mit kochendem Wasser überbrühen, kurz ziehen lassen, kalt abschrecken und häuten (siehe Seite 103). Tomaten in Würfel schneiden.
2. Die Zitronenhälfte heiß waschen und abtrocknen. Die Schale fein abreiben, den Saft auspressen. Die Chilischoten waschen und den Stiel abschneiden. Die Schoten mit den Kernen in feine Streifen schneiden (siehe Seite 93).
3. Die Frühlingszwiebeln waschen, die Wurzelenden und die welken dunkelgrünen Teile abschneiden. Die Zwiebeln in Ringe schneiden. Die Datteln aufschneiden, entkernen und in Streifen schneiden. Die Koriandersamen im Mörser andrücken.
4. Den Tofu abtropfen lassen und in ca. 1 cm dicke Scheiben schneiden. Diese in ebenso breite Streifen schneiden und mit Küchenpapier trocken tupfen. Den Tofu salzen.
5. In einer Pfanne 2 EL Öl erhitzen. Den Tofu einlegen und bei starker Hitze von allen Seiten jeweils ca. 2 Minuten braten **[→b]**. Den Tofu wieder herausnehmen. Den Kürbis mit dem restlichen Öl in die Pfanne geben und unter Rühren 2–3 Minuten braten. Die Frühlingszwiebeln, die Chilis, und den Koriander dazugeben und kurz mitbraten. Tomaten und Brühe dazugeben und alles bei schwacher Hitze noch 2–3 Minuten garen, bis der Kürbis bissfest ist.
6. Datteln und Tofu untermischen, alles mit der Zitronenschale und 1 EL Saft sowie Salz abschmecken. Das Basilikum oder die Minze waschen und trocken schütteln. Blättchen abzupfen und fein hacken. Vor dem Servieren aufstreuen.

Dazu schmeckt am besten Reis, aber auch Couscous ist fein.

TOFU *in Nusspanade*

Zutaten für 4 Portionen

- 4 Zweige Thymian
- 1 Knoblauchzehe
- 1 Stück Bio-Zitronenschale (ca. 2 cm)
- 100 g gem. Haselnusskerne
- Salz, Pfeffer aus der Mühle
- 500 g Tofu
- 4 EL Öl
- Zitronenschnitze zum Servieren

Zeitbedarf

- 15 Minuten

Nährwerte

- 410 kcal pro Portion

So geht's

1. Den Thymian waschen und trocken schütteln. Die Blättchen abstreifen. Den Knoblauch schälen und mit dem Thymian und der Zitronenschale sehr fein hacken. Mit den gemahlenen Nüssen in einem flachen Teller mischen und mit Salz und Pfeffer abschmecken.
2. Den Tofu in ca. 1 cm dicke Scheiben schneiden und rundherum in der Nussmischung wenden.
3. Das Öl in einer Pfanne erhitzen. Den Tofu darin pro Seite bei mittlerer Hitze ca. 2 Minuten braten, bis die Nusskruste schön braun ist. Tofu frisch gebraten mit Zitronenschnitzen servieren. Nach Belieben mit Zitronensaft beträufeln.

Dazu schmeckt ein Blattsalat und eventuell Brot.

SO SCHMECKT'S AUCH Die Haselnusskerne können Sie durch fein zerbröselten Pumpernickel ersetzen. Oder Cornflakes in eine Tüte geben und mit dem Nudelholz darüberrollen, bis sie fein zerkleinert sind, dann mit den übrigen Zutaten mischen und als Panade verwenden.

TOFU *mit Limetten-Honig-Sauce*

Zutaten für 4 Portionen

- 4 EL Limettensaft
- 2 EL Honig
- 1 TL Sambal oelek oder Harissa (scharfe Paprikapaste)
- Salz
- 600 g Tofu
- 150 g Kirschtomaten
- 4 Stängel Basilikum
- 2 EL Öl

Zeitbedarf

- 15 Minuten + 30 Minuten marinieren

Nährwerte

- 290 kcal pro Portion

So geht's

1. Den Limettensaft mit dem Honig und dem Sambal oelek oder dem Harissa verrühren und mit Salz abschmecken. Den Tofu abtropfen lassen und in knapp 1 cm dicke Scheiben schneiden.
2. Die Tofuscheiben in eine flache Schale legen und mit der Limettenmarinade begießen. Mindestens 30 Minuten marinieren lassen.
3. Die Tomaten waschen und halbieren. Das Basilikum waschen und trocken schütteln, die Blättchen ablösen und in Stücke zupfen.
4. Den Tofu abtropfen lassen und noch leicht salzen. Das Öl in einer Pfanne erhitzen, die Tofuscheiben einlegen und bei starker Hitze pro Seite 2–3 Minuten braten.
5. Den Tofu auf eine vorgewärmte Platte geben. Die Tomaten und das Basilikum in den Bratsatz geben und gut verrühren. Die Marinade angießen und aufkochen. Die Tomaten mit Salz abschmecken und auf dem Tofu verteilen.

Dazu schmeckt Reis oder Couscous, eventuell als Salat angemacht.

TOFU
mit orientalischem Würzöl

Zutaten für 4 Portionen

- je 1 Bund Petersilie und Koriandergrün
- 2 Frühlingszwiebeln
- 4 Knoblauchzehen
- 1 EL edelsüßes Paprikapulver
- je 1 TL rosenscharfes Paprikapulver, gem. Koriander und schwarzer Pfeffer aus der Mühle
- 2 TL gem. Kreuzkümmel
- 2 EL Zitronensaft
- 4 EL Olivenöl
- Salz
- 500 g Tofu

Zeitbedarf
- 20 Minuten

Nährwerte
- 285 kcal pro Portion

So geht's

1. Die Kräuter kalt abspülen und trocken schütteln. Die Blättchen abzupfen und fein hacken. Die Frühlingszwiebeln waschen, die Wurzelenden und die welken dunkelgrünen Teile abschneiden. Den Knoblauch schälen und mit den Zwiebeln sehr fein würfeln.
2. Kräuter und Knoblauchmischung mit allen Gewürzen, dem Zitronensaft und 2 EL Öl mischen und mit Salz abschmecken.
3. Den Tofu abtropfen lassen und in gut 2 cm große Würfel schneiden, mit Küchenpapier trocken tupfen. Das restliche Öl in einer Pfanne erhitzen. Den Tofu salzen und im Öl rundherum knusprig braten.
4. Die Würzmischung dazugeben und alles unter Rühren noch ca. 3 Minuten bei mittlerer Hitze braten. Abschmecken und heiß servieren.

Dazu passen Fladenbrot und Salat oder Reis, Bulgur oder Couscous.

TOFU
mit Currygurken

Zutaten für 4 Portionen

- 1 Salatgurke
- 1 weiße Zwiebel
- 2 Knoblauchzehen
- 1 Stück frischer Ingwer (ca. 2 cm)
- 1 Bund Schnittlauch
- 500 g Tofu
- Salz
- 2 EL Öl
- 2–3 TL scharfes Currypulver
- 150 ml Gemüsebrühe
- 50 g Crème fraîche

Zeitbedarf
- 20 Minuten

Nährwerte
- 285 kcal pro Portion

So geht's

1. Die Gurke schälen und längs halbieren. Die Kerne mit einem Teelöffel aus der Mitte herauskratzen. Die Gurke quer in knapp 1 cm dicke Scheiben schneiden. Die Zwiebel schälen, vierteln und in Streifen schneiden. Den Knoblauch und den Ingwer schälen und fein hacken. Den Schnittlauch waschen, in ca. 1 cm lange Stücke schneiden.
2. Den Tofu abtropfen lassen und in ca. 1 cm dicke Scheiben, dann in 1 cm breite und ca. 3 cm lange Stifte schneiden. Mit Küchenpapier trocken tupfen und salzen.
3. Das Öl in einer Pfanne erhitzen und den Tofu darin bei starker Hitze von allen Seiten gut braten. Wieder herausnehmen. Gurke, Zwiebel und Knoblauch-Ingwer-Mischung im Bratfett andünsten. Das Currypulver darüberstäuben und mitbraten.
4. Brühe angießen und die Gurke ca. 3 Minuten erhitzen, bis sie bissfest sind. Die Crème fraîche unterrühren und den Tofu wieder dazugeben. Alles mit Salz abschmecken und vor dem Servieren den Schnittlauch aufstreuen.

FÜR VEGANER Nehmen Sie statt Crème fraîche Sojaghurt oder entsprechend mehr Brühe.

TOFU, TEMPEH & Co.

Sojabohnen und alle Produkte aus der wertvollen gelben Hülsenfrucht punkten mit hochwertigem Eiweiß, ungesättigten Fettsäuren, vielen B-Vitaminen und den Mineralstoffen Eisen und Zink.
Von allen Hülsenfrüchten haben die gelben Sojabohnen am meisten hochwertiges Eiweiß zu bieten. Sie selbst und alle Produkte daraus sind also – vor allem für Veganer – ein idealer Ersatz für Fleisch und Fisch, aber auch für Milchprodukte.
Die ungesättigten Fettsäuren in Sojabohnen & Co. senken den Cholesterinspiegel und beugen Herzinfarkt, Schlaganfall und Thrombosen vor. Die vielen B-Vitamine in Sojaprodukten stärken die Nerven, die Mineralstoffe Eisen und Zink sind gut fürs Immunsystem.

TOFU

Gemacht wird Tofu aus einer Flüssigkeit, die durch Pürieren und Pressen von eingeweichten gelben Sojabohnen gewonnen wird. Diese erhitzt man ähnlich wie Milch für die Käseherstellung und mischt sie mit einem Gerinnungsmittel. Sie flockt aus, die festen Bestandteile werden in ein Sieb abgeschöpft und so lange gepresst, bis ein fester Block entsteht.
Dieser Tofu ist schnittfest und lässt sich sehr gut in Scheiben oder Würfel schneiden. Fein zerkleinert – am besten mit einer Gabel zerdrücken – wird er cremig genug, um Bratlinge oder Klößchen aus ihm zu formen.
Tofu ist zart und saftig und schmeckt so mild, dass er kräftige Gewürze oder andere aromatische Zutaten wunderbar verträgt beziehungsweise geradezu danach verlangt.

Frischen Tofu können Sie nach dem Öffnen noch eine Weile aufbewahren. Geben Sie ihn in ein verschließbares Gefäß und bedecken ihn komplett mit kaltem Wasser. Gut verschlossen hält er sich im Kühlschrank etwa eine Woche frisch. Wechseln Sie das Wasser häufig, am besten täglich.

SEIDENTOFU

Wer etwas Cremiges – zum Beispiel für zarte Suppen oder Desserts – sucht, nimmt Seidentofu. Er wird nach dem Gerinnen nicht gepresst, sondern nur kräftig durchgeschlagen. Seidentofu können Sie nach dem Öffnen der Packung gut abgedeckt ein paar Tage im Kühlschrank aufbewahren.

GEWÜRZTER TOFU

Vorbei die Zeiten, als es nur schnittfesten Tofu und weichen Seidentofu zu kaufen gab. Für Gemüsetofu beispielsweise werden vor dem Pressen feine Gemüsestreifen unter die Sojamasse gemischt. Besonders fein und würzig schmecken Tomatentofu mit getrockneten Tomaten, Gewürzen und mediterranen Kräutern im Teig ebenso wie Varianten mit Basilikum, gehackten Oliven oder Nüssen.
Alle diese gewürzten Varianten schmecken kalt, zum Beispiel in feinen Scheiben mit einer leichten Vinaigrette, besonders gut. Aber auch warm, zum Beispiel in Scheiben gebraten oder in Würfeln in der Suppe erwärmt, sind sie ein gesunder Genuss.

RÄUCHERTOFU

Eine rauchige Note, die leicht an die Würze von mildem Speck erinnert, hat Räuchertofu. Der gepresste Tofu wird dafür sanft geräuchert, meist über Wacholderholz. Es gibt ihn pur, aber auch mit anderen Zutaten wie Algen oder Pilzen gemischt.
Räuchertofu schmeckt kalt als Brotbelag oder im Sandwich, lässt sich aber auch braten, in einer Sauce erhitzen oder frittieren.
Räuchertofu können Sie in Klarsichtfolie verpackt nach dem Öffnen noch ein paar Tage im Kühlschrank aufbewahren.

TEMPEH

Das eher würzige Sojaprodukt stammt ursprünglich aus Indonesien und wird anders als Tofu aus ganzen Sojabohnen hergestellt. Die gelben Sojabohnen werden dafür gekocht, gepresst, mit einem Edelpilz geimpft und fermentiert. Tempeh hat für ein pflanzliches Lebensmittel viel Vitamin B_{12} zu bieten. Er schmeckt würzig mit einer ganz leichten bitteren Note. Tempeh ist so fest und stabil, dass Sie ihn auch in sehr dünne Scheiben oder Würfel schneiden und braten oder frittieren können. Er wird dabei angenehm knusprig.
Tempeh können Sie in Klarsichtfolie gewickelt nach dem Öffnen noch ein paar Tage im Kühlschrank aufheben.

SOJAGRANULAT

Für grobes oder feines Granulat werden Sojabohnen im Ganzen geröstet und bekommen dabei einen leicht nussigen Geschmack. Diese würzigen Bohnen werden anschließend fein oder grob geschrotet.
Das Granulat enthält ebenso wie Tofu und Tempeh hochwertiges Eiweiß, Vitamine und Mineralstoffe und wenig Fett.
Sojagranulat – ob fein oder grob – wird vor der Zubereitung mit kochender Flüssigkeit, am besten Gemüsebrühe, übergossen. Nach einer Quellzeit von etwa 15 Minuten hat sich sein Volumen fast verdreifacht. Nach dem Einweichen kann man es braten, mit Gemüse schmoren, zu Bratlingen verarbeiten oder Pastasaucen damit kochen.

SOJASAUCE

Die wichtige Würze der asiatischen Küche wird aus Sojabohnen und Getreide (meist Weizen) und Wasser durch Fermentation hergestellt. In den verschiedenen Saucen ist unterschiedlich viel Salz enthalten. Als kleine Orientierung: Traditionell hergestellte chinesische Sojasauce ist relativ mild, japanische ist in der Regel würziger, thailändische und indonesische sind fast immer leicht süßlich. Am besten Bio-Sojasauce kaufen und immer erst einmal vorsichtig damit würzen.

SOJAFLEISCH

In einem sehr aufwendigen und langwierigen Prozess wird Sojafleisch oder TVP („textured vegetable proteine“) hergestellt. Die verschiedenen Tofusorten, Tempeh und auch das feine oder grobe Granulat aus Sojabohnen sind aber in der Herstellung umweltverträglicher und vor allem so vielseitig verwendbar, dass wir Sojafleisch nicht in die Rezepte aufgenommen haben.

BOLOGNESE
mit Sojagranulat

FÜR GRANULAT WERDEN SOJABOHNEN IM GANZEN GERÖSTET UND DANN GROB ODER FEINER GESCHROTET. SO BEKOMMEN SIE EINEN LEICHT NUSSIGEN GESCHMACK. FÜR DIE PASTASAUCE EIGNET SICH FEINES SOJAGRANULAT AM BESTEN.

Zutaten für 4 Portionen

- 400 ml Gemüsebrühe
- 125 g feines Sojagranulat
- 500 g vollreife Tomaten
- 4 Frühlingszwiebeln
- 2 Knoblauchzehen
- je 1 Zweig Rosmarin und Salbei
- je 4 Zweige Thymian und Oregano
- 1 rote Chilischote (nach Belieben)
- 2 EL Olivenöl
- 1 TL Tomatenmark
- Salz, Pfeffer aus der Mühle

Zeitbedarf
- 45 Minuten

Nährwerte
- 195 kcal pro Portion

So geht's

1. Die Gemüsebrühe zum Kochen bringen. Das Sojagranulat in eine Schüssel füllen, mit der Brühe übergießen und ca. 15 Minuten aufquellen lassen, bis es größer und weicher ist [→a].
2. Inzwischen die Stielansätze keilförmig aus den Tomaten herausschneiden. Die Tomaten mit kochendem Wasser überbrühen, kurz ziehen lassen, kalt abschrecken und häuten (siehe Seite 103). Die Tomaten klein würfeln.
3. Die Frühlingszwiebeln waschen, die Wurzelenden und die welken grünen Teile abschneiden. Die Zwiebeln in Ringe schneiden, einen Teil vom Grün zum Bestreuen beiseitelegen. Den Knoblauch schälen und fein hacken. Die Kräuter waschen und trocken schütteln. Nadeln und Blättchen abstreifen oder abzupfen und fein schneiden. Nach Belieben die Chilischote waschen und den Stiel abschneiden. Die Schote mit den Kernen fein schneiden (siehe Seite 93).
4. Das Granulat in einem Sieb abtropfen lassen, die Brühe auffangen. Das Öl in einem Topf erhitzen. Die Zwiebelringe und den Knoblauch mit den Kräutern und eventuell dem Chili darin unter Rühren andünsten. Das Granulat dazugeben und kurz mitdünsten [→b]. Die Tomaten und das Tomatenmark dazugeben, die Brühe angießen. Alles mit Salz und Pfeffer würzen und offen bei schwacher Hitze ca. 15 Minuten garen. Sugo abschmecken und mit dem Zwiebelgrün bestreut servieren.

Der Sugo schmeckt zu Spaghetti oder Bandnudeln, aber auch zu kurzen Nudeln wie Rigatoni oder Penne.

Die Variante

Soja-Gemüse-Gulasch
250 g grobes Sojagranulat mit 1 l kochender Gemüsebrühe begießen und 15 Minuten aufquellen lassen. Inzwischen 1 Fenchelknolle, 2 Stangen Staudensellerie, 1 kleine Aubergine und 1 rote Paprikaschote waschen, putzen und in grobe Würfel schneiden. 1 Zwiebel und 2 Knoblauchzehen schälen und fein schneiden. Granulat abtropfen lassen, Brühe auffangen. Gemüse mit der Zwiebel und dem Knoblauch in 2 EL Öl andünsten. Das Granulat hinzufügen. Die Brühe angießen. Alles mit 2 TL Tomatenmark, Salz, Pfeffer und 1 Prise gemahlenem Koriander abschmecken und zugedeckt bei schwacher Hitze ca. 15 Minuten schmoren. Zum Schluss noch fein gezupfte Blättchen von ½ Bund Basilikum und die abgeriebene Schale von ½ Bio-Zitrone unterrühren und das Gulasch mit Brot oder Bulgur servieren. Wer mag, reicht dazu einen Joghurt, mit Koriander und Salz abgeschmeckt.

DAS IST *wirklich* WICHTIG

[a] GUT EINWEICHEN Ist es ausreichend aufgequollen, sieht das Granulat schön feucht aus und hat sein Volumen ungefähr verdoppelt.

[b] ANDÜNSTEN Dünsten Sie im heißen Öl Zwiebeln und Knoblauch mit Kräutern und Chili an. Dann rühren Sie das Granulat dazu und dünsten es kurz mit.

[b]

[a]

DAS IST *wirklich* WICHTIG

[a] KRÄFTIG KNETEN Mischen Sie den zerdrückten Tofu mit Ei, Eigelb, Mehl und allen Gewürzen in der Schüssel und kneten Sie alles dann so lange kräftig durch, bis die Masse gut zusammenhält.

[b] BÄLLCHEN FORMEN Nehmen Sie etwa walnussgroße Stücke von der Tofumasse ab und formen Sie sie zwischen den Handflächen zu runden, glatten Bällchen. Dabei nicht nur rollen, sondern auch zusammendrücken, damit die Masse gut hält.

[c] GURKE ENTKERNEN Schneiden Sie die Gurke nach dem Schälen der Länge nach in zwei Hälften. Dann die Hälften aufs Küchenbrett legen und die Kerne aus der Mitte mit einem Teelöffel herauskratzen.

[c]

TOFUBÄLLCHEN
mit Apfel-Gurken-Gemüse

ZART UND SAFTIG GELINGEN AUCH KLEINE BÄLLCHEN AUF DER GRUNDLAGE VON TOFU – IN DIESEM FALL MIT ZITRONENSCHALE, MEERRETTICH UND SENF PIKANT GEWÜRZT.

Zutaten für 4 Portionen

- ½ Bio-Zitrone
- 2 Frühlingszwiebeln
- 500 g Tofu
- 1 Ei (Größe M)
- 1 Eigelb
- 2 EL Weizen- oder Dinkelmehl
- 2 TL geriebener Meerrettich
- 2 TL süßer Senf
- Salz, Pfeffer aus der Mühle
- 400 g Schmor- oder Salatgurke
- 2 säuerliche Äpfel
- 1 weiße Zwiebel
- 1 EL Butter
- 100 g Sahne
- 1 Bund Dill

Zeitbedarf
- 40 Minuten

Nährwerte
- 370 kcal pro Portion

So geht's

1. Für die Tofubällchen die Zitronenhälfte heiß waschen und abtrocknen. Die Schale fein abreiben. Den Saft auspressen und beiseitestellen.
2. Die Frühlingszwiebeln waschen, die Wurzelenden und die welken dunkelgrünen Teile abschneiden. Die Zwiebeln fein schneiden. Den Tofu abtropfen lassen und mit einer Gabel sehr fein zerdrücken. Das Ei, das Eigelb und das Mehl mit dem Meerrettich, dem Senf, der Zitronenschale und den Zwiebeln dazugeben, mit Salz und Pfeffer würzen und kräftig durchkneten, bis die Masse zusammenhält **[→a]**.
3. Aus der Tofumasse mit den Händen walnussgroße Bällchen **[→b]** formen und auf einem Küchenbrett bereitlegen.
4. Für das Gemüse die Gurke schälen und längs halbieren. Die Kerne mit einem Teelöffel aus der Mitte herauskratzen **[→c]**. Die Gurke quer in knapp 1 cm breite Stücke schneiden. Die Äpfel vierteln, schälen und vom Kerngehäuse befreien. Die Äpfel ebenfalls in knapp 1 cm dicke Scheiben schneiden. Die Zwiebel schälen, vierteln und in feine Streifen schneiden.
5. Für die Bällchen reichlich Wasser zum Kochen bringen und salzen. Die Bällchen einlegen und bei schwacher Hitze offen in ca. 10 Minuten gar ziehen lassen.
6. Für das Gemüse die Butter zerlassen, die Zwiebelstreifen darin andünsten. Gurke und Äpfel dazugeben und kurz mitdünsten. Die Sahne angießen, alles mit Salz und Pfeffer würzen und Gurke und Äpfel zugedeckt bei schwacher Hitze in ca. 5 Minuten bissfest garen.
7. Inzwischen den Dill waschen und trocken schütteln. Die Blättchen abzupfen und fein schneiden. Das Gemüse mit 2–3 TL Zitronensaft und eventuell noch Salz und Pfeffer abschmecken. Den Dill untermischen und das Gemüse in eine Schüssel füllen.
   Die Tofubällchen mit dem Schaumlöffel aus dem Wasser heben, auf dem Gemüse anrichten und rasch servieren.

Dazu schmeckt Reis.

GETREIDEBRATLINGE
mit Gemüsewürfeln

SAFTIG, WÜRZIG UND WUNDERBAR SAFTIG KOMMEN DIESE BRATLINGE AUS DER PFANNE. UND SCHMECKEN HEISS, ABER AUCH ABGEKÜHLT GANZ WUNDERBAR.

G V

Eier enthalten!

Zutaten für 4 Portionen

- 200 g frisch geschrotetes Getreide, z. B. Grünkern, Buchweizen, Hafer, Gerste oder eine Getreidemischung [→a]
- 400 ml Gemüsebrühe
- 1 Stange Lauch
- 1 große Möhre
- 1 Bund Petersilie
- 2 Eier (Größe M)
- Salz, Pfeffer aus der Mühle
- je ½ TL rosenscharfes und edelsüßes Paprikapulver
- 2 EL Butterschmalz oder Öl

Zeitbedarf

- 40 Minuten + 1 Stunde kochen + 30 Minuten quellen

Nährwerte

- 285 kcal pro Portion

So geht's

1. Den Getreideschrot mit der Gemüsebrühe aufkochen und zugedeckt bei schwacher Hitze 15 Minuten garen, bis er fest und eher trocken ist [→b]. Dann auf der abgeschalteten Platte ca. 30 Minuten nachquellen und lauwarm abkühlen lassen.
2. Den Lauch vom Wurzelende und den welken grünen Teilen befreien. Die Stange der Länge nach aufschlitzen und gründlich waschen. Die Möhre schälen. Lauch und Möhre sehr fein hacken. Die Petersilie waschen und trocken schütteln, die Blättchen abzupfen und fein hacken.
3. Den Getreideschrot mit Lauch, Möhre, Petersilie, Eiern, Salz, Pfeffer und Paprika gut durchkneten [→c] und zu 10–12 Bratlingen formen.
4. Das Butterschmalz oder Öl in einer Pfanne erhitzen. Die Bratlinge darin bei mittlerer Hitze pro Seite 4–5 Minuten braten.

Dazu schmecken Salat und Brot oder Kartoffelsalat oder Gemüse, z. B. ein Möhren-Kohlrabi-Gemüse.

SO SCHMECKT'S AUCH Aromatisieren Sie die Getreidemischung auch mal mit unterschiedlichen Zutaten: Gut schmecken geröstete, grob gehackte Nüsse, gemischte fein gehackte Kräuter und Zitronenschale, fein gehackte Oliven und getrocknete Tomaten oder auch Chili und Ingwer.

[b]

DAS IST *wirklich* WICHTIG

[a] MANCHE GETREIDESORTEN bekommen Sie im Naturkosthandel bereits fertig geschrotet. Länger haltbar ist Getreide, wenn Sie es als ganzes Korn kaufen und zu Hause selbst zerkleinern (siehe auch Seite 217). Wer häufig Gerichte mit Getreide zubereitet, schafft sich am besten eine Getreidemühle an.

[b] GEGARTER SCHROT Nach dem Garen ist der Schrot ziemlich fest. Lassen Sie ihn im Topf lauwarm abkühlen, bis sie ihn gut anfassen können.

[c] GUT KNETEN Die übrigen Zutaten zum Schrot geben und alles so lange kräftig verkneten, bis die Masse zusammenhält.

AMARANTHPUFFER
mit Möhrengemüse

Zutaten für 4 Portionen

- 200 g Amaranth, Salz
- 2 Frühlingszwiebeln
- ½ Bund Petersilie
- 1 Bio-Orange
- 50 g getrocknete Cranberries
- 500 g Möhren, 1 Zwiebel
- 1 getrocknete Chilischote
- 2 EL Butter
- ⅛ l Gemüsebrühe
- 2 Eier (Größe M)
- Pfeffer aus der Mühle
- 2 EL Öl
- 2 TL Ahornsirup

Zeitbedarf
- 30 Minuten + 30 Minuten garen

Nährwerte
- 405 kcal pro Portion

So geht's

1. Amaranth mit ½ l Wasser und Salz zum Kochen bringen und zugedeckt bei schwacher Hitze ca. 30 Minuten garen. Auf der abgeschalteten Herdplatte 5 Minuten nachquellen lassen. Inzwischen die Frühlingszwiebeln waschen, Wurzelenden und die welken grünen Teile abschneiden. Zwiebeln fein hacken. Petersilie waschen, Blättchen fein hacken.
2. Orange heiß waschen und abtrocknen. Schale fein abreiben. Den Saft auspressen und mit den Cranberries mischen. Möhren schälen und in ca. ½ cm dicke Scheiben schneiden. Zwiebel schälen, vierteln und in Streifen schneiden. Die Chilischote im Mörser fein zerstoßen.
3. Zwiebelstreifen, Möhren und Chili in 1 EL Butter andünsten. Brühe und Cranberries samt Saft dazugeben. Die Möhren salzen und zugedeckt bei schwacher Hitze in 10–12 Minuten bissfest garen.
4. Inzwischen die Amaranthkörner abtropfen lassen und mit den Frühlingszwiebeln, der Petersilie und den Eiern verrühren. Masse mit Salz und Pfeffer abschmecken. Die übrige Butter mit dem Öl in einer Pfanne erhitzen. Aus der Amaranthmasse mit einem Esslöffel kleine Häufchen in die Pfanne setzen und etwas flacher streichen. Die Puffer bei mittlerer Hitze pro Seite ca. 4 Minuten braten. Die Möhren mit dem Ahornsirup und der Orangenschale abschmecken und zu den Puffern servieren.

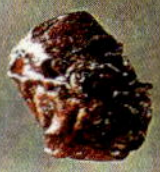

BRATLINGE
mit Buchweizen

Zutaten für 4 Portionen

- 1 Zwiebel
- 2 Knoblauchzehen
- 2 EL Butter
- 1 TL Kümmelsamen
- 200 g Buchweizenschrot
- 400 ml Gemüsebrühe
- 150 g rohes Sauerkraut
- 2 Eier (Größe M)
- Salz, Pfeffer aus der Mühle
- 1 TL rosenscharfes Paprikapulver
- 2 EL Öl

Zeitbedarf
- 40 Minuten

Nährwerte
- 330 kcal pro Portion

So geht's

1. Die Zwiebel und den Knoblauch schälen und fein hacken. 1 EL Butter in einem Topf zerlassen, die Zwiebel und den Knoblauch darin mit dem Kümmel andünsten. Den Schrot dazugeben und kurz mitbraten. Die Brühe angießen und zum Kochen bringen. Den Schrot zugedeckt bei schwacher Hitze ca. 10 Minuten garen.
2. Die Schrotmischung in eine Schüssel umfüllen und lauwarm abkühlen lassen. Inzwischen das Sauerkraut abtropfen lassen und fein schneiden. Mit den Eiern zum Buchweizen geben und gut verrühren, mit Salz, Pfeffer und Paprika abschmecken.
3. Die übrige Butter und das Öl in einer Pfanne erhitzen. Aus dem Buchweizenteig 8 Bratlinge formen. Die Bratlinge im heißen Fett bei mittlerer Hitze pro Seite ca. 5 Minuten braten und heiß servieren.

Die Bratlinge schmecken mit Salat und eventuell etwas saurer Sahne.

SAUERKRAUT enthält als einziges Gemüse Vitamin B_{12}, das im gesäuerten Kraut bei der Gärung durch die Bakterien im Fass gebildet wird. Veganer können damit ihren Bedarf an diesem Vitamin zu einem gewissen Teil decken.

REISFLADEN *mit Tomaten*

Zutaten für 4 Portionen

- 200 g Rundkornreis (Milchreis)
- ½ l Gemüsebrühe
- 6 Zweige Thymian
- 2 Knoblauchzehen
- 8 getrocknete, in Öl eingelegte Tomaten
- 1 EL Kapern
- 1 Stück Bio-Zitronenschale
- 2 Eier (Größe M)
- 4 EL frisch geriebener Pecorino
- Salz, Pfeffer aus der Mühle
- 4 EL Olivenöl

Zeitbedarf
- 40 Minuten + 30 Minuten garen

Nährwerte
- 495 kcal pro Portion

So geht's

1. Reis mit der Brühe zum Kochen bringen und zugedeckt bei schwacher Hitze 15 Minuten garen. Reis weitere 15 Minuten auf der abgeschalteten Herdplatte ziehen lassen. Dann in eine Schüssel umfüllen und lauwarm abkühlen lassen. Inzwischen den Thymian waschen und trocken schütteln, die Blättchen abstreifen. Knoblauch schälen und sehr fein hacken. Tomaten und Kapern abtropfen lassen und mit der Zitronenschale fein schneiden.
2. Den Reis mit Thymian, Knoblauch, Zitronenschalenmischung, Eiern und Käse gründlich verrühren. Mit Salz und Pfeffer abschmecken.
3. Öl in einer Pfanne erhitzen. Die Reismasse einfüllen und darin zu einem großen Fladen verstreichen. Fladen ca. 15 Minuten braten, dann auf einen Teller gleiten lassen, umgedreht in die Pfanne geben und weitere 10–12 Minuten braten. Auf eine Platte geben, in Tortenstücke schneiden und servieren.

Dazu passt ein Tomatensalat besonders gut, aber auch ein Spinatgemüse ist fein.

TOFUBRATLINGE *mit Pinienkernen*

Zutaten für 4 Portionen

- 3 EL Pinienkerne
- 1 Bund Basilikum
- ½ Bio-Zitrone
- 1 rote Chilischote
- 2 Frühlingszwiebeln
- 400 g Tofu
- 2 Eier (Größe M)
- 4 EL (Vollkorn-)Dinkel- oder Weizenmehl
- Salz
- 4 EL Olivenöl

Zeitbedarf
- 30 Minuten

Nährwerte
- 340 kcal pro Portion

So geht's

1. Die Pinienkerne in einer Pfanne ohne Fett bei mittlerer Hitze unter Rühren 1–2 Minuten braten, bis sie goldgelb sind. Herausnehmen, etwas abkühlen lassen und mittelgrob hacken. Das Basilikum waschen und trocken schütteln, die Blättchen abzupfen und fein schneiden. Die Zitronenhälfte heiß waschen und abtrocknen, die Schale fein abreiben.
2. Chilischote waschen und den Stiel abschneiden. Die Schote mit den Kernen fein schneiden (siehe Seite 93). Die Frühlingszwiebeln waschen, die Wurzelenden und die welken grünen Teile abschneiden, die Zwiebeln fein hacken.
3. Den Tofu abtropfen lassen, würfeln und mit einer Gabel fein zerdrücken. Mit den Eiern und dem Mehl gründlich verkneten. Die zerkleinerten Zutaten dazugeben. Die Masse mit Salz abschmecken und zu 8 Bratlingen formen.
4. Das Öl in einer Pfanne erhitzen, die Bratlinge hineingeben und bei mittlerer Hitze pro Seite 4–5 Minuten braten, bis sie schön gebräunt sind. Bratlinge heiß servieren.

GETREIDE & CO.
ganz und gemahlen

Was lange Zeit als Körnerfutter der etwas abschätzig als „Müslis" bezeichneten Vegetarier belächelt wurde, ist heute dank seines hervorragenden Geschmacks und natürlich auch wegen seiner gesunden Inhaltsstoffe sogar in der Sterneküche zu Hause. Und das ganz zu Recht, denn Getreide und die Produkte daraus lassen sich überaus vielseitig zubereiten und schmecken einfach wunderbar.

KLEINES KORN – VIEL INHALT

Reichlich Ballaststoffe, Magnesium, Eisen und Vitamine der B-Gruppe – und das alles bei gerade mal drei Prozent Fett: Getreide hat ernährungstechnisch eine Menge Pluspunkte vorzuweisen. Und ist zudem auch geschmacklich von großer Vielfalt.

KLEINER ÜBERBLICK

Amaranth wird auch Aztekenkorn genannt, weil es von diesen einst verehrt wurde. Das Korn zählt botanisch gesehen nicht zu den Getreidearten, sondern stammt von einer buschigen Blütenpflanze. Amaranth enthält wesentlich mehr Eisen als alle Getreidearten, man kann mit ihm also Eisenmangel vorbeugen. Außerdem hat es mehr Kalzium zu bieten als Milch, wertvolle Fette und hochwertiges Eiweiß. Amaranth können Sie als Beilage zu Gemüse und Hülsenfrüchten zubereiten, zu Bratlingen verarbeiten oder in der Suppe kochen. Inzwischen wird Amaranth auch in Europa angebaut.

Buchweizen ist ebenfalls kein Getreide, sondern ein Knöterichgewächs, das mit dem Rhabarber verwandt ist. Der stärkehaltige Buchweizen wird aber wie Getreide verwendet – sowohl als ganzes Korn als auch gemahlen. Körner und Mehl enthalten kein Gluten, werden also auch von Allergikern vertragen. Alleine eignet sich Buchweizenmehl aber aus eben diesem Grund nicht zum Backen, Sie müssen es mit Weizen- oder Dinkelmehl gemischt verwenden.

Bulgur wird aus Weizen gemacht. Die Körner werden gekocht und getrocknet und anschließend fein oder grob geschrotet. Sein besonderes Aroma erinnert an Nüsse. Feiner Bulgur schmeckt als Salat oder als Bratling, grober wird wie Reis gekocht und als Beilage serviert.

Couscous wird ebenfalls aus Weizen, genauer gesagt Hartweizen, zubereitet. Die feinen, grießähnlichen Körnchen lassen sich ungekocht einweichen und als Salat zubereiten. Gut schmecken sie aber auch gekocht oder gedämpft als Beilage.

Gerste kommt fast immer geschliffen und poliert in den Handel. Die größeren Körner werden auch Rollgerste oder Graupen genannt, die kleineren Perlgraupen. Gerste gibt es außerdem als Grütze, Mehl und Flocken.

Grünkern ist unreif geernteter Dinkel, der über Holzfeuer gedarrt wird. Das Getreide schmeckt würzig und leicht rauchig und kann im Ganzen geschmort oder als Suppe zubereitet werden. Geschrotet eignet sich Grünkern hervorragend für saftige und besonders schmackhafte Bratlinge.

Hafer enthält besonders wertvolles Fett, viele Vitamine und Mineralstoffe. Haferflocken werden aus entspelztem Hafer gepresst und getrocknet.

Hirsekörner werden geschliffen und sind schnell gar. Hirse immer gut abspülen, sonst kann sie bitter schmecken.

Kamut ist eine besonders alte Weizenart, deren Körner doppelt so groß werden können wie die des Weizens. Er enthält im Vergleich zu seinem jüngeren Verwandten mehr Eiweiß, lebensnotwendige Fettsäuren und mehr Vitamine und Mineralstoffe. Verwendet wird Kamut wie Weizen.

Polenta ist Grieß aus getrockneten Maiskörnern. Es gibt sie in mindestens zwei verschiedenen Mahlgraden, in der Schweiz sogar in drei. Polenta braucht um die 40 Minuten zum Garen, feine Instant-Polenta ist vorgegart und schon nach etwa 5 Minuten servierfähig.

Quinoa ist ebenfalls kein Getreide, sondern der Samen einer Gemüseart. Quinoa stammt aus Südamerika, wo es das Hauptnahrungsmittel der Inkas war. Quinoa enthält sehr hochwertiges Eiweiß und ist besonders reich an Magnesium. Servieren Sie es als Beilage oder bereiten Sie es nach dem Kochen als Salat oder Bratling zu.

Reis bekommen Sie als Rund-, Mittel- und Langkornreis. Er wird geschält und poliert als weißer Reis, ungeschält als brauner Vollkornreis angeboten. Beim Parboiled Reis werden die Vitamine durch ein spezielles Verfahren ins Innere des Korns gepresst, bevor es geschält wird.

Roggen hat vor allem als Brotgetreide Bedeutung, kann aber auch als ganzes Korn geschmort werden. Beim Backen muss er mit Weizen oder Dinkel gemischt werden, da er wenig Kleber enthält. Reines Roggenbrot gelingt nur dann, wenn es mit Sauerteig zubereitet wird.

Weizen und **Dinkel** werden größtenteils als Mehl verwendet, passen aber auch geschrotet ins Frischkornmüsli oder den Bratling bzw. schmecken auch als ganzes Korn geschmort. Grütze und Flocken sind ebenfalls im Handel.

QUELL- UND GARZEITEN FÜR GETREIDE

GETREIDEART	GARZEIT	EINWEICHZEIT
Amaranth	30–35 Min.	–
Buchweizen	15–20 Min.	–
Bulgur	20 Min.	–
Couscous	45 Min.	1 Std.
ganze Getreidekörner	1–1 ½ Std.	eventuell 8–12 Std.
wie Roggen, Weizen, Hafer Graupen/ Rollgerst	45–60 Min.	–
Hirse	25–30 Min.	–
Polenta	40 Min.	–
Quinoa	20 Min.	–
Reis, geschält	15–20 Min.	–
Reis, Vollkorn	50 Min.	–
Reis, Milchreis	25–30 Min.	–

ÖFTER MAL VOLLKORN

Da all die wertvollen Inhaltsstoffe vor allem im Keim und direkt in oder unterhalb der Schale zu finden sind, sollten Sie so häufig wie möglich Vollkornprodukte wählen. Für alle Rezepte, in denen Mehl verwendet wird, können Sie problemlos Vollkornweizen- oder Dinkelmehl nehmen oder aber ein etwas höher ausgemahlenes Mehl als Weißmehl verwenden. In der Regel müssen Sie lediglich etwas mehr Flüssigkeit an die Teige oder Saucen geben.

NUDELN

Mit oder ohne Ei, aus hellem Mehl oder aus dem vollen Korn, aus Weizen oder aus Dinkel bzw. Kamut, aus einer Getreidemischung, zum Beispiel mit Buchweizen: Fertige Nudeln sind in einer großen Bandbreite – vor allem im Naturkosthandel – im Angebot.

Vollkornnudeln sind allerdings nicht jedermanns Sache – oft liegen sie pampig und weich im Teller. Doch gerade italienische Hersteller haben in Sachen Vollkornpasta experimentiert und erzielen inzwischen häufig sehr gute Ergebnisse. Versuchen Sie selbst und finden sie dabei vielleicht eine neue Lieblingssorte! In jedem Fall schmecken Vollkornnudeln am besten mit viel Sauce.

ZUTATENLISTE STUDIEREN!

Oft steht auf der Nudelpackung: „aus 100 % Hartweizengrieß“. Das bedeutet allerdings nicht zwangsläufig, dass der Nudelteig auch ohne Ei zubereitet wurde. Lesen Sie – vor allem als Veganer – die Zutatenliste also genau durch, bevor Sie sich für eine Nudelsorte entscheiden.

DAS IST *wirklich* WICHTIG

[a] GENÜGEND FLÜSSIGKEIT Zum Garen von geschältem Reis brauchen Sie immer die doppelte Menge an Flüssigkeit, für 300 g Reis also 600 ml. Das kann einfach gesalzenes Wasser sein oder wie in diesem Fall mit Safran aromatisiertes.

[b] PERFEKT GEGART Nach ca. 15 Minuten hat der Reis das Wasser aufgesogen, sieht locker und körnig aus.

SAFRAN-MANDEL-REIS
mit gebratenen Zucchini

G

GANZ EINFACH GELINGT REIS, WENN ER SCHLICHT GEKOCHT WIRD. SIE KÖNNEN DAZU NUR WASSER NEHMEN, ABER AUCH AROMATISCHE ZUTATEN WIE SAFRAN ODER ANDERE GEWÜRZE MITGAREN.

Zutaten für 4 Portionen

Für den Reis

- 1 Döschen Safranfäden (0,1 g)
- 2 EL Rosinen
- 300 g Basmatireis, Salz
- 2 EL Butter
- 2 EL Mandelstifte
- Pfeffer aus der Mühle, frisch geriebene Muskatnuss
- 1 Prise gem. Kardamom

Für die Zucchini

- 800 g junge Zucchini
- ¼ Bund Koriandergrün oder Minze
- 1 Stück Bio-Zitronen- oder Orangenschale
- 2 EL Olivenöl
- Salz, Pfeffer aus der Mühle
- je ½ TL rosenscharfes und edelsüßes Paprikapulver

Zeitbedarf

- 35 Minuten

Nährwerte

- 445 kcal pro Portion

So geht's

1. Die Safranfäden zerkrümeln und mit 600 ml Wasser **[→a]** und den Rosinen verrühren. So lange stehen lassen, bis das Wasser kräftig orange gefärbt ist.
2. Inzwischen die Zucchini waschen, von den Enden befreien und der Länge nach in ca. 1 cm dicke Scheiben schneiden. Koriandergrün oder Minze waschen und trocken schütteln, die Blättchen abzupfen und fein schneiden. Die Zitrusschale fein hacken.
3. Den Reis in einem Sieb kalt abspülen, bis das ablaufende Wasser klar bleibt. Den Reis mit dem Safranwasser und Salz in einem Topf erhitzen und zugedeckt bei schwacher Hitze in ca. 15 Minuten körnig ausquellen lassen **[→b]**.
4. Inzwischen für die Zucchini das Öl in einer großen Pfanne erhitzen. Die Zucchini darin bei mittlerer bis starker Hitze ca. 5 Minuten braten, bis sie gebräunt und bissfest sind, dabei ein- bis zweimal umdrehen. Die Kräuter und die Zitrusschale untermischen und die Zucchini mit Salz, Pfeffer und beiden Paprikasorten abschmecken.
5. Die Butter erhitzen. Die Mandelstifte darin bei mittlerer Hitze unter Rühren goldgelb dünsten, dann unter den Reis mischen. Safran-Mandel-Reis mit Salz, Pfeffer, Muskat und Kardamom abschmecken. Den Reis mit den Zucchini servieren.

Dazu schmeckt außerdem zerkrümelter Feta (Schafskäse) und/oder ein Joghurt, aromatisiert mit etwas Zitronenschale, gehackter Minze, Salz und gemahlenem Koriander.

Die Varianten

Reis mit Kruste
Reis in Salzwasser 5 Minuten kochen, dann abtropfen lassen. In einem größeren Topf 1 EL Butter zerlassen. 1 vorwiegend festkochende Kartoffel schälen und in dünne Scheiben schneiden, den Topf damit auslegen. Reis wie eine Pyramide einschichten und mit 2 EL Butter in Flöckchen belegen. Ein trockenes Küchentuch auf den Topf legen, den Deckel gut aufsetzen und den Reis bei schwacher Hitze ca. 1 Stunde garen. Am Topfboden hat sich dann eine Kruste gebildet, und der Reis darüber ist wunderbar locker und körnig.

SO SCHMECKT'S AUCH **Für gedämpften Reis die Körner abbrausen und in kaltem Wasser 2 – 3 Stunden einweichen. Danach in reichlich sprudelnd kochendem Salzwasser 5 Minuten kochen lassen. Abtropfen lassen. Einen Dämpfeinsatz mit einem angefeuchteten Tuch auslegen. Reis einfüllen, über kochendem Wasser in den Topf hängen und zugedeckt über dem heißen Dampf in etwa 30 Minuten gar dämpfen.**

GRAUPENRISOTTO
mit Zitrone und Basilikum

DIE AROMATISCHEN GERSTENGRAUPEN BRINGEN EINEN KRÄFTIGEN GESCHMACK INS GESCHEHEN UND LIEFERN ZUDEM EINE MENGE VITAMINE, MINERALSTOFFE UND WERTVOLLES EIWEISS.

Zutaten für 4 Portionen

- 1 Bund Frühlingszwiebeln
- 2 Knoblauchzehen
- 3 EL Butter
- 250 g Rollgerste (Graupen)
- ca. 1 ½ l heiße Gemüsebrühe
- je 1 rote und gelbe Paprikaschote
- ½ Bio-Zitrone
- ½ Bund Basilikum
- 2 EL Pinienkerne
- Salz, Pfeffer aus der Mühle
- 1 TL rosenscharfes Paprikapulver
- 100 g Doppelrahmfrischkäse

Zeitbedarf
- ca. 1 Stunde

Nährwerte
- 485 kcal pro Portion

So geht's

1. Die Frühlingszwiebeln waschen, die Wurzelenden und die welken grünen Teile abschneiden [→a]. Das knackige Grün beiseitelegen, die weißen Zwiebelteile fein hacken. Den Knoblauch schälen und fein hacken.
2. Die Hälfte der Butter in einem Topf zerlassen, gehackte Zwiebeln und Knoblauch darin andünsten. Die Gerste dazugeben und gut unterrühren. 1 Schöpfer Brühe angießen. Die Gerste offen bei schwacher Hitze 35–40 Minuten garen, bis sie bissfest wird. Dabei immer, wenn die Flüssigkeit fast aufgesogen ist, wieder 1 Schöpfer Brühe dazugeben und die Gerste häufig durchrühren [→b].
3. Die Paprikaschoten waschen und halbieren. Stiele und Trennhäute mit den Kernen entfernen. Die Paprika in kleine Würfel schneiden, unter die Gerste mischen und alles weitere 10 Minuten zugedeckt garen.
4. Inzwischen die Zitronenhälfte heiß waschen und abtrocknen, die Schale fein abreiben. Das Basilikum waschen und trocken schütteln. Die Blättchen abzupfen und fein schneiden. Die Pinienkerne in einer Pfanne ohne Fett bei mittlerer Hitze unter Rühren goldgelb rösten. Auf einem Teller beiseitestellen. Das Zwiebelgrün in feine Ringe schneiden.
5. Die restliche Butter in kleine Würfel schneiden und mit der Zitronenschale und dem Basilikum unter die Gerste ziehen. Die Gerste mit Salz, Pfeffer und dem Paprikapulver abschmecken. Den Frischkäse mit einer Gabel in Stücke teilen und rasch locker unterheben. Die Gerste mit Pinienkernen und Zwiebelringen bestreut servieren.

Dazu schmeckt außerdem ein feiner Blattsalat oder ein gemischter Salat.

DAS IST *wirklich* WICHTIG

[a] FRÜHLINGSZWIEBELN PUTZEN Die meisten Vitamine und Mineralstoffe stecken in den grünen Teilen der Zwiebeln. Schneiden Sie nach dem Waschen der Zwiebeln also nur die welken grünen Teile und die Wurzelenden ab. Und streuen Sie die knackigen grünen Teile am besten zum Schluss roh über das Gericht.

[b] NACHGIESSEN UND RÜHREN Wie beim Risotto wird die Flüssigkeit nach und nach zum Getreide in den Topf gegossen. Dadurch wird das Gericht schön sämig. Ebenfalls wichtig: Rühren Sie die Körner so oft wie möglich durch. Dadurch löst sich die Stärke besser aus dem Getreide.

KRÄUTERMANGOLD *mit Bulgur*

VIELSEITIGER BULGUR – DER VORGEKOCHTE, GETROCKNETE UND ANSCHLIESSEND FEIN ODER GROB GESCHROTETE WEIZEN HAT EINE MENGE AROMA ZU BIETEN UND IST SCHON NACH 20 MINUTEN GAR.

Zutaten für 4 Portionen

- 400 g Mangold
- 1 Zwiebel
- 2 Knoblauchzehen
- 300 g Bulgur
- 2 EL Olivenöl
- je 2 TL gem. Koriander, Kreuzkümmel, rosenscharfes und edelsüßes Paprikapulver
- ¾ – 1 l Gemüsebrühe
- Salz
- je 6 – 7 Stängel Minze und Koriandergrün
- 2 EL Pinienkerne

Zeitbedarf

- 55 Minuten

Nährwerte

- 410 kcal pro Portion

So geht's

1. Den Mangold waschen, die Blätter abschneiden und grob hacken. Die Stielenden entfernen, die Stiele würfeln. Die Zwiebel und den Knoblauch schälen und fein hacken. Den Bulgur in einem Sieb kalt abspülen und abtropfen lassen.
2. Das Olivenöl in einem Topf erhitzen. Die Zwiebel und den Knoblauch mit den Mangoldstielen darin andünsten. Die Gewürze dazugeben und andünsten. Den Bulgur unterrühren, ¾ l Brühe angießen und zum Kochen bringen. Den Bulgur zugedeckt bei schwacher Hitze ca. 10 Minuten garen. Dann die Mangoldblätter unterrühren. Alles mit Salz abschmecken und weitere 10 Minuten garen, bis der Bulgur bissfest ist. Bei Bedarf noch etwas Brühe angießen.
3. Inzwischen die Kräuter waschen und trocken schütteln, die Blättchen abzupfen und fein hacken. Die Pinienkerne in einer Pfanne ohne Fett unter Rühren bei mittlerer Hitze goldgelb rösten.
4. Die Kräuter unter den Bulgur mischen und alles mit Salz abschmecken. Vor dem Servieren die Pinienkerne aufstreuen.

Dazu passt ein Tomatensalat besonders gut.

SO SCHMECKT'S AUCH Versuchen Sie auch mal Quinoa in dieser Mischung. Die feinen Körner brauchen insgesamt ca. 20 Minuten Garzeit.

FENCHELRISOTTO
mit Kirschtomaten

EIN FEIN GEWÜRZTER RISOTTO, DER MAL MIT EINEM ANDEREN KÄSE – DEM WUNDERBAR CREMIGEN TALEGGIO – VERFEINERT WIRD.

Zutaten für 4 Portionen

- 2 zarte Fenchelknollen
- 2 Knoblauchzehen
- 50 g Butter
- 1 TL Fenchel- oder Anissamen
- 350 g Risottoreis (am besten Carnaroli oder Vialone)
- 2 EL Pastis oder Sambuca (Anis-, bzw. Gewürzlikör)
- 1 ½ l heiße Gemüsebrühe
- 150 g Kirschtomaten
- 100 g Taleggio
- 2–3 Stängel Minze oder Basilikum
- Salz, Pfeffer aus der Mühle

Zeitbedarf
- 40 Minuten

Nährwerte
- 595 kcal pro Portion

So geht's

1. Den Fenchel waschen, putzen und vierteln. Zartes Fenchelgrün beiseitelegen. Den Strunk herausschneiden. Den Fenchel würfeln. Den Knoblauch schälen und fein hacken.
2. Die Hälfte der Butter in einem Topf zerlassen, den Knoblauch mit dem Fenchel und den Fenchel- oder Anissamen darin andünsten. Den Reis ungewaschen dazugeben und gut unterrühren. Den Pastis angießen und verdampfen lassen.
3. 1 Schöpfer Brühe angießen. Den Reis offen unter häufigem Rühren bei schwacher bis mittlerer Hitze in ca. 20 Minuten bissfest garen, dabei immer wieder Brühe nachgießen.
4. Inzwischen die Tomaten waschen und vierteln oder halbieren. Den Taleggio von der Rinde befreien und klein würfeln. Die Kräuter waschen und trocken schütteln. Die Blättchen abzupfen und fein hacken. Die übrige Butter ebenfalls würfeln und mit dem Käse und den Tomaten unter den Reis ziehen. Das Fenchelgrün fein schneiden. Den Risotto mit Salz und Pfeffer abschmecken und mit dem Fenchelgrün und der Minze oder dem Basilikum bestreuen.

MENÜTIPP **Lassen Sie sich davor das Gemüse-Carpaccio mit Birnensalsa (Seite 15) oder die Tomatensuppe mit Melone (Seite 88) schmecken und danach ein Eis mit frischen Beeren.**

DAS IST *wirklich* WICHTIG

[a] BRÖTCHEN EINWEICHEN Damit die Brötchen gut weich werden, schneiden Sie sie in dünne Scheiben. Begießen Sie sie dann in einer Schüssel mit heißer Milch.

[b] NOCKEN FORMEN Größere Nocken formen Sie ganz leicht mit zwei Esslöffeln. Nehmen Sie 1 gehäuften Löffel von der Brotmasse ab. Den zweiten Löffel darauflegen, mit einer leichten Drehung unter die Masse fahren und so vom unteren Löffel abstreifen. Vorgang so oft wiederholen, bis ein glattes Nockerl entstanden ist.

[b]

KAS-KRÄUTER-NOCKEN
mit Kümmelbutter

SAFTIGE NOCKERL AUS BROT UND KÄSE, WIE SIE DIE SÜDTIROLER UND DIE ÖSTERREICHER MACHEN. EINFACH KÖSTLICH!

Zutaten für 4 Portionen

- 250 g altbackene Vollkornbrötchen oder Vollkornbaguette
- ¼ l Milch
- 4 Frühlingszwiebeln
- 1 Hand voll Borretschblätter (ersatzweise Rucola)
- je ½ Bund Petersilie und Schnittlauch
- 300 g mittelalter Bergkäse
- 70 g Butter
- 2 Eier (Größe M)
- Salz, Pfeffer aus der Mühle
- 2 TL Kümmelsamen

Zeitbedarf
- 1 Stunde

Nährwerte
- 665 kcal pro Portion

So geht's

1. Die Brötchenscheiben in dünne Scheiben schneiden und in eine Schüssel geben. Die Milch erhitzen und darübergießen [→a]. Die Brötchenscheiben ziehen lassen, bis die übrigen Zutaten vorbereitet sind.
2. Die Frühlingszwiebeln waschen und die Wurzelenden und die welken grünen Teile abschneiden. Einen Teil vom knackigen Grün beiseitelegen, den Rest der Zwiebeln fein hacken. Die Kräuter waschen und trocken schütteln. Blättchen abzupfen und fein schneiden. Schnittlauch in feine Röllchen schneiden. 250 g Bergkäse in kleine Würfel schneiden, den übrigen Käse grob raspeln und beiseitestellen.
3. In einer kleinen Pfanne 1 EL Butter erhitzen, die gehackten Zwiebeln darin unter Rühren 1–2 Minuten dünsten. Die Kräuter dazugeben und nur zusammenfallen lassen. Die Mischung mit dem gewürfelten Käse und den Eiern zu den Brötchenscheiben geben, alles mit Salz und Pfeffer würzen und kräftig durchkneten, bis der Teig gut zusammenhält. Aus der Brotmasse mit zwei Esslöffeln längliche Nocken formen [→b] und auf einem Brett bereitlegen.
4. In einem großen Topf reichlich Wasser zum Kochen bringen und salzen. Die Nocken einlegen und bei schwacher Hitze im offenen Topf in ca. 15 Minuten gar ziehen lassen.
5. Kurz vor Ende der Garzeit die übrige Butter mit dem Kümmel zerlassen und ganz leicht bräunen. Vom Herd ziehen. Das Zwiebelgrün fein hacken. Die Nocken mit dem Schaumlöffel aus dem Wasser heben und in tiefe Teller verteilen. Kümmelbutter darüberlöffeln. Die Nocken mit Zwiebelgrün und geraspeltem Käse bestreuen, gleich servieren.

SPINATWAFFELN
mit Tomaten-Zwiebel-Salat

DER BEWEIS, DASS NICHT NUR SÜSSE WAFFELN HERRLICH SCHMECKEN. MIT DIESEN HIER KÖNNEN SIE SOGAR IHRE KINDER FÜR SPINAT BEGEISTERN.

Zutaten für 4 Portionen

- 2 milde rote Zwiebeln
- 600 g Tomaten
- ¼ Bund Basilikum
- 2 EL Balsamico bianco
- 1 TL Honig
- Salz, Pfeffer aus der Mühle
- 5 EL Olivenöl
- 500 g Spinat [→a]
- 2 Frühlingszwiebeln
- 2 Knoblauchzehen
- 4 Zweige Thymian
- 4 Eier (Größe M)
- 125 g weiche Butter
- 75 ml Milch, 225 g Mehl
- eventuell Öl für das Waffeleisen

besonderes Werkzeug
- Waffeleisen

Zeitbedarf
- 50 Minuten + 50 Minuten Waffeln backen

Nährwerte
- 710 kcal pro Portion

So geht's

1. Für den Salat die Zwiebeln schälen, vierteln und in feine Streifen schneiden. Die Tomaten waschen und achteln, die Stielansätze dabei herausschneiden. Das Basilikum waschen und trocken schütteln, die Blättchen in kleine Stücke zupfen. Für die Sauce den Essig mit dem Honig, Salz und Pfeffer verrühren. 4 EL Öl mit einer Gabel nach und nach zu einer cremigen Sauce unterschlagen.
2. Für die Waffeln den Spinat von allen welken Blättern und eventuell auch von den groben Stielen befreien [→a] und mehrmals gründlich waschen. In einem weiten Topf Wasser zum Kochen bringen und salzen. Den Spinat darin ca. 1 Minute sprudelnd kochen und zusammenfallen lassen. Den Spinat kalt abschrecken, sehr gut ausdrücken und grob hacken.
3. Die Frühlingszwiebeln waschen, die Wurzelenden und die welken dunkelgrünen Teile abschneiden. Die Zwiebeln in feine Ringe schneiden. Den Knoblauch schälen und fein hacken. Den Thymian waschen und trocken schütteln, die Blättchen von den Stielen streifen.
4. Das übrige Öl in einer Pfanne erhitzen, Zwiebelringe, Knoblauch und Thymian darin andünsten. Den Spinat dazugeben und braten, bis die Flüssigkeit, die sich dabei bildet, wieder verdampft. Spinatmischung abkühlen lassen.
5. Die Eier trennen, die Eiweiße zu steifem Schnee schlagen. Die Butter cremig rühren, die Eigelbe nach und nach unterrühren. Gut ½ TL Salz, reichlich Pfeffer und die Milch unterrühren. Die Spinatmischung ebenfalls untermengen. Den Eischnee auf die Buttercreme häufen, das Mehl darüberstreuen. Alles locker mischen.
6. Das Waffeleisen heiß werden lassen und – je nach Gerät – auch leicht einölen. Jeweils etwas Teig in die Mitte geben [→b], das Waffeleisen schließen und die Waffeln in 3–4 Minuten goldbraun backen. Die gebackenen Waffeln jeweils im Backofen bei 70 °C warm halten.
7. Wenn alle Waffeln gebacken sind, die Tomaten, die Zwiebeln und das Basilikum mit der Sauce mischen und abschmecken. Die Waffeln mit dem Salat servieren.

[a]

DAS IST *wirklich* WICHTIG

[a] SPINAT VORBEREITEN Je nachdem, ob Sie zarten Blattspinat oder kräftigen Wurzelspinat gekauft haben, wird er unterschiedlich vorbereitet. Beim kräftigen Spinat die dicken Stiele abschneiden oder abknipsen. Vom zarten Spinat nur welke Blätter aussortieren. In beiden Fällen: Schwenken Sie den Spinat so oft in stehendem Wasser durch, bis das Wasser klar bleibt.

[b] WAFFELN BACKEN Geben Sie je nach Größe des Geräts 1–2 EL Teig in die Mitte des Waffeleisens. Beim Schließen verteilt er sich automatisch im gesamten Eisen.

[b]

DAS IST *wirklich* WICHTIG

[a] QUITTEN ABREIBEN Haben die Quitten einen flaumigen Belag, wischen Sie diesen mit Küchenpapier von den Früchten ab.

[b] QUITTEN SCHNEIDEN Quitten mit einem großen Messer vierteln. Das Fruchtfleisch ist sehr hart. Legen Sie die Viertel deshalb am besten aufs Küchenbrett. Schneiden Sie das Kerngehäuse zunächst von beiden Seiten aus bis zur Mitte ein und heben es dann ab. Nun die Quitten schälen und würfeln.

[c] KARTOFFELN RASPELN Beim Raspeln von Kartoffeln bildet sich Flüssigkeit. Um sie zu entfernen, die Raspel in der Schüssel mit der Hand an eine Seite drücken. Die Schüssel dabei leicht schräg über den Ausguss halten und die Flüssigkeit abfließen lassen.

[a]

[b]

KARTOFFELPUFFER
mit Lauch und Quittenmus

SCHLICHTE KARTOFFELPUFFER MIT APFELMUS KENNEN WIR ALLE. DIESE WÜRZIGE VARIANTE MIT KRÄFTIGEM LAUCH IN DEN PUFFERN UND DEN AROMATISCHEN QUITTEN ALS MUS IST DER HIT!

Zutaten für 4 Portionen

Für das Quittenmus

- 800 g Quitten
- 1 Bio-Orange
- 1 geh. TL Koriandersamen
- 100 g Zucker
- 2 TL Zitronensaft

Für die Puffer

- 1 Stange Lauch (ca. 200 g)
- 4 Zweige Thymian
- 800 g mehligkochende Kartoffeln
- Salz, Pfeffer aus der Mühle
- 2 EL Butter
- 1 EL Öl

Zeitbedarf

- 1 Stunde 15 Minuten

Nährwerte

- 395 kcal pro Portion

So geht's

1. Die Quitten abreiben [→a], vierteln, vom Kerngehäuse befreien und in Würfel schneiden [→b]. Die Orange heiß waschen und abtrocknen, die Schale fein abreiben, den Saft auspressen. Den Koriander im Mörser so gut wie möglich zerdrücken. Die Quitten mit dem Orangensaft, dem Koriander, dem Zucker und dem Zitronensaft in einem Topf mit 150 ml Wasser mischen und zum Kochen bringen. Alles zugedeckt bei schwacher Hitze ca. 20 Minuten kochen lassen, bis die Quitten musig sind. Das Quittenmus in eine Schüssel füllen und abkühlen lassen.
2. Inzwischen für die Puffer den Lauch vom Wurzelende und den welken grünen Teilen befreien. Die Stange der Länge nach aufschlitzen, gründlich waschen und fein hacken. Den Thymian waschen und trocken schütteln, die Blättchen abstreifen.
3. Die Kartoffeln schälen, waschen und fein reiben, die Flüssigkeit, die sich dabei bildet abgießen [→c]. Den Lauch und den Thymian untermischen und alles mit Salz und Pfeffer würzen.
4. Die Butter und das Öl in zwei Pfannen gleichzeitig erhitzen. Aus der Kartoffelmasse mit einem Esslöffel kleine Häufchen in die Pfannen setzen und etwas flacher streichen. Puffer bei mittlerer Hitze pro Seite 4–5 Minuten braten, bis sie schön braun und knusprig sind. Die Puffer mit dem Quittenmus servieren.

SO SCHMECKT'S AUCH Versuchen Sie statt Lauch einmal geraspelte Möhren, Kürbis oder Knollensellerie. Auch gehacktes Sauerkraut passt gut. In diesem Fall müssen Sie allerdings zusätzlich 2–3 EL Mehl untermischen, damit die Masse gut zusammenhält.

[a]

[b]

DAS IST *wirklich* WICHTIG

[a] AUBERGINEN MEHLIEREN Das Mehl brauchen die Auberginenscheiben, damit der Eierteig daran haften kann. Damit die Mehlschicht schön dünn bleibt, schütteln Sie die Scheiben nach dem Wenden leicht. So fällt überschüssiges Mehl wieder ab.

[b] SCHEIBEN PERFEKT BRATEN Sie müssen dabei im Fett schwimmen, damit die Eierhülle an allen Stellen schön knusprig wird. Etwa 2 cm hoch sollte das Fett in der Pfanne stehen. Ist es richtig heiß, nimmt der Teig kaum etwas davon auf, weil sich eine Kruste bildet, die das weitere Eindringen von Fett verhindert. Sparen Sie nicht mit Butterschmalz!

KNUSPRIGE AUBERGINEN
mit Tomatentatar

DER ITALIENISCHEN PICCATA NACHEMPFUNDEN – DAS SIND DÜNNE FLEISCHSCHEIBEN IN EIER-KÄSE-TEIG, DER VIEL AROMA BRINGT UND DEN INHALT SCHÖN SAFTIG HÄLT. MIT GEMÜSE MINDESTENS EBENSO GUT!

Zutaten für 4 Portionen

Für das Tatar

- 600 g Tomaten
- 2 Frühlingszwiebeln
- 2 Knoblauchzehen (nach Belieben)
- 1 kleines Bund Basilikum
- 1 EL Kapern
- 2 EL Olivenöl
- Salz, Pfeffer aus der Mühle
- 1 Msp. Honig

Für die Auberginen

- 2 mittelgroße Auberginen (ca. 700 g)
- Salz, Pfeffer aus der Mühle
- 3 EL Mehl
- 4 Eier (Größe M)
- 100 g frisch geriebener Pecorino
- 150 g Butterschmalz
- Zitronenschnitze zum Servieren

Zeitbedarf

- 45 Minuten

Nährwerte

- 660 kcal pro Portion

So geht's

1. Die Tomaten waschen und ohne die Stielansätze in sehr kleine Würfel schneiden. Die Frühlingszwiebeln waschen, die Wurzelenden und die welken grünen Teile wegschneiden. Die Zwiebeln sehr fein hacken. Nach Belieben den Knoblauch schälen und durch die Presse drücken. Das Basilikum waschen und trocken schütteln, die Blättchen abzupfen. Mit den Kapern fein hacken.
2. Die Tomaten mit den Zwiebeln, eventuell dem Knoblauch, der Basilikummischung und dem Öl verrühren und mit Salz, Pfeffer und dem Honig abschmecken.
3. Die Auberginen waschen und die Enden abschneiden. Auberginen der Länge nach in ca. 1 cm dicke Scheiben schneiden. Auf beiden Seiten leicht salzen und pfeffern.
4. Das Mehl in einen Teller schütten. Die Eier in einem zweiten Teller verquirlen, den Käse unterrühren. Die Auberginen im Mehl wenden, überschüssiges Mehl abschütteln [→a].
5. Zum Braten das Butterschmalz in einer Pfanne erhitzen. Die Auberginen nach und nach durch den Eierteig ziehen und im heißen Fett bei mittlerer Hitze pro Seite ca. 4 Minuten braten [→b], bis sie schön knusprig sind. Scheiben mit dem Schaumlöffel aus dem Fett heben und im Backofen bei 70 °C auf einer mit Küchenpapier ausgelegten Platte warm halten.
6. Wenn alle Auberginen gebraten sind, die Scheiben mit dem Tomatentatar servieren.

Dazu schmeckt knuspriges Baguette oder Ciabatta, eventuell mit Oliven.

Die Variante

Panierte Sellerieschelben

1 Knollensellerie schälen und in etwa 1 cm dicke Scheiben schneiden. Die Scheiben in kochendem Salzwasser ca. 4 Minuten vorkochen, kalt abschrecken und abtropfen lassen. Auf einen Teller 50 g Mehl geben, auf einen zweiten 2 verquirlte Eier und auf einem dritten 100 g Semmelbrösel und 50 g frisch geriebenen Käse mischen. Die Selleriescheiben zuerst im Mehl wenden, dann durch die Eier ziehen und zum Schluss in der Semmelbröselmischung panieren. Die Sellerieschnitzel wie beschrieben im Butterschmalz pro Seite ca. 5 Minuten braten. Herausheben, abtropfen lassen und mit dem Tomatentatar oder einem Zitronenjoghurt (Joghurt mit abgeriebener Zitronenschale, Salz, Pfeffer und gemahlenem Koriander abgeschmeckt) servieren.

POLENTASCHNITTEN
mit Sommergemüse

G

IN SCHEIBEN GESCHNITTEN UND GEBRATEN SCHMECKT POLENTA WUNDERBAR MIT GEMÜSE ODER EINER GROSSEN SCHÜSSEL SALAT. SIE KÖNNEN SIE ABER AUCH GLEICH NACH DEM KOCHEN ALS BREI SERVIEREN.

Zutaten für 4 Portionen

- 200 g Polenta (Maisgrieß), Salz
- 100 g junger Käse (z. B. Fontina, Montasio, Asiago oder Taleggio)
- 40 g Butter
- Pfeffer aus der Mühle
- 500 g grüne Bohnen
- 1 Bund Bohnenkraut
- 400 g vollreife Tomaten
- 1 rote Zwiebel
- 2 Knoblauchzehen
- 4 EL Olivenöl
- 1 TL Fenchelsamen (nach Belieben)
- 1 EL kleine schwarze oder grüne Oliven (nach Belieben)
- 1 Msp. Honig

besonderes Werkzeug

- Kastenform oder eckige Auflaufform

Zeitbedarf

- 50 Minuten + mindestens 4 Stunden ruhen

Nährwerte

- 500 kcal pro Portion

So geht's

1. Für die Polenta in einem großen, hohen Topf 800 ml Wasser [→a] zum Kochen bringen, 1 TL Salz untermischen. Die Polenta einrühren und bei schwacher Hitze ca. 40 Minuten garen, dabei immer wieder umrühren [→b]. Für die halbe Menge reichen ca. 20 min
2. Den Käse und 30 g Butter in kleine Würfel schneiden und mit dem Kochlöffel unter die Polenta heben, bis beides schmilzt. Vom Käse können auch noch Stückchen zu sehen sein. Polenta mit Pfeffer und eventuell noch etwas Salz abschmecken. Sie können die Polenta nun als Brei servieren. Für die Schnitten den Polentabrei in eine eckige Form füllen [→c], darin abkühlen und mindestens 4 Stunden oder über Nacht fest werden lassen.
3. Dann für das Gemüse die grünen Bohnen waschen, die Enden abschneiden und bei Bedarf die Fäden abziehen. Die Bohnen halbieren. Das Bohnenkraut waschen. Gut 1 l Wasser mit dem Bohnenkraut in einem Topf zum Kochen bringen. Das Wasser salzen, die Bohnen dazugeben und bei halb aufgelegtem Deckel in ca. 8 Minuten bissfest kochen.
4. Die Bohnen in ein Sieb abgießen, kalt abschrecken und abtropfen lassen. Stielansätze keilförmig aus den Tomaten herausschneiden. Die Tomaten mit kochendem Wasser überbrühen, kurz ziehen lassen, kalt abschrecken und häuten (siehe Seite 103). Tomaten klein würfeln. Zwiebel und Knoblauch schälen und fein hacken.
5. Die Polenta aus der Form stürzen und in gut 1 cm dicke Scheiben schneiden. 2 EL Öl und die restliche Butter in einer Pfanne erhitzen, Polentaschnitten darin bei mittlerer Hitze pro Seite in 3–4 Minuten knusprig braten.
6. Gleichzeitig für das Gemüse das restliche Öl in einem Topf erhitzen, Zwiebel und Knoblauch sowie eventuell die Fenchelsamen darin andünsten. Bohnen dazugeben und kurz mitbraten. Die Tomaten dazugeben und eventuell die Oliven untermischen. Das Gemüse bei mittlerer Hitze ca. 5 Minuten garen, mit Salz, Pfeffer und dem Honig abschmecken und mit den Polentaschnitten auf vorgewärmten Tellern servieren.

VEGANER lassen den Käse und die Butter in der Polenta weg, würzen dafür vielleicht mit etwas mehr Salz und mischen 1–2 TL frische Thymianblättchen unter die gekochte Polenta. Außerdem brauchen Sie zum Sattwerden für 4 Personen 250 g Polenta und 1 l Wasser. Zum Braten nur Olivenöl nehmen und das Gemüse mit Ahornsirup abschmecken.

DAS IST *wirklich* WICHTIG

[a] MENGENVERHÄLTNIS Bringen Sie immer viermal so viel Wasser wie Polenta zum Kochen, pro 100 g Maisgrieß 400 ml.

[b] GRÜNDLICH RÜHREN Polenta setzt leicht am Topfboden an, deshalb müssen Sie sie immer gut durchrühren. Nehmen Sie einen großen Topf und einen Kochlöffel mit langem Stiel: Die Polenta blubbert vor allem während der ersten paar Minuten immer wieder auf, man kann sich daher leicht verbrennen.

[c] GUT IN FORM Füllen Sie die noch heiße Polenta in die kalt ausgespülte Form. Polenta darin mit einem angefeuchteten Löffel glatt streichen und mindestens 4 Stunden oder über Nacht ruhen lassen.

OFENGEMÜSE
mit Kräuter-Senf-Quark

AUF DEM BLECH GEBACKEN BEKOMMT GEMÜSE EIN GANZ BESONDERS GUTES AROMA UND BEHÄLT VIELE VITAMINE, DIE SICH SONST ZUM TEIL IM KOCHWASSER LÖSEN.

Zutaten für 4 Portionen

- 1 Stück Kürbis (ca. 500 g)
- je 1 rote und gelbe Paprikaschote
- 2 Zucchini
- 400 g Champignons
- 4–8 dicke Knoblauchzehen
- 2 rote Zwiebeln
- Salz, Pfeffer aus der Mühle
- 4 EL Olivenöl
- 1 Bund Schnittlauch
- 1 Kästchen Gartenkresse
- 1 kleines Stück Bio-Zitronen- oder Orangenschale
- 500 g Quark
- ⅛ l Milch
- je 2 TL scharfer und süßer Senf
- ½ TL gem. Kümmel (nach Belieben)

Zeitbedarf
- 25 Minuten + 25 Minuten backen

Nährwerte
- 375 kcal pro Portion

So geht's

1. Den Backofen auf 200 °C (Ober- und Unterhitze; Umluft 180 °C) vorheizen. Das Backblech mit Backpapier auslegen.
2. Aus dem Kürbis die Kerne samt faserigem Fruchtfleisch mit einem Löffel herausschaben. Den Kürbis schälen und in ca. 1 cm dicke Spalten schneiden. Die Paprikaschoten waschen und halbieren. Stiele und Trennhäute mit den Kernen entfernen. Die Schoten in 2 cm breite Streifen schneiden. Die Zucchini waschen, die Enden abschneiden. Die Zucchini der Länge nach vierteln, dann quer in ca. 5 cm breite Stücke schneiden. Die Champignons mit feuchtem Küchenpapier sauber abreiben, die Stielenden abschneiden. Den Knoblauch schälen. Die Zwiebeln schälen und achteln.
3. Das Gemüse mit dem Knoblauch, den Zwiebeln, Salz, Pfeffer und dem Olivenöl in einer Schüssel gut verrühren und auf dem Backblech verteilen. Gemüse im Ofen (Mitte) in ca. 25 Minuten bissfest und braun backen. Dabei eventuell einmal wenden.
4. Inzwischen den Schnittlauch waschen, trocken schütteln und in feine Röllchen schneiden. Die Kresse mit einer Schere vom Beet schneiden. Die Zitronen- oder Orangenschale sehr fein hacken.
5. Den Quark mit der Milch, der Zitrusschale und den beiden Senfsorten verrühren, die Kräuter untermischen. Den Quark mit Salz, Pfeffer und eventuell dem Kümmel abschmecken und zu dem heißen Ofengemüse servieren.

Dazu schmeckt außerdem Brot.

SO SCHMECKT'S AUCH **Andere Gemüsesorten lassen sich ebenfalls gut mit etwas Öl im Ofen zubereiten: So können Sie statt Kürbis Auberginen in 1 cm dicken Stücken mitgaren oder 200 g Cocktailtomaten untermischen. Besonders aromatisch schmecken auch Wintergemüse aus dem Ofen: Pastinaken und Petersilienwurzeln brauchen 20–25 Minuten, Steckrüben ca. 25 und Möhren 30–35 Minuten. Topinambur sind nach 45 Minuten fertig.**

PFANNKUCHEN *mit Spinat und Käse*

G

PFANNKUCHEN LIEBEN ALLE! UND DER TEIG IST SCHNELL GERÜHRT. IN UNSEREM REZEPT SORGT DAS KOHLENSÄUREHALTIGE MINERALWASSER EBENSO WIE DIE PRISE BACKPULVER DAFÜR, DASS ER SCHÖN LOCKER AUFGEHT.

Zutaten für 4 Portionen

Für die Pfannkuchen

- 300 g Mehl, Salz
- 1 Prise Backpulver
- 400 ml Milch
- 200 ml kaltes Mineralwasser mit Kohlensäure
- 4 Eier (Größe M)
- 2 EL Butter oder Butterschmalz zum Braten

Außerdem

- 500 g Blattspinat
- 200 g Feta (Schafskäse) oder 250 g Büffelmozzarella
- 2 EL Olivenöl
- Salz, Pfeffer aus der Mühle

Zeitbedarf

- 1 Stunde

Nährwerte

- 630 kcal pro Portion

So geht's

1. Das Mehl mit 1 Prise Salz und Backpulver mischen. Die Milch, das Mineralwasser und die Eier mit dem Handrührgerät nach und nach unter die Mehlmischung rühren, sodass ein dünnflüssiger Teig entsteht **[→a]**. Den Pfannkuchenteig ca. 30 Minuten bei Zimmertemperatur stehen und quellen lassen.
2. Inzwischen den Spinat von allen welken Blättern befreien und die dicken Stiele abknipsen. Spinat in stehendem kaltem Wasser mehrmals gründlich durchschwenken, bis das Wasser klar bleibt. Spinat abtropfen lassen. Den Käse abtropfen lassen. Feta in kleine Stücke krümeln oder den Mozzarella fein würfeln.
3. Für die Pfannkuchen eine beschichtete Pfanne auf dem Herd erhitzen. 1 TL Butter oder Butterschmalz darin zerlaufen lassen. 1 Schöpfkelle Teig in der Pfanne verteilen **[→b]** und bei mittlerer Hitze ca. 1 Minute backen. Den Pfannkuchen wenden **[→c]** und noch ca. 1 Minute backen. Die gebackenen Pfannkuchen jeweils im Backofen bei 70 °C warm halten.
4. Inzwischen reichlich Wasser zum Kochen bringen und salzen. Den Spinat darin in 1–2 Minuten sprudelnd kochen und zusammenfallen lassen. In einem Sieb gut abtropfen lassen, mit dem Olivenöl, Salz und Pfeffer mischen und ebenfalls im Backofen warm halten.
5. Wenn alle Pfannkuchen gebacken sind, Pfannkuchen, Käse und Spinat zusammen auf den Tisch stellen. Beim Essen jeweils einen Pfannkuchen auf einen Teller geben, mit etwas Spinat und etwas Käse bedecken, zusammenklappen und schmecken lassen.

SÜSS SCHMECKT'S AUCH Die Pfannkuchen können Sie auch ausgezeichnet mit süßen Zutaten servieren: Apfelmus oder ein fruchtiger Quark schmecken ebenso gut dazu wie Konfitüre oder Schokoladencreme.

DAS IST *wirklich* WICHTIG

[a] DIE RICHTIGE KONSISTENZ Guter Pfannkuchenteig ist so dünnflüssig, dass er wie flüssiger Joghurt vom Löffel zurück in die Schüssel fließt.

[b] TEIG VERTEILEN Jeweils 1 Schöpfkelle Teig in die Pfanne gießen. Die Pfanne leicht schräg halten und so drehen, dass sich der Teig dünn in der gesamten Pfanne verteilt.

[c] ZUM WENDEN BEREIT Der Teig wird auch an der Oberseite beim Backen von außen nach innen gar. Wenn in der Mitte kein feuchter Kern mehr zu sehen ist, können Sie ihn mit dem Spatel umdrehen.

CRESPELLE
mit Ricotta und Grünkohl

BESONDERS GUT: DER ITALIENISCHE KLASSIKER WIRD HIER MAL MIT WÜRZIGEM GRÜNKOHL UND CREMIGEM RICOTTAKÄSE GEFÜLLT.

Zutaten für 4 Portionen

Für den Teig

- 150 g Mehl , Salz
- ¼ l Milch
- 2 Eier (Größe M)
- 1 EL Butterschmalz oder Öl
- gut 2 EL Butter

Für die Füllung

- 500 g Grünkohl, Salz
- 1 Bund Petersilie
- 2 Frühlingszwiebeln
- 500 g Ricotta
- 100 g frisch geriebener Hartkäse
- 1 Ei (Größe M)
- Pfeffer aus der Mühle
- frisch geriebene Muskatnuss

Zeitbedarf
- 1 Stunde + 20–25 Minuten backen

Nährwerte
- 645 kcal pro Portion

So geht's

1. Das Mehl mit 1 kräftigen Prise Salz mischen. Die Milch und die Eier nach und nach unter die Mehlmischung rühren, sodass ein dünnflüssiger Teig entsteht. Den Teig ca. 30 Minuten quellen lassen.
2. Inzwischen für die Füllung den Grünkohl waschen und abtropfen lassen. Die Blätter von den Stielen streifen und grob hacken. Grünkohl in sprudelnd kochendem Salzwasser ca. 5 Minuten kochen lassen. In ein Sieb abgießen, abschrecken und abtropfen lassen.
3. Die Petersilie waschen und trocken schütteln, die Blättchen abzupfen und fein hacken. Die Frühlingszwiebeln waschen, die Wurzelenden und die welken dunkelgrünen Teile abschneiden. Die Zwiebeln in feine Ringe schneiden. Ricotta mit dem Käse und dem Ei verrühren. Den Grünkohl, die Zwiebelringe und die Petersilie unterrühren und alles mit Salz, Pfeffer und Muskat abschmecken.
4. In einer Pfanne nach und nach Butterschmalz oder Öl erhitzen und aus dem Teig nach und nach acht Pfannkuchen backen (siehe Seite 149). Den Backofen auf 200 °C (Ober- und Unterhitze; Umluft 180 °C) vorheizen. Eine ofenfeste flache Form mit Butter ausstreichen.
5. Die Pfannkuchen jeweils mit etwas Ricottamasse bestreichen, aufrollen und nebeneinander in eine ofenfeste Form setzen. Die restliche Butter in Flöckchen schneiden und daraufsetzen. Die Crespelle im heißen Ofen (Mitte) 20–25 Minuten backen, bis sie schön gebräunt sind.

PFANNKUCHEN *mit Lauch und Äpfeln*

DIE DICKEN PFANNKUCHEN MIT WÜRZIGEM LAUCH UND SAFTIGEN ÄPFELN SCHMECKEN GROSS UND KLEIN GLEICHERMASSEN GUT.

Zutaten für 4 Portionen

- 300 g Mehl, Salz
- 400 ml Milch
- 200 ml Weizenbier oder Milch
- 4 Eier (Größe M)
- 2 Stangen Lauch
- 2 säuerliche Äpfel
- 1 EL Zitronensaft
- ¼ Bund Thymian
- 2 EL Butter
- Pfeffer aus der Mühle

Zeitbedarf

- 1 Stunde

Nährwerte

- 525 kcal pro Portion

So geht's

1. Das Mehl mit 1 gehäuften TL Salz mischen. Die Milch, das Bier und die Eier nach und nach unter die Mehlmischung rühren, sodass ein dünnflüssiger Teig entsteht. Den Teig ca. 30 Minuten quellen lassen.
2. Inzwischen den Lauch von den Wurzelenden und den welken grünen Teilen befreien. Die Stangen der Länge nach aufschlitzen, gründlich waschen und in Streifen schneiden. Die Äpfel vierteln, schälen, vom Kerngehäuse befreien und in Schnitze schneiden. Mit dem Zitronensaft mischen. Den Thymian waschen und trocken schütteln. Die Blättchen von den Stielen streifen und mit dem Lauch und den Äpfeln mischen.
3. In einer Pfanne ½ EL Butter erhitzen. Ein Viertel der Lauch-Apfel-Mischung darin andünsten, mit Salz und Pfeffer würzen. Ein Viertel vom Teig darüberschöpfen und bei mittlerer bis schwacher Hitze ca. 4 Minuten braten, bis der Teig nicht mehr flüssig ist.
4. Den Pfannkuchen auf einen Teller gleiten lassen, mit der noch nicht gebackenen Seite nach unten in die Pfanne stürzen und weitere 4 Minuten braten. Den gebackenen Pfannkuchen im Ofen bei 70° warm halten und weitere drei Pfannkuchen backen. Wenn alle gebacken sind, die Pfannkuchen servieren.

Dazu schmeckt Blattsalat.

DIE VARIANTE: KUCHENMICHEL MIT TOMATEN Den Backofen auf 200 °C (Ober- und Unterhitze; Umluft 180 °C) vorheizen. Eine Auflaufform fetten. 250 g Kirschtomaten waschen, halbieren und in die Form legen. 50 g Butter zerlassen und mit 350 g Mehl, 1 geh. TL Salz, 4 Eiern und gut ½ l Milch zu einem Teig verrühren. Den Teig über den Tomaten verteilen und alles im Ofen (Mitte) ca. 35 Minuten backen, bis der Teig aufgegangen und gebräunt ist.

DAS IST *wirklich* WICHTIG

[a] DIE RICHTIGE KONSISTENZ Spätzleteig soll eher zähflüssig sein. Konturen, die man mit dem Kochlöffel zieht, zerfließen nur langsam wieder. Je nach verwendeter Mehlsorte müssen Sie möglicherweise noch etwas Wasser oder Mehl unterschlagen.

[b] FÜR KURZE SPÄTZLE brauchen Sie einen Spätzlehobel. Den Teig in den Aufsatz füllen, diesen rasch hin und her bewegen und dabei die Spätzle direkt ins kochende Salzwasser hobeln. Für längere Spätzle eine Presse verwenden. Auch hier den Teig einfüllen und damit beliebig lange Spätzle direkt ins kochende Wasser drücken.

[b]

SPÄTZLE
mit Tomaten und Käsesauce

FRISCH ZUBEREITET SCHMECKEN SPÄTZLE EINFACH UNVERGLEICHLICH GUT. DER TEIG IST SCHNELL GERÜHRT UND MIT EINEM SPEZIELLEN HOBEL ODER EINER PRESSE IST AUCH DIE ZUBEREITUNG KEIN PROBLEM.

G

Zutaten für 4 Portionen

Für die Spätzle

- 400 g Spätzlemehl oder Mehl
- Salz
- 4 Eier (Größe M)

Außerdem

- 400 g vollreife Tomaten
- ⅛ l Gemüsebrühe
- 125 g Sahne
- 200 g frisch geriebener Hartkäse (z. B. Bergkäse oder Pecorino)
- Pfeffer aus der Mühle
- ½ Bund Basilikum

besonderes Werkzeug

- Spätzlehobel oder -presse [→b]

Zeitbedarf

- 1 Stunde + 15 Minuten backen

Nährwerte

- 765 kcal pro Portion

So geht's

1. Das Mehl mit 2 TL Salz mischen, die Eier und ca. 200 ml kaltes Wasser dazugeben. Alles zu einem zähen Spätzleteig verrühren [→a]. Teig 30 Minuten ruhen lassen.
2. Inzwischen Stielansätze keilförmig aus den Tomaten herausschneiden. Die Tomaten mit kochendem Wasser überbrühen, kurz ziehen lassen, kalt abschrecken und häuten (siehe Seite 103). Die Tomaten entkernen und in kleine Würfel schneiden. Die Gemüsebrühe und die Sahne erhitzen, den Käse einrühren und bei schwacher Hitze in der Flüssigkeit schmelzen lassen. Die Käsesauce mit Salz und Pfeffer abschmecken.
3. Für die Spätzle reichlich Salzwasser in einem großen Topf aufkochen. Den Teig portionsweise in den Aufsatz des Spätzlehobels oder in die Spätzlepresse geben und die Spätzle direkt ins siedende Salzwasser hobeln [→b] oder pressen.
4. Den Backofen auf 150 °C (Ober- und Unterhitze; Umluft 130 °C) vorheizen. Eine ofenfeste Form bereitstellen.
5. Die Spätzle im Topf kräftig aufkochen und in jedem Fall so lang garen, bis alle an die Oberfläche steigen. Dann die Spätzle mit dem Schaumlöffel herausheben, in einem Sieb kurz warm abspülen, gut abtropfen lassen und lagenweise mit den Tomaten und der Käsesauce in die Form füllen. Alles für ca. 15 Minuten in den heißen Ofen (Mitte) stellen. Inzwischen das Basilikum waschen und trocken schütteln. Die Blättchen abzupfen und fein hacken. Form aus dem Ofen nehmen und die Spätzle mit dem Basilikum bestreut servieren.

Die Variante

Käsespätzle
Die Spätzle wie beschrieben zubereiten und garen. Lagenweise mit insgesamt 200 g frisch geriebenem Käse (z. B. Bergkäse oder Emmentaler) in eine Schüssel schichten, im Backofen bei 70 °C warm halten und den Käse schmelzen lassen. 2–3 Zwiebeln schälen, in Ringe schneiden und in je 1 EL Butter und Öl in einer Pfanne bei mittlerer Hitze unter Rühren weich und leicht braun braten. Zwiebelringe vor dem Servieren auf den Käsespätzle verteilen. Dazu passt Tomatensalat.

GUT KOMBINIEREN **Die Spätzle passen zu allen Saucen, die man auch mit frisch gekochten Nudeln serviert. Besonders fein sind sie mit Linsen. Und die Kombination von Hülsenfrüchten und Getreide ist für den Körper zudem sehr wertvoll, kann er doch das Eiweiß aus den Hülsenfrüchten dann besser verwerten. Machen Sie die Spätzle auch mal mit Vollkornmehl. Sie brauchen dann auf jeden Fall etwas mehr Wasser für den Teig.**

ZWIEBELPIZZA
mit Fontina

MAL WAS ANDERES ALS DIE BEKANNTE PIZZA MIT TOMATENSAUCE UND KÄSE. UND NICHT NUR ZU EINEM GLÄSCHEN WEIN EIN WILLKOMMENER IMBISS.

G

Zutaten für 2 Pizzen (3–4 Portionen)

Für den Pizzateig

- ¼ Würfel Hefe (ca. 12 g)
- 400 g Mehl
- Salz, 1 EL Olivenöl
- Mehl zum Arbeiten

Für den Belag

- 500 g rote oder weiße Zwiebeln
- Salz, Pfeffer aus der Mühle
- ¼ Bund Thymian
- 300 g Tomaten
- 4 EL Olivenöl
- 2 TL Tomatenmark
- 250 g Fontina

Zeitbedarf

- 45 Minuten + 1 Stunde + 15 Minuten ruhen + 13–15 Minuten backen

Nährwerte

- 775 kcal pro Portion (bei 4)

So geht's

1. Die Hefe zerkrümeln und mit 175 ml lauwarmem Wasser glatt verrühren. Das Mehl in einer Schüssel mit 1 TL Salz mischen, das Hefewasser und das Olivenöl dazugeben und untermischen. Alles auf eine leicht bemehlte Arbeitsfläche geben und zu einem glatten Teig verkneten [→a].
2. Den Teig zu einer Kugel formen und in ein leicht bemehltes Küchentuch einschlagen. Den Teig bei Zimmertemperatur ca. 1 Stunde gehen lassen, bis sich sein Volumen verdoppelt hat [→b].
3. Inzwischen für den Belag die Zwiebeln schälen, vierteln und in feine Streifen schneiden. Die Zwiebeln mit 1 TL Salz und Pfeffer gründlich mischen und stehen lassen, sie werden dadurch geschmeidiger.
4. Den Thymian waschen und trocken schütteln, die Blättchen von den Stielen streifen. Die Tomaten waschen und ohne die Stielansätze würfeln. Mit 2 EL Olivenöl im Mixer fein zerkleinern, das Tomatenmark unterrühren und die Tomaten mit Salz und Pfeffer abschmecken. Den Fontina von der Rinde befreien und grob raspeln.
5. Den Teig noch einmal durchkneten und halbieren. Ein Backblech mit Backpapier belegen. Eine Teigportion direkt darauf mit dem Nudelholz zu einem dünnen Fladen ausrollen, die Ränder etwas dicker formen. Teig noch einmal ca. 15 Minuten gehen lassen.
6. Inzwischen den Backofen auf 250 °C (Ober- und Unterhitze; Umluft 230 °C) vorheizen.
7. Die Hälfte der Tomaten auf dem Teig verstreichen, die Zwiebeln mit dem Thymian mischen und ebenfalls die Hälfte davon darauf verteilen. 125 g Käse aufstreuen und mit 1 EL Öl beträufeln. Die Pizza im heißen Ofen (Mitte) 13–15 Minuten backen, bis sie schön gebräunt und knusprig ist. Die Pizza in Stücke teilen und servieren. Während die erste Pizza bäckt, die zweite ebenso ausrollen, belegen und anschließend backen.

FÜR PIZZA MARGHERITA **500 g gewürfelte Tomaten (frisch oder aus der Dose) mit 1 EL Olivenöl ca. 10 Minuten schmoren. Sugo mit Salz, Pfeffer und Oregano abschmecken und auf dem Hefeteig verstreichen. Pizza im Ofen bei 250 °C (Ober- und Unterhitze; Umluft 230 °C) 10 Minuten backen. 250 g Mozzarella in Scheiben auf die Pizza legen und Pizza weitere 3-5 Minuten backen. Mit Basilikumblättchen bestreut servieren.**

[a]

DAS IST *wirklich* WICHTIG

[a] TEIG KRÄFTIG KNETEN Den Teig auf der leicht bemehlten Arbeitsfläche immer wieder zusammenklappen und das Teigstück mit dem Handballen gut zusammendrücken. Kneten Sie so lange, bis im Teig kleine Luftbläschen hörbar platzen. Ein ausreichend gekneteter Teig nimmt außerdem leicht an Volumen zu und fühlt sich weich an.

[b] TEIG GEHEN LASSEN Den Teig zu einer Kugel formen und locker in ein Küchentuch hüllen. An einem warmen Ort aufgehen lassen, bis sich sein Volumen verdoppelt hat. Das dauert ca. 1 Stunde.

DAS IST *wirklich* WICHTIG

[a] GLEICHMÄSSIG EINSCHICHTEN Damit die Kartoffelscheiben zur gleichen Zeit gar werden, sollten sie möglichst gut mit der Flüssigkeit in Berührung kommen. Schichten Sie sie deshalb mit den übrigen Zutaten dachziegelartig und flach ein.

KARTOFFELGRATIN *mit Lauch und Äpfeln*

WAS SONST HAUPTSÄCHLICH ALS BEILAGE AUF DEN TISCH KOMMT, IST MIT ÄPFELN UND LAUCH ANGEREICHERT EIN WUNDERBARES VEGETARISCHES ESSEN, DAS MIT SALAT AM BESTEN SCHMECKT.

Zutaten für 4 Portionen

- 1 kg vorwiegend festkochende Kartoffeln
- 300 g säuerliche Äpfel
- 2 dünne Stangen Lauch
- 2 Knoblauchzehen
- ¼ Bund Thymian
- 200 g Edelpilzkäse
- Salz, Pfeffer aus der Mühle
- 150 g Sahne
- 100 ml Milch
- Fett für die Form

Zeitbedarf

- 35 Minuten + 45 Minuten backen + 10 Minuten ruhen

Nährwerte

- 465 kcal pro Portion

So geht's

1. Die Kartoffeln schälen, waschen und mit dem Gurkenhobel in feine Scheiben hobeln. Die Äpfel vierteln, schälen und von den Kerngehäusen befreien. Die Äpfel in ca. ½ cm große Würfel schneiden. Den Lauch von den Wurzelenden und den welken grünen Teilen befreien. Die Stangen der Länge nach aufschlitzen, gründlich waschen und in feine Streifen schneiden. Den Knoblauch schälen und fein hacken. Den Thymian waschen und trocken schütteln, die Blättchen abstreifen. Den Edelpilzkäse in kleine Würfel schneiden.
2. Den Backofen auf 200 °C (Ober- und Unterhitze; Umluft 180 °C) vorheizen. Die Kartoffeln lagenweise dachziegelartig in eine flache ofenfeste gefettete Form schichten, dabei die Hälfte der Käsewürfel, den Thymian, die Apfelwürfel und die Lauchstreifen jeweils zwischen die Kartoffelschichten streuen **[→a]**. Alles mit Salz und Pfeffer würzen.
3. Die Sahne und die Milch verrühren und seitlich angießen. Den restlichen Edelpilzkäse auf dem Gemüse verteilen. Das Gratin im heißen Ofen (Mitte) ca. 45 Minuten backen, bis Kartoffeln, Äpfel und Lauch weich und schön gebräunt sind. Das Gratin vor dem Servieren ca. 10 Minuten im abgeschalteten Ofen stehen lassen.

Dazu schmeckt ein Blattsalat oder ein Tomatensalat.

Die Variante

Kartoffelgratin mit Nusskruste
Die Kartoffeln wie beschrieben schälen, waschen und hobeln. Mit den Lauchstreifen in die Form füllen. Sahne und Milch mischen und angießen. Für die Kruste 100 g Haselnusskerne grob hacken und in einer Pfanne leicht anrösten. 150 g Ziegenfrischkäse mit 100 g Ricotta verrühren. Die Nüsse und 1 TL Thymianblättchen mit der abgeriebenen Schale von ½ Bio-Zitrone untermischen und mit Salz und Pfeffer abschmecken. Ricottamischung auf der Oberfläche verteilen und alles mit 1 EL Butter in kleinen Flöckchen belegen. Wie beschrieben backen.

SO SCHMECKT'S AUCH Statt Äpfeln und Lauch mal Kürbis und Pilze, Rosenkohl (in dünnen Scheiben), Tomaten (in kleinen Würfeln), Möhren- oder Fenchelscheiben mit den Kartoffeln in die Form schichten.

ZUCCHINIGRATIN *mit Feta*

Zutaten für 4 Portionen

- 500 g junge Zucchini
- 600 g feste reife Fleischtomaten
- 4 Knoblauchzehen
- 1 kleines Bund Petersilie
- Salz, Pfeffer aus der Mühle
- 200 g Feta (Schafskäse)
- 50 g kleine schwarze oder grüne Oliven
- 4 EL Olivenöl
- Fett für die Form

Zeitbedarf

- 20 Minuten + 20 Minuten backen

Nährwerte

- 290 kcal pro Portion

So geht's

1. Den Backofen auf 220 °C (Ober- und Unterhitze; Umluft 200 °C) vorheizen.
2. Die Zucchini und die Tomaten waschen, von den Zucchini die Enden entfernen, aus den Tomaten die Stielansätze herausschneiden. Die Zucchini und die Tomaten in dünne Scheiben schneiden und dachziegelartig lagenweise in eine ofenfeste gefettete Form schichten.
3. Den Knoblauch schälen, die Petersilie waschen und trocken schütteln. Die Blättchen abzupfen und mit dem Knoblauch sehr fein hacken. Das Gemüse mit Salz und Pfeffer würzen und die Petersilienmischung aufstreuen.
4. Den Käse in kleine Stücke krümeln und mit den Oliven ebenfalls auf die Oberfläche streuen. Das Öl darüberträufeln. Gratin im heißen Ofen (Mitte) ca. 20 Minuten backen, bis der Käse gebräunt ist. Gratin kurz stehen lassen, dann servieren.

Dazu schmeckt Brot, aber auch Getreidebratlinge sind eine gute Beilage.

PILZGRATIN *mit Räuchertofu*

Zutaten für 4 Portionen

- ½ Bio-Zitrone
- ¼ Bund Thymian
- 2 Knoblauchzehen
- 800 g Egerlinge oder Champignons
- Salz, Pfeffer aus der Mühle
- 200 g Räuchertofu
- 2 Tomaten
- 4 EL Pinienkerne
- 4 EL Öl
- Fett für die Form

Zeitbedarf

- 30 Minuten + 20 – 25 Minuten backen

Nährwerte

- 255 kcal pro Portion

So geht's

1. Den Backofen auf 220 °C (Ober- und Unterhitze; Umluft 200 °C) vorheizen.
2. Die Zitronenhälfte heiß waschen und abtrocknen, die Schale fein abreiben. Den Thymian waschen und trocken schütteln, die Blättchen abstreifen. Den Knoblauch schälen und fein hacken.
3. Die Pilze mit feuchtem Küchenpapier abreiben, die Stielenden abschneiden. Die Pilze je nach Größe vierteln oder achteln. Die Pilze mit der Zitronenschale, dem Thymian und dem Knoblauch mischen, mit Salz und Pfeffer würzen und in einer ofenfesten gefetteten Form verteilen.
4. Den Räuchertofu in kleine Würfel schneiden oder hacken. Die Tomaten waschen und ohne die Stielansätze sehr fein hacken. Beides mit den Pinienkernen mischen und auf den Pilzen verteilen. Das Öl darüberträufeln. Die Pilze im heißen Ofen (Mitte) 20 – 25 Minuten backen, bis sie schön gebräunt sind. Das Pilzgratin kurz stehen lassen, dann servieren.

Dazu schmecken Bulgur, Kartoffeln oder Brot.

SPINATGRATIN
mit Zitrone

Zutaten für 4 Portionen

- 1 kg Spinat, Salz
- 1 Bund Frühlingszwiebeln
- 1 Bund Petersilie
- 1 Bio-Zitrone
- 150 g Crème fraîche
- Pfeffer aus der Mühle
- 150 g frisch geriebener Hartkäse (z. B. Pecorino)
- 2 EL Olivenöl
- Fett für die Form

Zeitbedarf
- 15 Minuten + 15 Minuten backen

Nährwerte
- 420 kcal pro Portion

So geht's

1. Den Backofen auf 220 °C (Ober- und Unterhitze; Umluft 200 °C) vorheizen. Den Spinat von welken Blättern und groben Stielen befreien und gründlich waschen. Reichlich Wasser zum Kochen bringen, salzen. Den Spinat darin in 1–2 Minuten zusammenfallen lassen. In ein Sieb abgießen, kalt abschrecken und abtropfen lassen.
2. Die Frühlingszwiebeln waschen, die Wurzelenden und die welken dunkelgrünen Teile abschneiden. Die Zwiebeln in Ringe schneiden. Die Petersilie waschen und trocken schütteln, die Blättchen abzupfen und fein hacken. Die Zitrone heiß waschen und abtrocknen, die Schale fein abreiben. Saft auspressen.
3. Den Spinat mit den Zwiebelringen, der Petersilie, der Zitronenschale, 1 EL Saft und der Crème fraîche mischen und mit Salz und Pfeffer abschmecken. In einer ofenfesten gefetteten Form verteilen und den Käse darüberstreuen. Das Öl darüberträufeln.
4. Gratin im heißen Ofen (Mitte) ca. 15 Minuten backen, bis es schön gebräunt ist. Kurz stehen lassen, dann servieren.

Dazu schmecken Kartoffeln oder einfach nur Brot.

SPINAT kaufen Sie am besten aus Freilandanbau. Im Sonnenschein baut Spinat nämlich das Nitrat, das er immer enthält, um. Wir nehmen also weniger davon auf. Spinat und andere nitrathaltige Lebensmittel möglichst zusammen mit Vitamin C essen, denn dann verwandelt sich das Nitrat nicht in die krebserregenden Nitrosamine. Vitamin C kann wie hier aus Zitronen und Petersilie stammen oder von roter Paprika oder einer Kiwi als Dessert.

CHICORÉEGRATIN
mit Süßkartoffel

Zutaten für 4 Portionen

- 1 Süßkartoffel (ca. 500 g)
- 500 g Chicorée
- 1 Bio-Orange
- 1 getrocknete Chilischote
- 1 TL Kreuzkümmelsamen
- Salz, Pfeffer aus der Mühle
- 200 g Sahne
- 2 EL Butter
- Fett für die Form

Zeitbedarf
- 25 Minuten + 40 Minuten backen + 10 Minuten ruhen

Nährwerte
- 280 kcal pro Portion

So geht's

1. Die Süßkartoffel schälen, waschen und grob raspeln. Den Chicorée waschen und von allen welken Blättern befreien. Chicorée in feine Streifen schneiden, dabei den harten Strunk aus der Mitte entfernen.
2. Den Backofen auf 200 °C (Ober- und Unterhitze; Umluft 180 °C) vorheizen. Die Orange heiß waschen und abtrocknen, die Schale fein abreiben. Die Chilischote im Mörser fein zerstoßen oder fein hacken.
3. Die Süßkartoffelraspeln mit den Chicoréestreifen in einer ofenfesten gefetteten Form mischen und mit Kreuzkümmel, Salz und Pfeffer würzen. Die Sahne mit der Orangenschale und der Chilischote verrühren, salzen und über das Gemüse gießen. Butter in Flöcken darauf verteilen. Gratin im heißen Ofen (Mitte) ca. 40 Minuten backen, bis es schön gebräunt ist. Ca. 10 Minuten stehen lassen, dann servieren.

Dazu schmeckt Brot und eventuell ein Salat.

HAUPTGERICHTE *für Festtage*

SAMTIG DIE KARTOFFEL-KÜRBIS-GNOCCHI MIT CHILITOMATEN, HAUCHDÜNN UND KNUSPRIG DER GEMÜSESTRUDEL, WUNDERBAR AROMATISCH DAS THAI-CURRY UND DIE GEMÜSE-TAJINE. WENN GÄSTE KOMMEN ODER EIN FESTTAG INS HAUS STEHT, DARF SCHON MAL WAS BESONDERES SERVIERT WERDEN.

TORTILLA
mit Kartoffeln und Topinambur

SPANISCHES NATIONALGERICHT MIT KARTOFFELN, DAS IN KOMBINATION MIT DEN AROMATISCHEN TOPINAMBUR NOCH BESSER SCHMECKT ALS DAS ORIGINAL.

Zutaten für 4 Portionen

- 600 g vorwiegend festkochende Kartoffeln
- 400 g Topinambur
- 1 Zwiebel
- 2 Knoblauchzehen
- 4 Zweige Thymian
- 6 EL Olivenöl
- Salz, Pfeffer aus der Mühle
- 1 Prise Chiliflocken oder Cayennepfeffer
- 6 Eier (Größe M)

Zeitbedarf
- 50 Minuten

Nährwerte
- 390 kcal pro Portion

So geht's

1. Die Kartoffeln schälen, waschen und in dünne Scheiben schneiden. Die Topinambur ebenfalls schälen und in dünne Scheiben schneiden. Zwiebel und Knoblauch schälen und fein würfeln. Den Thymian waschen und trocken schütteln, Blättchen abstreifen.
2. Die Hälfte des Öls in einer großen Pfanne erhitzen. Die Kartoffeln, die Topinambur und die Zwiebel einrühren und bei schwacher Hitze unter gelegentlichem Rühren in ca. 15 Minuten halb gar braten, dabei sollen Kartoffeln, Topinambur und Zwiebeln nicht braun werden. Knoblauch und Thymian untermischen und kurz mitbraten, die Kartoffelmischung mit Salz, Pfeffer und Chiliflocken oder Cayennepfeffer abschmecken.
3. Die Eier in einer Schüssel mit Salz und Pfeffer leicht verquirlen, die Kartoffelmischung unterrühren. Das übrige Öl in der Pfanne erhitzen und die Kartoffel-Eier-Mischung hineingießen. Die Scheiben möglichst glatt und gleichmäßig in der Pfanne verteilen und die Tortilla bei schwacher bis mittlerer Hitze ca. 10 Minuten braten, bis die Eiermasse gestockt ist und eine Kruste gebildet hat **[→a]**.
4. Tortilla vom Rand der Pfanne lösen, auf einen Teller gleiten lassen und wenden **[→b]**. Tortilla in der Pfanne in weiteren 8 – 10 Minuten fertig garen. Die Tortilla auf eine Platte geben, in Tortenstücke schneiden und servieren.

Dazu schmeckt Tomatensalat oder grüner Salat mit Kräutern.

GUT KOMBINIERT **Kartoffeln enthalten neben vielen gesunden Inhaltsstoffen wie Vitamin C, Zink und Kalium auch eine Menge Vitamin B_6. Dieses Vitamin steuert den Eiweißstoffwechsel im Körper. Wenn man Kartoffeln mit Eiern kombiniert, bekommt der Körper nicht nur mehr davon, sondern kann es vor allem sehr gut verwerten.**

DAS IST *wirklich* WICHTIG

[a] EIERMASSE STOCKEN LASSEN Wenn die Eiermasse gestockt ist und stabil aussieht, lösen Sie die Tortilla mit einem Spatel rundherum vom Pfannenrand und heben sie leicht an, um zu prüfen, ob sie eine Kruste gebildet hat.

[b] TORTILLA WENDEN Dazu die auf einer Seite gebackene Tortilla auf einen großen Teller gleiten lassen. Die Pfanne umgedreht darüberlegen. Mit einer Hand den Teller von unten stützen, mit der anderen Hand den Griff der Pfanne halten, dann beides mit Schwung umdrehen.

[a]

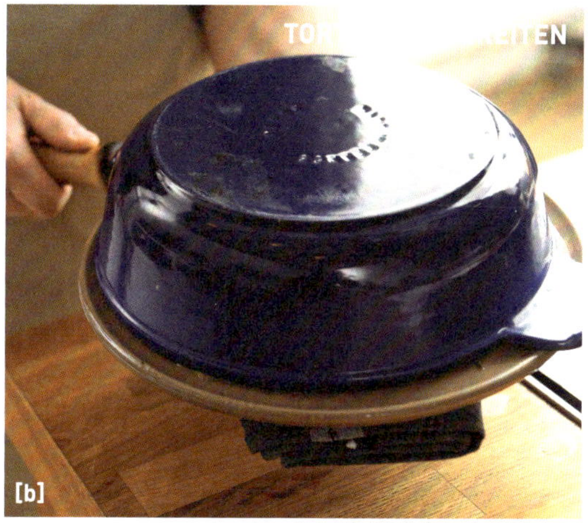
[b]

ZWIEBEL-FRITTATA

mit getrockneten Tomaten

FEINER EIERKUCHEN AUS ITALIEN, DER DORT ALS VORSPEISE ODER ERSTER GANG SERVIERT WIRD. MIT SALAT ABER AUCH EIN SEHR GUTES HAUPTGERICHT.

Zutaten für 4 Portionen

- 400 g rote Zwiebeln
- 2 Knoblauchzehen
- ¼ Bund Thymian
- 10 getrocknete, in Öl eingelegte Tomaten
- 2 EL Olivenöl
- 6 Eier (Größe M)
- 50 g frisch geriebener Pecorino
- Salz, Pfeffer aus der Mühle
- 2 EL Butter

Zeitbedarf
- 40 Minuten

Nährwerte
- 420 kcal pro Portion

So geht's

1. Die Zwiebeln schälen, je nach Größe vierteln oder achteln und in feine Streifen schneiden. Den Knoblauch schälen und in dünne Scheiben schneiden. Den Thymian waschen und trocken schütteln, die Blättchen von den Stielen streifen. Die Tomaten abtropfen lassen und würfeln.
2. Das Öl in einer Pfanne erhitzen. Die Zwiebeln mit dem Knoblauch und dem Thymian hineingeben und bei mittlerer Hitze unter Rühren ca. 5 Minuten dünsten.
3. Die Eier mit dem Käse in einer Schüssel verquirlen. Die Zwiebelmischung und die Tomaten dazugeben und alles mit Salz und Pfeffer abschmecken.
4. Die Butter in der Pfanne zerlassen. Die Eiermischung hineingießen und bei schwacher Hitze ca. 10 Minuten garen, bis die Masse fest ist. Die Frittata vom Rand der Pfanne lösen und auf einen Teller gleiten lassen. Umgedreht wieder in die Pfanne stürzen. Weitere 10 Minuten backen, bis sie auch an der Unterseite braun ist. Die Frittata in Tortenstücke schneiden und servieren.

Dazu schmeckt ein Blattsalat oder ein Tomatensalat.

MENÜTIPP Versuchen Sie davor die marinierten Gemüse mit Zitronen-Kapern-Pesto (Seite 34) und danach frische Früchte und eventuell etwas Käse.

SELLERIE-TORTILLA
mit Dattelsalsa

EINE GEMÜSEWÜRZIGE ABWANDLUNG DER KLASSISCHEN SPANISCHEN KARTOFFEL-TORTILLA. FÜR DAS URSPRUNGSREZEPT 800 G VORWIEGEND FESTKOCHENDE KARTOFFELN IN SCHEIBEN NEHMEN.

Zutaten für 4 Portionen

- 150 g Datteln
- 2 Frühlingszwiebeln
- ½ Bio-Zitrone
- 2 Stängel Minze
- ¼–½ TL Harissa (scharfe Paprikapaste), Salz
- 1 kleiner Knollensellerie (ca. 400 g)
- 1 Stück Kürbis (ca. 600 g)
- 3 EL Kürbiskerne
- 6 EL Olivenöl
- Pfeffer aus der Mühle
- 6 Eier (Größe M)

Zeitbedarf
- 50 Minuten

Nährwerte
- 460 kcal pro Portion

So geht's

1. Die Datteln aufschneiden, entkernen und sehr fein hacken. Die Frühlingszwiebeln waschen, die Wurzelenden und die welken grünen Teile abschneiden, die Zwiebeln sehr fein schneiden. Die Zitronenhälfte heiß waschen und abtrocknen, die Schale fein abreiben, den Saft auspressen. Die Minze waschen und trocken schütteln, die Blättchen abzupfen und fein hacken.
2. Die Datteln mit den Zwiebeln, der Zitronenschale und 3 TL Saft sowie der Minze mit einer Gabel eher verkneten als verrühren und mit dem Harissa und Salz abschmecken.
3. Den Sellerie schälen und in sehr dünne Scheiben schneiden. Aus dem Kürbis die Kerne samt faserigem Fruchtfleisch entfernen. Den Kürbis schälen und in etwas dickere Scheiben schneiden.
4. Die Kürbiskerne in einer Pfanne ohne Fett bei mittlerer Hitze anrösten, bis sie würzig duften. Herausnehmen.
5. Die Hälfte des Öls in der Pfanne erhitzen, den Sellerie einrühren und bei schwacher bis mittlerer Hitze ca. 5 Minuten garen. Den Kürbis dazugeben und das Gemüse weitere 5 Minuten garen. Mit Salz und Pfeffer würzen und vom Herd ziehen. Die Kürbiskerne grob hacken.
6. Die Eier verquirlen und die Kürbiskerne unterrühren, die Eier leicht salzen. Das Gemüse untermischen. Das restliche Öl in der Pfanne erhitzen, die Eiermischung einfüllen und möglichst glatt streichen. Bei schwacher bis mittlerer Hitze ca. 10 Minuten braten. Wenden und die Tortilla in ca. 5 Minuten fertig garen. Die Tortilla kurz nachziehen lassen, in Tortenstücke schneiden und mit der Dattelsalsa servieren.

[a]

DAS IST *wirklich* WICHTIG

[a] DIE RICHTIGE KONSISTENZ Verkneten Sie Kürbis und Kartoffeln mit dem Mehl, dem Grieß und den Eiern kurz, aber gründlich zu einem formbaren Teig. Er soll weich sein, darf aber nicht an den Fingern kleben. Bei Bedarf noch etwas Mehl oder Grieß einarbeiten.

[b] GNOCCHI FORMEN Rollen Sie den Teig auf der bemehlten Arbeitsfläche mit den Handflächen zu fingerdicken Schnüren. Diese in ca. 2 cm lange Stücke schneiden. Für das Rillenmuster die Zinken einer Gabel in Mehl tunken und die Gnocchi damit eindrücken.

[b]

KÜRBISGNOCCHI *mit Chilitomaten*

ITALIENISCH INSPIRIERTE GEMÜSEKÜCHE VOM FEINSTEN: BEREITEN SIE DIE SAMTIG-ZARTEN NOCKEN MIT DER FEURIGEN SAUCE AM BESTEN IM SPÄTSOMMER ZU, WENN ES AUF UNSEREN MÄRKTEN AROMATISCHE TOMATEN UND SCHON DIE ERSTEN KÜRBISSE GIBT.

Zutaten für 4 Portionen

Für die Gnocchi

- 1 Stück Muskat- oder Butternutkürbis (ca. 600 g)
- 400 g vorwiegend festkochende Kartoffeln
- ca. 125 g Mehl
- 125 g Hartweizengrieß
- 1 Ei (Größe M)
- Salz, Pfeffer aus der Mühle
- Mehl zum Arbeiten

Für die Tomaten

- 1 rote Zwiebel
- 2 Knoblauchzehen
- 1–2 rote Chilischoten
- 1 kg vollreife Tomaten
- 2 EL Olivenöl, Salz
- 1 Prise Zucker

besonderes Werkzeug

- Kartoffelpresse

Zeitbedarf

- 1 Stunde 30 Minuten

Nährwerte

- 435 kcal pro Portion

So geht's

1. Den Backofen auf 200 °C (Ober- und Unterhitze; Umluft 180 °C) vorheizen. Aus dem Kürbis die Kerne samt faserigem Fruchtfleisch mit einem Löffel herausschaben. Den Kürbis mit der Schale auf ein Backblech setzen und im heißen Ofen (Mitte) ca. 30 Minuten backen, bis das Kürbisfleisch schön weich ist.
2. Inzwischen die Kartoffeln waschen und in der Schale in Wasser zugedeckt bei mittlerer Hitze in 20–30 Minuten weich kochen. Abgießen und ausdämpfen lassen.
3. Das Kürbisfleisch von der Schale abschaben, die Kartoffeln heiß schälen. Beides durch die Kartoffelpresse drücken und lauwarm abkühlen lassen. Dann Mehl, Grieß und Ei dazugeben, alles kräftig mit Salz und Pfeffer würzen und zu einem Teig verkneten [→a].
4. Aus dem Teig auf einer bemehlten Arbeitsfläche fingerdicke Rollen formen und diese in ca. 2 cm lange Stücke schneiden. Mit den Zinken einer bemehlten Gabel Rillen eindrücken [→b]. Die Gnocchi auf einem bemehlten Küchentuch verteilen.
5. Für die Tomaten Zwiebel und Knoblauch schälen und fein würfeln. Die Chilischoten waschen und den Stiel abschneiden. Die Schoten mit den Kernen in Ringe schneiden (siehe Seite 93) oder ebenfalls hacken. Stielansätze keilförmig aus den Tomaten herausschneiden. Die Tomaten mit kochendem Wasser überbrühen, kurz ziehen lassen, kalt abschrecken und häuten (siehe Seite 103). Die Tomaten klein würfeln.
6. Für die Gnocchi reichlich Wasser zum Kochen bringen und salzen. Die Gnocchi in das heiße Wasser legen und bei schwacher bis mittlerer Hitze in ca. 10 Minuten darin gar ziehen lassen.
7. Schon während das Wasser heiß wird, für die Tomaten das Öl in einer Pfanne heiß werden lassen. Zwiebel, Knoblauch und Chili darin unter Rühren bei mittlerer Hitze andünsten. Die Tomaten dazugeben und mit Salz und Zucker abschmecken. Sauce offen bei mittlerer Hitze in 10–15 Minuten leicht einkochen lassen. Ab und zu umrühren.
8. Die Gnocchi aus dem Wasser heben und in tiefe Teller verteilen. Mit Tomatensauce bedecken und gleich servieren.

Dazu frisch geriebenen Käse, z. B. Pecorino, reichen.

TARTE TATIN
mit Gemüse und Schnittlauchcreme

DIESER KNUSPRIGE GEMÜSEKUCHEN WIRD MIT TEIGDECKEL GEBACKEN. SO BLEIBT DAS GEMÜSE DARUNTER SAFTIG UND BEKOMMT BESONDERS VIEL AROMA.

Zutaten für 4 Portionen

- 130 g Butter, 250 g Mehl, Salz
- 1 Ei (Größe M), 1 Eigelb
- 400 g Schwarzwurzeln
- 2 EL Essig
- 1 rote Zwiebel, 500 g Chicorée
- 1 Bio-Orange, ½ Bund Petersilie
- 4 Zweige Thymian
- 1 EL Puderzucker
- 1 TL scharfes Paprikapulver
- 1 Bund Schnittlauch
- 1 TL grüne Pfefferkörner (am besten frisch)
- 200 g saure Sahne
- 1 TL scharfer Senf
- 1 TL Zitronensaft

besonderes Werkzeug
- Tarteform aus Metall (30 cm Ø; bei anderen Formen zusätzlich Pfanne verwenden)

Zeitbedarf
- 1 Stunde + 25 Minuten backen + 10 Minuten ruhen

Nährwerte
- 610 kcal pro Portion

So geht's

1. Für den Teig 100 g Butter würfeln und bei schwacher Hitze zerlassen. Lauwarm abkühlen lassen, dann mit dem Mehl, 1 TL Salz, dem Ei und dem Eigelb zu einem glatten, geschmeidigen Teig verkneten. Teig zu einer Kugel formen, in Klarsichtfolie wickeln und ca. 1 Stunde kühl stellen.
2. Inzwischen die Schwarzwurzeln unter fließendem kaltem Wasser waschen und schälen **[→a]**. Schwarzwurzeln in ca. 4 cm lange Stücke schneiden und evtl. in Essigwasser geben **[→b]**. Salzwasser zum Kochen bringen. Schwarzwurzeln darin ca. 3 Minuten sprudelnd kochen lassen. In ein Sieb abgießen, kalt abschrecken und abtropfen lassen.
3. Zwiebel schälen, vierteln und in Streifen schneiden. Chicorée waschen und von allen welken Blättern befreien. Chicorée der Länge nach achteln, den Strunk in der Mitte nur so weit abschneiden, dass die Blattschichten noch zusammenhalten. Orange heiß waschen und abtrocknen. Schale fein abreiben. Eine Hälfte auspressen. Die Kräuter waschen und trocken schütteln. Petersilienblättchen fein hacken, Thymian abstreifen.
4. Den Backofen auf 200 °C (Ober- und Unterhitze; Umluft 180 °C) vorheizen. Die übrige Butter mit dem Puderzucker in einer Tarteform oder Pfanne auf dem Herd zerlaufen lassen. Das Gemüse mit der Zwiebel und dem Thymian darin unter Rühren ca. 5 Minuten garen und karamellisieren lassen. Petersilie untermischen, 1–2 EL Orangensaft dazugeben. Das Gemüse mit Salz, Paprikapulver und der Orangenschale abschmecken und in die Tarteform füllen, falls Sie es in der Pfanne zubereitet haben.
5. Teig noch einmal durchkneten, zu einer Kugel formen und zwischen zwei Lagen Backpapier rund (mindestens 32 cm ø) ausrollen. Die obere Lage Papier abziehen und den Teig auf das Gemüse in der Form stürzen **[→c]**. Teigränder an den Rand der Form drücken. Die Tarte im heißen Ofen (Mitte) ca. 25 Minuten backen, bis der Teig schön knusprig ist. Aus dem Ofen nehmen und ca. 10 Minuten stehen lassen.
6. Inzwischen den Schnittlauch waschen, trocken schütteln und in Röllchen schneiden. Pfefferkörner fein hacken und mit saurer Sahne, Senf, Zitronensaft und Schnittlauch verrühren. Creme mit Salz abschmecken.
7. Die Tarte vom Rand der Form lösen und auf eine Platte stürzen **[→d]**. Die Tarte in Stücke schneiden und mit der Schnittlauchcreme servieren.

[a]

DAS IST *wirklich* WICHTIG

[a] SCHWARZWURZELN SCHÄLEN Bürsten Sie die Stangen unter fließendem kaltem Wasser gründlich ab. Beim Schälen läuft ein milchiger Saft aus, der die Haut braun färbt. Schälen Sie sie deshalb auch unter fließendem Wasser. Und ziehen Sie möglichst Einweghandschuhe an.

[b] SCHWARZWURZELN SÄUERN Mischen Sie in einer Schüssel ca. 1 l Wasser mit 2 EL Essig. Wenn Sie die Schwarzwurzeln nicht sofort weiterverarbeiten, müssen sie in dieser Mischung ruhen, damit sie nicht braun anlaufen.

[c] DECKEL AUFLEGEN Rollen Sie den Teig zwischen zwei Lagen Backpapier etwas größer als die Form aus. Das obere Papier abziehen und Teig auf das Gemüse in der Form stürzen. Übriges Papier abziehen. Drücken Sie den Teig jetzt rundherum innen an den Formrand.

[d] TARTE STÜRZEN Lösen Sie die Tarte mit einem kleinen Messer vom Rand der Form. Dann eine Platte auflegen und die Tarte daraufstürzen. Der Deckel wird nun zum Tarteboden.

[d]

[a]

DAS IST *wirklich* WICHTIG

[a] SPITZKOHLBLÄTTER ABLÖSEN Spitzkohl hat so locker sitzende Blätter, dass Sie sie ablösen können, ohne den ganzen Kohlkopf zu blanchieren. Schneiden Sie den Strunkansatz großzügig ab und lösen Sie die Blätter eins nach dem anderen vorsichtig rundherum ab.

[b] BLATTRIPPEN FLACHER SCHNEIDEN Die Rouladen lassen sich leichter rollen und schmecken besser, wenn die Blätter gleichmäßig dick sind. Schneiden Sie die dicke Mittelrippe der Kohlblätter deshalb mit dem Messer flacher.

SPITZKOHLROULADEN

mit Maronen und Orangensauce

EIN WUNDERBARES ESSEN FÜR DEN HERBST, WENN ES FRISCHEN SPITZKOHL, MARONEN UND DIE ERSTEN SAFTIGEN ORANGEN GIBT.

Zutaten für 4 Portionen

- 100 g Buchweizenkörner
- ½ l Gemüsebrühe
- 8 große Spitzkohlblätter [→a]
- Salz, 150 g gegarte Maronen (vakuumverpackt)
- 3 Frühlingszwiebeln
- 2 Knoblauchzehen
- ½ Bund Petersilie
- 150 g saure Sahne
- 4 EL Semmelbrösel
- 1 Eigelb, Pfeffer aus der Mühle
- frisch geriebene Muskatnuss
- 2 EL Öl, 1 Bio-Orange
- 1 TL Koriandersamen
- 100 g Crème fraîche

besonderes Werkzeug

- Küchengarn, Rouladennadeln oder Zahnstocher

Zeitbedarf

- 45 Minuten

Nährwerte

- 420 kcal pro Portion

So geht's

1. Den Buchweizen mit ¼ l Brühe in einem Topf zum Kochen bringen und zugedeckt in ca. 10 Minuten bei schwacher Hitze ausquellen lassen. Auf dem abgeschalteten Herd nachziehen und lauwarm abkühlen lassen.
2. Inzwischen die Spitzkohlblätter waschen und die dicken Mittelrippen etwas flacher schneiden [→b]. Salzwasser zum Kochen bringen. Die Kohlblätter darin 1 – 2 Minuten sprudelnd kochen lassen, bis sie biegsam sind. In ein Sieb abgießen, kalt abschrecken, abtropfen lassen und auf der Arbeitsfläche ausbreiten.
3. Die Maronen durch die Kartoffelpresse drücken. Die Frühlingszwiebeln waschen, putzen und fein hacken. Den Knoblauch schälen und zum Maronenpüree pressen. Die Petersilie waschen und trocken schütteln. Die Blättchen fein hacken und mit saurer Sahne, Semmelbröseln, Buchweizen und Eigelb unter das Maronenpüree mischen, mit Salz, Pfeffer und Muskat abschmecken.
4. Die Maronenmischung auf den Spitzkohlblättern verteilen. Die Ränder nach innen klappen und die Blätter wie Rouladen aufrollen. Die Rouladen mit Küchengarn verschnüren oder die Enden mit Rouladennadeln oder Zahnstochern feststecken.
5. Das Öl in einem weiten Topf erhitzen. Die Rouladen darin rundherum leicht braun anbraten. Die übrige Brühe angießen. Rouladen zugedeckt bei schwacher Hitze ca. 5 Minuten schmoren, bis die Kohlblätter weich sind.
6. Inzwischen die Orange heiß waschen und abtrocknen, die Schale fein abreiben. Den Saft auspressen. Koriander in einem Pfännchen bei mittlerer Hitze 1 – 2 Minuten anbraten, im Mörser so fein wie möglich zerstoßen. Die Rouladen aus dem Topf heben. Die Crème fraîche und 2 – 3 EL Orangensaft unter die Brühe rühren und alles bei starker Hitze offen leicht einkochen lassen. Koriander und Orangenschale untermischen und die Sauce mit Salz und Pfeffer abschmecken. Rouladen mit der Sauce servieren.

Dazu schmecken Salzkartoffeln.

MARONEN SELBST GAREN **Frische Esskastanien an der gewölbten Seite längs einschneiden. Mit dieser Seite nach oben auf dem Backblech im Ofen bei 180 °C (Ober- und Unterhitze; Umluft 160 °C) ca. 20 Minuten backen, bis sich die Schale aufbiegt. Etwas abkühlen lassen, dann die Schale und die braune Haut darunter ablösen.**

SALATPÄCKCHEN *mit Ricotta und Tomaten*

GEMÜSEFEINKOST AUS LIGURIEN, WO SALAT KEINESFALLS NUR KALT SERVIERT, SONDERN AUCH GESCHMORT, GEBRATEN ODER WIE HIER AROMATISCH GEFÜLLT WIRD.

Zutaten für 4 Portionen

- 12 größere Blätter Romanasalat
- Salz
- 700 g vollreife Tomaten
- 4 Knoblauchzehen
- 1 kleines Bund Basilikum
- 2 Eiweiß
- 1 TL Zitronensaft
- 400 g Ricotta
- 75 g frisch geriebener Hartkäse (z. B. Pecorino)
- Pfeffer aus der Mühle
- 4 EL Olivenöl
- ⅛ l Gemüsebrühe
- 2 TL Kapern (nach Belieben)
- 1 Prise Zucker oder 1 Msp. Honig

Zeitbedarf
- 40 Minuten

Nährwerte
- 405 kcal pro Portion

So geht's

1. Die Romanasalatblätter waschen und die dicken Blattrippen flacher schneiden. In einem großen Topf reichlich Wasser zum Kochen bringen und salzen. Die Blätter darin ganz kurz sprudelnd kochen lassen **[→a]**. In ein Sieb abgießen, kalt abschrecken und abtropfen lassen. Blätter nebeneinander auf die Arbeitsfläche legen.
2. Stielansätze keilförmig aus den Tomaten herausschneiden. Die Tomaten mit kochendem Wasser überbrühen, kurz ziehen lassen, kalt abschrecken und häuten (siehe Seite 103). Tomaten in kleine Würfel schneiden. Den Knoblauch schälen und fein hacken.
3. Das Basilikum waschen und trocken schütteln, die Blättchen abzupfen und fein hacken. Die Eiweiße zu steifem Schnee schlagen, dabei den Zitronensaft und 1 Prise Salz zugeben. Den Ricotta mit dem Käse und dem Basilikum verrühren und mit Salz und Pfeffer abschmecken. Den Eischnee mit einem Schneebesen unterheben.
4. Die Ricottamasse im unteren Drittel der Salatblätter verteilen. Die seitlichen Ränder nach innen schlagen und die Salatblätter zu Päckchen formen **[→b]**.
5. In einem weiten Topf oder einer Pfanne mit Deckel die Hälfte des Öls erhitzen, die Salatpäckchen mit der „Naht" nach unten hineinsetzen und bei mittlerer Hitze 2–3 Minuten braten. Umdrehen, die Brühe angießen und die Päckchen zugedeckt bei schwacher Hitze ca. 5 Minuten schmoren.
6. Gleichzeitig das restliche Öl erhitzen, die Tomaten mit dem Knoblauch hineingeben und bei starker Hitze unter Rühren 2–3 Minuten braten. Die Kapern nach Belieben unterrühren. Tomaten mit Salz, Pfeffer und dem Zucker oder Honig abschmecken.
7. Die Salatpäckchen auf Teller geben, mit den Tomaten garnieren und rasch servieren.

Dazu schmeckt knuspriges Baguette oder Ciabatta.

MENÜTIPP **Lassen Sie sich davor eine kleine Portion Pasta und Pesto mit grünen Bohnen (Seite 109) schmecken und danach Vanilleeis mit in ein paar Esslöffeln Sahne geschmolzener Zartbitter-Schokolade.**

[b]

DAS IST *wirklich* WICHTIG

[a] NUR KURZ KOCHEN Die Salatblätter lassen Sie wirklich nur so lang im kochenden Wasser, bis sie biegsam sind. Ein paar Sekunden reichen! Zu weich dürfen sie nicht werden.

[b] PÄCKCHEN FORMEN Verteilen Sie die Füllung im unteren Drittel der Blätter. Die seitlichen Ränder nach innen klappen und die Blätter zu Päckchen verschließen. Die zarten Blätter haften gut aneinander, müssen also nicht verschnürt werden.

[a]

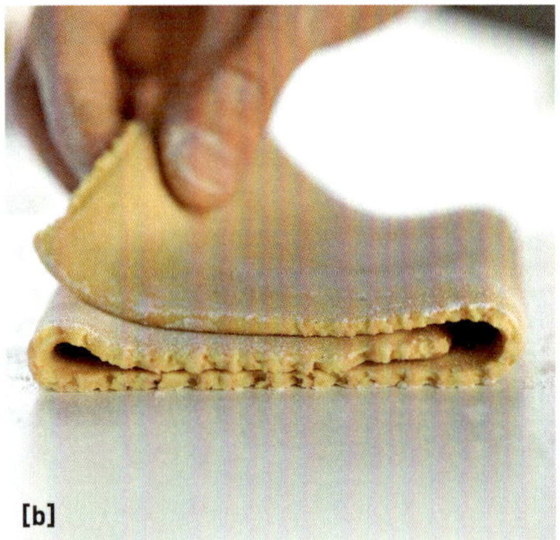
[b]

[c]

DAS IST *wirklich* WICHTIG

[a] TEIG KNETEN Den Teig auf der Arbeitsfläche so lange kräftig durchkneten, bis er elastisch ist und glatt aussieht wie frisch eingecremte Haut. Falls er zu trocken ist, tropfenweise Wasser zugeben, ist er zu feucht, teelöffelweise Mehl unterarbeiten.

[b] TEIG AUSROLLEN Ein Drittel vom Teig abnehmen, mit dem Handballen flach drücken, die Maschine auf die weiteste Walzenöffnung stellen. Den Teig von jeder Seite zu einem Drittel nach innen legen, mit der offenen Seite nach vorn durch die Walze drehen. Diesen Vorgang so oft wiederholen, bis die Platte schön glatt ist. Dann nach und nach die Walzenöffnung enger stellen.

[c] ERBSEN ENTHÜLSEN Die Erbsenschoten so zwischen die Finger nehmen, dass die „Nähte" oben und unten liegen. Mit Daumen und Zeigefinger etwa in der Mitte der Schoten auf diese Nähte drücken und sie dadurch aufbrechen. Dann die Erbsen mit den Fingern aus den Schoten streifen.

NUDELFLECKERL

mit Erbsenpüree und Kräuterbutter

G

SELBST GEMACHTE NUDELN SCHMECKEN WUNDERBAR UND SIND MIT EINER MASCHINE LEICHT HERGESTELLT. WENN SIE DEN TEIG OHNE EI ZUBEREITEN WOLLEN, MISCHEN SIE DAS MEHL MIT DEM SALZ UND DEM ÖL UND GEBEN CA. ⅛ L LAUWARMES WASSER DAZU.

Zutaten für 4 Portionen

Für den Nudelteig

300 g Mehl (siehe Tipp unten)

3 große Eier (Größe L), Salz

1 EL Öl

Mehl zum Arbeiten

Für Püree und Kräuterbutter

750 g frische Erbsen in der Schote

Salz, ½ Bio-Zitrone

2 Knoblauchzehen

½ Bund gemischte Kräuter (z. B. für grüne Sauce)

80 g weiche Butter

1 TL scharfer Senf

rosenscharfes Paprikapulver

Pfeffer aus der Mühle

besonderes Werkzeug
- Nudelmaschine mit Handkurbel

Zeitbedarf
- 1 Stunde + 30 Minuten ruhen

Nährwerte
- 565 kcal pro Portion

So geht's

1. Das Mehl mit den Eiern, 1 TL Salz und dem Öl in einer Schüssel mischen, dann auf einer Arbeitsfläche zu einem glatten Teig verkneten [→a]. Teig zur Kugel formen, in ein Küchentuch hüllen und bei Zimmertemperatur ca. 30 Minuten ruhen lassen.
2. Dann den Teig portionsweise in der Nudelmaschine zu dünnen Platten ausrollen [→b]. Platten auf leicht bemehlten Küchentüchern ausbreiten und ca. 30 Minuten antrocknen lassen.
3. Inzwischen für das Püree die Erbsen aus den Schoten lösen [→c]. Ca. ½ l Wasser zum Kochen bringen und salzen. Die Erbsen darin in ca. 5 Minuten weich garen. Die Erbsen abgießen und den Sud auffangen. Die Zitronenhälfte heiß waschen und abtrocknen, die Schale fein abreiben. Den Knoblauch schälen und durch die Presse drücken.
4. Für die Kräuterbutter die Kräuter waschen und trocken schütteln. Blättchen abzupfen und fein hacken. Die Butter mit einer Gabel mit dem Senf, Salz und 1 kräftigen Prise Paprika verkneten, die Kräuter untermischen. Die Butter bis zum Servieren in den Kühlschrank stellen.
5. Die Nudelplatten zu unregelmäßigen Quadraten oder Dreiecken schneiden. Reichlich Wasser zum Kochen bringen und salzen. Die Nudeln darin in ca. 3 Minuten al dente kochen.
6. Schon während das Wasser heiß wird, die Erbsen mit ca. 100 ml Erbsenkochwasser fein pürieren und in einem Topf langsam erwärmen. Mit der Zitronenschale und dem Knoblauch mischen und mit Salz und Pfeffer abschmecken.
8. Die Nudeln abgießen und tropfnass in einer vorgewärmten Schüssel auf den Tisch stellen. Erbsenpüree und Kräuterbutter dazustellen. Jeder nimmt sich etwas Erbsenpüree und mischt es unter die Nudeln. Kräuterbutter darauf verteilen und schmelzen lassen.

GUTES MEHL Besonders gut gelingt der Nudelteig mit Mehl aus Hartweizen, das Sie in italienischen Feinkostläden bekommen. Ähnliche Eigenschaften hat Spätzlemehl, das es in größeren Supermärkten gibt. Sie können auch Weizen- oder Dinkelvollkornmehl verwenden. Geben Sie dann zusätzlich noch 1 Eigelb oder 2 – 3 TL Wasser mit an den Teig.

KÄSEQUICHE *mit Apfel und Frühlingszwiebeln*

EIN KNUSPRIGER TEIG IST DIE PERFEKTE HÜLLE FÜR ALLERLEI GEMÜSE. WER MAG, KANN STATT WASSER, DAS DEN TEIG GESCHMEIDIG MACHT, AUCH 1 EI ODER 2 EIGELB ZUGEBEN. DAS LÄSST DEN TEIG NOCH KNUSPRIGER WERDEN.

Zutaten für 4 – 6 Portionen

Für den Teig

- 125 g kalte Butter, 1 geh. TL Salz
- 250 g Vollkorndinkelmehl (siehe Tipp unten)

Für den Belag

- 1 Bund Frühlingszwiebeln
- 500 g säuerliche Äpfel
- 1 EL Zitronensaft
- ¼ Bund Thymian
- 150 g Greyerzer, 3 Eier (Größe M)
- 200 g Crème fraîche
- Salz, Pfeffer aus der Mühle
- ½ TL gemahlener Koriander

besonderes Werkzeug

- Springform (28 cm Ø)

Zeitbedarf

- 40 Minuten + 1 Stunde ruhen + 35 Minuten backen

Nährwerte

- 665 kcal pro Person (bei 6)

So geht's

1. Butter, Salz und Mehl mit einem Messer durchhacken, bis die Butter fein gewürfelt ist [→a], dann mit den Händen zu einem glatten Teig verkneten [→b]. Den Teig rund ausrollen [→c], in die Springform geben und einen 2 – 3 cm hohen Rand hochziehen [→d]. Den Rand gerade abschneiden. Teig in der Form ca. 1 Stunde kühl stellen.
2. Inzwischen für den Belag die Frühlingszwiebeln waschen. Die Wurzelenden und die dunkelgrünen welken Teile abschneiden. Die Zwiebeln in feine Ringe schneiden. Die Äpfel vierteln, schälen und von den Kerngehäusen befreien. Die Äpfel in ca. 1 cm dicke Schnitze schneiden und mit dem Zitronensaft mischen. Den Thymian waschen und trocken schütteln. Die Blättchen abstreifen und leicht hacken. Den Käse entrinden und fein reiben.
3. Den Backofen auf 200 °C (Ober- und Unterhitze; Umluft 180 °C) vorheizen.
4. Die Eier mit der Crème fraîche mit dem Schneebesen cremig schlagen. Käse untermischen und alles mit Salz, Pfeffer und dem Koriander abschmecken.
5. Die Zwiebelringe mit den Äpfeln und den Kräutern mischen und auf dem gekühlten Teig verteilen. Eiercreme darübergießen. Die Quiche im Ofen (Mitte) ca. 35 Minuten backen, bis sie schön gebräunt ist. Quiche ca. 5 Minuten stehen lassen, dann in Stücke schneiden und heiß oder lauwarm essen.

Dazu schmeckt Salat, zum Beispiel Radicchio oder Feldsalat.

VOLLKORNMEHL Die Vitamine B_1, B_6 und Niacin sind außer in Fleisch vor allem in Vollkornprodukten enthalten. Sie stärken zum Beispiel die Nerven und müssen in ausreichender Menge aufgenommen werden. Essen Sie also möglichst oft Vollkornprodukte.

DAS IST *wirklich* WICHTIG

[a] ZUTATEN HACKEN Das Kneten des Teiges geht einfacher, wenn die Butter gut zerkleinert ist. Deshalb Butter, Mehl und Salz auf ein Backbrett geben und zuerst einmal mit einem großen schweren Messer durchhacken.

[b] TEIG KNETEN Verkneten Sie nun die gehackten Zutaten mit den Händen von außen nach innen zu einem glatten Teig. Zur Probe den Teig zur Kugel formen und einmal in der Mitte durchschneiden. Es dürfen keine Butterstückchen mehr zu sehen sein.

[c] TEIG AUSROLLEN Formen Sie den Teig wieder zur Kugel. Geben Sie ein Stück Backpapier auf die Arbeitsfläche, legen den Teig darauf und bedecken Sie ihn erneut mit Backpapier. Jetzt den Teig mit dem Nudelholz nach und nach etwas größer als die Form ausrollen. Den Teig dabei immer wieder ein Stück drehen, so wird er gleichmäßig rund.

[d] RAND FORMEN Den rund ausgerollten Teig in die Form legen. Nun am Rand mit den Fingern andrücken und dabei 2–3 cm hochziehen.

[b]

[d]

[a]

[b]

DAS IST *wirklich* WICHTIG

[a] EIWEISS STEIF SCHLAGEN Perfekt geschlagener Eischnee ist fest, ein Schnitt mit dem Messer bleibt sichtbar. Besonders gut gelingt Eischnee, wenn Sie 1 Prise Salz oder etwas Zitronensaft vor dem Schlagen zum Eiweiß geben.

[b] EISCHNEE UNTERHEBEN Damit die Gemüsemasse geschmeidig wird, rühren Sie zunächst 1 EL Eischnee unter. Den Rest dann daraufhäufen und mit dem Spatel unterheben. Immer wieder von unten nach oben durch die Masse ziehen und den Spatel am Schüsselrand abklopfen.

GEMÜSEAUFLAUF
mit Mascarpone und Kräuter-Gremolata

SAFTIG UND KNUSPRIG AN DER OBERFLÄCHE KOMMT DIESER AUFLAUF AUS DEM OFEN UND ERHÄLT DURCH DIE ZITRONENFRISCHE GREMOLATA VOR DEM SERVIEREN NOCH BESONDEREN PEP.

Zutaten für 4 Portionen

- 250 g kleine Champignons
- 250 g Mangold
- je 1 gelbe und rote Paprikaschote, 2 Zucchini
- 1 große rote Zwiebel
- je 2 EL Butter und Olivenöl
- 1 TL Fenchelsamen
- Salz, Pfeffer aus der Mühle
- 4 Eier (Größe M)
- 250 g Mascarpone
- 150 g frisch geriebener Hartkäse (z. B. Pecorino)
- 4 EL Pinienkerne
- 1 Bund Basilikum
- 2 dicke Knoblauchzehen
- 1 EL Kapern, 1 Bio-Zitrone

Zeitbedarf

- 45 Minuten + 35 Minuten backen + 10 Minuten ruhen

Nährwerte

- 720 kcal pro Portion

So geht's

1. Die Champignons mit feuchtem Küchenpapier sauber abreiben und die Stielenden abschneiden. Die Pilze halbieren. Den Mangold waschen, die Blätter abschneiden und fein hacken, die Stiele in Streifen schneiden. Die Paprika waschen und halbieren. Stiele und Trennhäute mit den Kernen entfernen. Schotenhälften in Streifen schneiden. Die Zucchini waschen, die Enden abschneiden. Die Zucchini längs vierteln und quer in ca. 1 cm dicke Stücke schneiden. Zwiebel schälen, vierteln und in Streifen schneiden.
2. Den Backofen auf 200 °C (Ober- und Unterhitze; Umluft 180 °C) vorheizen. Die Form mit etwas Butter ausstreichen.
3. Das Öl in einer Pfanne erhitzen. Das Gemüse und die Fenchelsamen einrühren und bei starker Hitze unter Rühren ca. 5 Minuten braten. Gemüse salzen, pfeffern, lauwarm abkühlen lassen.
4. Die Eier trennen. Die Eigelbe mit Mascarpone und Käse verrühren und mit Salz und Pfeffer würzen. Die Eiweiße mit 1 Prise Salz zu steifem Schnee schlagen [→a]. Die Mascarponecreme unter das Gemüse rühren, den Eischnee unterheben [→b]. Die Masse in eine ofenfeste Form füllen, mit den Pinienkernen bestreuen und mit der übrigen Butter in kleinen Flöckchen belegen.
5. Den Auflauf im heißen Ofen (Mitte) ca. 35 Minuten backen, bis er fest und leicht gebräunt ist. Inzwischen das Basilikum waschen und trocken schütteln. Die Blättchen abzupfen und fein hacken. Den Knoblauch schälen und mit den Kapern fein schneiden. Die Zitrone heiß waschen und abtrocknen, die Schale mit dem Zestenreißer in dünnen, kurzen Streifen abschälen. Basilikum, Knoblauchmischung und Zitronenschale mischen, salzen und pfeffern.
6. Den Auflauf ca. 10 Minuten stehen lassen, dann mit der Gremolata bestreuen und servieren.

Dazu schmeckt knuspriges Brot und Blattsalat.

Die Variante

Gemüsekuchen mit Käse
150 g altbackenes Weißbrot in Wasser einweichen. 400 g Mangold, 300 g Brokkoliröschen und 300 g Zucchini waschen. Mangold klein schneiden. Brokkoli und Zucchini würfeln. Mangoldstiele und Brokkoli in Salzwasser ca. 5 Minuten sprudelnd kochen lassen. Zucchini und Mangoldblätter 2–3 Minuten mitgaren. Gemüse kalt abschrecken, fein hacken. 1 Tomate waschen und sehr fein würfeln. Brot ausdrücken, fein zerpflücken und mit dem Gemüse, je 2 TL gehacktem Oregano und Thymian, 1 TL gehacktem Salbei, 2 gehackten Knoblauchzehen, 150 g frisch geriebenem Pecorino, 2 EL Olivenöl und 2 Eiern verrühren. Alles salzen, pfeffern und in eine geölte Springform (30 cm ø) füllen. 2 EL Pinienkerne aufstreuen und 2 EL Olivenöl darüberträufeln. Gemüsekuchen im Ofen (Mitte) bei 200 °C (Ober- und Unterhitze; Umluft 180 °C) in ca. 40 Minuten braun backen.

KOHLRABISTRUDEL

mit Kräutercreme

EIN STRUDELTEIG MUSS HAUCHDÜNN UND ZART SEIN, ER GELINGT AM ALLERBESTEN MIT HELLEM MEHL. DAMIT DER TEIG BEIM AUSZIEHEN ZUSAMMENHÄLT, MUSS ER NICHT NUR SEHR GUT GEKNETET WERDEN, SONDERN AUCH ZWISCHENDURCH WARM RUHEN.

Zutaten für 2 Strudel (4 – 6 Portionen)

Für den Strudel

- 250 g Mehl
- Salz, 2 EL Öl, 1 Ei (Größe M)
- 1 ½ kg Kohlrabi
- 1 Bund Frühlingszwiebeln
- ½ Bio-Zitrone
- Pfeffer aus der Mühle
- 50 g Butter
- 100 g Ziegenfrischkäse
- 200 g saure Sahne
- Mehl zum Arbeiten

Für die Kräutercreme

- 1 Kästchen Gartenkresse
- 1 Bund Schnittlauch
- 250 g saure Sahne
- Salz, Pfeffer aus der Mühle
- ½ TL gem. Kümmel

Zeitbedarf

- 1 Stunde + 40 Minuten backen

Nährwerte

- 435 kcal pro Portion (bei 6)

So geht's

1. Das Mehl mit 1 Prise Salz in einer Schüssel mischen. Das Öl, das Ei und zunächst 80 ml lauwarmes Wasser dazugeben und verrühren. Dann auf einer leicht bemehlten Arbeitsfläche so lange kräftig kneten, bis ein glatter, geschmeidiger und seidig glänzender Teig entsteht **[→a]**. Falls nötig, noch etwas Wasser zugeben.
2. Den Teig zur Kugel formen und 30 Minuten warm ruhen lassen. Dafür in einem Topf Wasser zum Kochen bringen. Das Wasser abgießen. Den Teig in Back- oder Butterbrotpapier wickeln und zugedeckt in dem warmen Topf ruhen lassen.
3. Inzwischen für die Füllung die Kohlrabi schälen, zartes Kohlrabigrün waschen und beiseitelegen. Den Kohlrabi in feine Scheiben hobeln, diese in dünne Stifte schneiden. Die Frühlingszwiebeln waschen, die Wurzelenden und die welken grünen Teile abschneiden, die Zwiebeln erst in ca. 5 cm lange Stücke, dann in feine Streifen schneiden. Die Zitronenhälfte waschen und abtrocknen, die Schale fein abreiben. Kohlrabi mit den Zwiebelstreifen und der Zitrone mischen und mit Salz und Pfeffer würzen.
4. Den Teig halbieren, die eine Hälfte wieder in den Topf legen, die andere zuerst mit dem Nudelholz so dünn wie möglich auf einem bemehlten Küchentuch ausrollen **[→b]**, dann über den Handrücken so dünn wie möglich ausziehen **[→c]**.
5. Die Butter zerlassen. Den dünn ausgezogenen Teig mit flüssiger Butter bestreichen und mit der Hälfte der Kohlrabimischung belegen. Die Hälfte von Ziegenkäse und saurer Sahne in Klecksen darauf verteilen. Die Ränder nach innen klappen und den Strudel aufrollen **[→d]**, dann in die Form geben. Dazu die Rolle bis ans Ende des Tuches weiterrollen lassen. Dann das Tuch an beiden Seiten hochheben und direkt an eine rechteckige ofenfeste Form halten. Den Strudel nun vorsichtig in die Form gleiten lassen. Achten Sie darauf, dass die Nahtstelle unten liegt.
6. Den Backofen auf 180 °C (Ober- und Unterhitze; Umluft 160 °C) vorheizen. Den zweiten Strudel ebenso ausrollen, füllen, aufrollen und in die Form geben. Die Strudel mit der restlichen flüssigen Butter bestreichen und im heißen Ofen (Mitte) ca. 40 Minuten backen, bis sie schön gebräunt sind.
7. Inzwischen die Kresse mit einer Schere vom Beet schneiden. Den Schnittlauch waschen, trocken schütteln und in feine Röllchen schneiden. Saure Sahne mit Salz, Pfeffer, Kräutern und Kümmel verrühren. Den Strudel mit der Kräutercreme servieren.

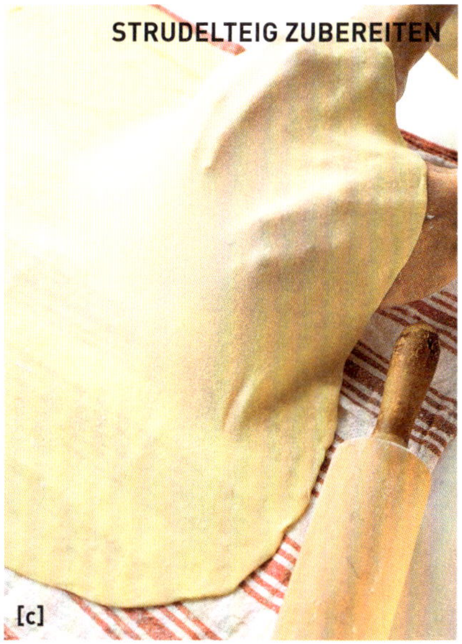

[c]

[d]

DAS IST *wirklich* WICHTIG

[a] DIE RICHTIGE KONSISTENZ Der perfekt geknetete Strudelteig ist weich und elastisch und klebt nicht an den Fingern. So lange auf der leicht bemehlten Arbeitsfläche durchkneten, bis er glänzt wie frisch eingecremte Haut.

[b] TEIG AUSROLLEN Nach dem Ruhen ist der Teig leicht klebrig. Mischen Sie trotzdem kein weiteres Mehl unter. Den Teig halbieren und auf dem Küchentuch zunächst in alle Richtungen mit dem Nudelholz so dünn wie möglich ausrollen.

[c] TEIG AUSZIEHEN Fahren Sie mit den Handrücken unter den ausgerollten Teig und ziehen ihn von der Mitte nach außen vorsichtig über die Handrücken, bis er so dünn ist, dass man das Muster des Küchentuchs durchscheinen sieht.

[d] TEIGPLATTE AUFROLLEN Die Teigplatte mit Butter einpinseln, mit der Hälfte der Gemüsemischung belegen und mit Frischkäse und saurer Sahne garnieren. Die Teigränder nach innen klappen. Heben Sie das Tuch an einer Längsseite leicht an. Der Teig beginnt, sich aufzurollen. Nun das Tuch nach und nach anheben, bis sich der Teig zu einer Rolle geformt hat.

DAS IST *wirklich* WICHTIG

[a] PUFFER FORMEN Die Kürbismasse ist eher weich. Setzen Sie mit einem Esslöffel kleine Häufchen davon ins heiße Fett in der Pfanne und streichen sie leicht flach.

[b] PUFFER WENDEN Sobald sich an der Unterseite eine schöne Kruste gebildet hat, sind die Puffer stabil genug zum Wenden. Heben Sie sie an einer Seite mit dem Spatel an: Wenn sie schön braun und knusprig sind, Puffer umdrehen und fertig braten.

KÜRBISPUFFER
mit Fenchel-Orangen-Linsen

FEINKOST FÜR VEGETARIER – EIN AROMATISCH-WÜRZIGER SALAT IN ERDIGEN FARBEN MIT WUNDERBAR SAFTIG GEBRATENEN PUFFERN AUS LEUCHTEND ORANGEM KÜRBISFLEISCH.

Zutaten für 4 Portionen

Für den Salat

- 150 g braune, grüne oder schwarze Linsen
- 1 Bio-Orange, 1 Fenchelknolle
- 1 EL Zitronensaft
- 1 TL Orangenmarmelade (ersatzweise Honig)
- 1 TL scharfer Senf, Salz
- 1 kräftige Prise Chilipulver
- 2 EL Öl, 2 EL Kürbiskernöl

Für die Puffer

- 1 Stück Muskat- oder Hokkaidokürbis (ca. 700 g)
- 1 Zwiebel, 2 Knoblauchzehen
- 2 EL Kürbiskerne
- ½ Bund Petersilie, 2 EL Mehl
- 2 Eier (Größe M)
- Salz, Pfeffer aus der Mühle
- 4 EL Öl oder Butterschmalz

Zeitbedarf
- 1 Stunde 15 Minuten

Nährwerte
- 445 kcal pro Portion

So geht's

1. Die Linsen mit ½ l Wasser zum Kochen bringen und bei halb aufgelegtem Deckel bei mittlerer Hitze in ca. 40 Minuten weich, aber nicht zu weich garen. In ein Sieb abgießen und lauwarm abkühlen lassen.
2. Inzwischen die Orange heiß waschen und abtrocknen, die Schale fein abreiben. Eine Hälfte auspressen. Den Fenchel waschen, putzen und vierteln. Zartes Fenchelgrün fein schneiden. Den Strunk herausschneiden. Den Fenchel klein würfeln.
3. Den Zitronen- und den Orangensaft mit der Marmelade, dem Senf, Salz und Chili verrühren. Die beiden Ölsorten nach und nach zu einer cremigen Sauce unterschlagen. Linsen und Fenchel mit dem Fenchelgrün unterrühren und den Salat abschmecken.
4. Für die Puffer aus dem Kürbis die Kerne samt faserigem Fruchtfleisch mit einem Löffel herausschaben. Den Kürbis schälen. Die Zwiebel ebenfalls schälen. Kürbis und Zwiebel auf der Rohkostreibe fein reiben. Den Saft, der sich dabei eventuell bildet, abgießen.
5. Den Knoblauch schälen und zum Gemüse pressen. Die Kürbiskerne grob hacken. Die Petersilie waschen und trocken schütteln. Die Blättchen abzupfen und fein hacken. Mit den Kürbiskernen, dem Mehl und den Eiern zum Kürbis geben und gut unterrühren. Masse mit Salz und Pfeffer abschmecken.
6. Das Öl oder Butterschmalz in zwei Pfannen gleichzeitig erhitzen. Aus der Kürbismasse mit einem Esslöffel kleine Häufchen in die Pfannen setzen und etwas flacher streichen [→a]. Die Puffer bei mittlerer Hitze ca. 5 Minuten braten, bis sie schön gebräunt sind. Wenden [→b] und nochmals so lange braten. Die Puffer mit dem Salat auf vorgewärmten Tellern servieren.

Dazu schmeckt knuspriges Brot und ein Joghurtdip, z. B. der Minzjoghurt von Seite 29.

FENCHELPUFFER

mit Limetten-Koriander-Pesto

SAFTIG-KNUSPRIGE PFLÄNZCHEN MIT EINER EXOTISCHEN PESTO-VARIANTE – DAS IDEALE ESSEN, UM GÄSTE ZU VERWÖHNEN.

Zutaten für 4 Portionen

Für die Puffer

- 2 Fenchelknollen, Salz
- 1 altbackenes Brötchen
- 2 Frühlingszwiebeln
- 100 g Quark, 2 Eier (Größe M)
- 1 TL Fenchelsamen
- Pfeffer aus der Mühle
- 1 EL Butter, 1 EL Öl

Für das Pesto

- 2 Bio-Limetten
- 1 Bund Koriandergrün
- 2 TL Koriandersamen
- ½ getrocknete Chilischote
- 50 g Cashewnusskerne
- 50 ml Öl, Salz
- 1 Prise Zucker

Zeitbedarf

- 40 Minuten

Nährwerte

- 380 kcal pro Portion

So geht's

1. Den Fenchel waschen, putzen und vierteln. Zartes Fenchelgrün beiseitelegen. Den Strunk herausschneiden. Den Fenchel fein hacken und mit 1 TL Salz mischen.
2. Das Brötchen in einer Schüssel mit Wasser bedecken und 10 Minuten weich werden lassen. Die Frühlingszwiebeln waschen, die Wurzelenden und die welken dunkelgrünen Teile abschneiden. Die Zwiebeln in feine Ringe schneiden. Die Fenchelsamen im Mörser andrücken.
3. Für das Pesto die Limetten waschen und abtrocknen, die Schale fein abreiben. 1 Limette auspressen. Koriandergrün waschen und trocken schütteln, die Blättchen abzupfen und fein hacken. Die Koriandersamen mit der Chilihälfte und den Cashewnusskernen in einer Pfanne ohne Fett bei mittlerer Hitze 1–2 Minuten anrösten.
4. Koriander mit der Nussmischung, dem Öl und 2 EL Limettensaft in der Küchenmaschine, im Mixer oder mit dem Pürierstab fein pürieren. Mit der Limettenschale, Salz und dem Zucker abschmecken.
5. Das Brötchen ausdrücken und sehr gut zerpflücken. Das Fenchelgrün fein hacken. Fenchel, Fenchelgrün, Brötchen, Quark und Eier gut verkneten. Zwiebelringe und Fenchelsamen untermischen und die Mischung mit Pfeffer würzen. Falls nötig, noch etwas Salz untermischen.
6. Die Butter und das Öl in zwei Pfannen erhitzen. Mit einem Esslöffel aus der Masse Häufchen in die Pfanne setzen, etwas glatt streichen und bei mittlerer Hitze pro Seite ca. 5 Minuten braten. Die Puffer mit dem Pesto servieren.

Dazu schmeckt außerdem ein Tomatensalat.

LINSENPUFFER *mit Senfschaum*

EINE NEUE, SPANNENDE ART, LINSEN ZU SERVIEREN: KNUSPRIG GEBRATEN, HARMONIEREN SIE WUNDERBAR MIT DER SENFWÜRZIGEN SAUCE.

Zutaten für 4 Portionen

Für die Puffer

- 1 Möhre, 1 Stück Knollensellerie
- 1 dünne Stange Lauch
- 2 Knoblauchzehen
- 1 Stück frischer Ingwer (ca. 1 cm), 5 EL Öl
- 150 g braune oder grüne Linsen
- ½ l milde Gemüsebrühe
- 2 Eier (Größe M), 3 EL Mehl
- Salz, Pfeffer aus der Mühle

Für den Senfschaum

- 5 Frühlingszwiebeln
- 250 ml Cidre, 75 ml Apfelessig
- 100 g Sahne, 75 g kalte Butter
- 1 EL scharfer Senf
- ½ EL süßer Senf, Salz

besonderes Werkzeug
- Kartoffelstampfer

Zeitbedarf
- 1 Stunde 30 Minuten

Nährwerte
- 560 kcal pro Portion

So geht's

1. Die Möhre und den Sellerie schälen und sehr klein würfeln. Den Lauch vom Wurzelende und den welken grünen Teilen befreien. Die Stange der Länge nach aufschlitzen, sehr gründlich waschen und fein schneiden. Knoblauch und Ingwer schälen und ebenfalls fein hacken.
2. In einem Topf 1 EL Öl erhitzen, das Gemüse mit Knoblauch und Ingwer darin andünsten. Linsen dazugeben und kurz mitdünsten. Die Brühe angießen und zum Kochen bringen. Die Linsen bei schwacher Hitze zugedeckt ca. 30 Minuten schmoren.
3. 2 EL Linsen aus dem Topf nehmen, den Rest der Linsen weitere 15–20 Minuten kochen lassen, bis sie sehr weich sind. Lauwarm abkühlen lassen.
4. Inzwischen für die Sauce die Frühlingszwiebeln waschen, die Wurzelenden und die welken dunkelgrünen Teile abschneiden. Die Zwiebeln in feine Ringe schneiden. Etwas vom Grün beiseitelegen, den Rest der Zwiebeln mit dem Cidre und dem Essig in einem Topf zum Kochen bringen und offen ca. 10 Minuten bei mittlerer Hitze köcheln lassen.
5. Flüssigkeit von den Linsen eventuell abgießen. Die Linsen im Topf mit dem Kartoffelstampfer zerdrücken, mit den ganzen Linsen, den Eiern und dem Mehl verrühren und mit Salz und Pfeffer würzen.
6. Das restliche Öl in zwei Pfannen erhitzen. Aus der Linsenmasse mit einem Esslöffel kleine Häufchen in die Pfannen setzen und etwas flacher streichen. Bei mittlerer Hitze pro Seite 5 Minuten braten.
7. Für die Sauce die Sahne unter den eingekochten Cidre rühren, nochmals erhitzen. Die Butter in kleine Würfel schneiden und mit dem Schneebesen nach und nach unterschlagen. Die beiden Senfsorten unterrühren. Sauce mit Salz abschmecken und zu den Puffern servieren.

ERBSEN, LINSEN & CO.

Power im Kleinformat

Ballaststoffe, Mineralstoffe und Vitamine, dazu den höchsten Eiweißgehalt aller pflanzlichen Lebensmittel – das alles bekommen Sie mit Hülsenfrüchten geliefert. Bohnen etwa enthalten besonders viel Kalzium, das gut für die Knochen ist. Linsen und Erbsen haben Zink fürs Immunsystem im Angebot, und alle Hülsenfrüchte enthalten Kalium, das den Körper entwässert und den Blutdruck niedrig hält. Außerdem werden wir mit Magnesium versorgt, das wichtig für die Muskeln ist.
Etwas zurückhaltend mit dem Verzehr von Hülsenfrüchten sollten allerdings alle sein, die an Gicht leiden oder erhöhte Harnsäurewerte haben. In Hülsenfrüchten sind nämlich viele Purine enthalten, die im Körper zu Harnsäure umgebaut werden.

KLEINER ÜBERBLICK

Bohnen In dieser großen Familien können Sie unter kleinen und großen weißen, roten, schwarzen, braunen und gesprenkelten wählen. Weiße Bohnen gibt es im Miniformat als Perlbohnen, in mittlerer Größe als Cannellinibohnen und richtig groß als Riesenbohnen. Alle schmecken sowohl in der Suppe oder dem Eintopf wie auch als Salat. Die rote Kidneybohne hat eine süßliche Note und wird vor allem im Eintopf geliebt. Besonders attraktiv sind gesprenkelte Bohnen wie die Feuerbohne, die Borlottibohne, die Wachtel- und die Augenbohne. Schwarze Bohnen sind innen weiß und haben ein würziges Aroma, sie werden vor allem in Südamerika verwendet. Dicke Bohnen sind ebenfalls getrocknet zu haben, allerdings hauptsächlich in Italien und anderen südeuropäischen Ländern. Sie schmecken besonders gut im Eintopf oder als Püree.
Erbsen gibt es Grün und Gelb, beide sowohl geschält wie ungeschält. Geschälte Erbsen müssen Sie nicht einweichen, sie sind nicht nur schneller gar, sondern auch leichter verdaulich.

Kichererbsen sind rundlich und gelb und werden vor allem in den Mittelmeerländern als Salat, in der Suppe oder im Eintopf zubereitet. In Indien sind sie ebenfalls in vielen Currys enthalten, dort sind die aromatischen Erbsen eher dunkel bis braun und kleiner als in Europa. Kichererbsen haben einen intensiven, an Nüsse erinnernden Geschmack. Getrocknete Kichererbsen werden auch zu Mehl verarbeitet und können so in einem Ausbackteig oder in flachen pikanten Kuchen verarbeitet werden.
Linsen liegen schon lange nicht mehr nur als schlichte braune Tellerlinsen im Regal. Heute kann man – vor allem im Biohandel – wählen: Puy-Linsen sind ebenso im Angebot wie die schwarzen, nach dem Kaviar benannten Beluga-Linsen, grüne Linsen, grünliche bis braune Berglinsen (zum Beispiel aus Umbrien) und rote oder gar gelbe Linsen. Rote und gelbe Linsen sind geschält und daher schon nach etwa 15 Minuten gar. Sie sind leichter verdaulich als die ungeschälten Linsen.

GUT KOMBINIERT Bekommt der Körper Getreide und Hülsenfrüchte zusammen, kann er das Eiweiß aus beiden besser verwerten. Vor allem Veganer kommen so auf eine bessere Eiweißbilanz. Reichen Sie also Brot zu Hülsenfrüchten, oder servieren Sie sie mit Reis, Nudeln oder anderem Getreide.

IM FRÜHJAHR FRISCH SERVIERT

Neben frischen zarten Erbsen sind auch Borlottibohnen und dicke Bohnen, die auch Saubohnen genannt werden, im Frühjahr gelegentlich frisch in der Hülse im Angebot.
Sie werden wie frische Erbsen aus der Hülse gepalt und gekocht. Borlottibohnen brauchen um die 20 Minuten. Dicke Bohnen können – wenn sie jung sind – nach dem Palen einfach gekocht werden (um die 10 Minuten). Ältere Bohnen haben rund um den grünen Samen eine weißliche Haut ausgebildet, die Sie entfernen müssen. Am besten geht das so: Die Bohnenkerne 1–2 Minuten blanchieren, kalt abschrecken und dann einfach aus den weißen Häuten herausdrücken. Übrigens ist die Ausbeute bei frischen Hülsenfrüchten eher gering. Für 100 g frische Bohnen müssen Sie etwa 400 g in der Hülse kaufen. Und für 100 g frische Erbsen brauchen Sie 300 g in der Hülse.

AUS DEM VORRAT

Ideal fürs spontane Kochen sind gegarte Hülsenfrüchte – Bohnen und Kichererbsen – in der Dose oder dem Glas. Sie werden in der Fabrik einfach gekocht, gesalzen und verpackt. Die Inhaltsstoffe sind nicht viel anders als bei selbst gekochten. Allerdings sind Bohnen und Kichererbsen aus der Dose oft sehr weich gekocht. Nehmen Sie sie also besser für die Suppe oder das Püree als für den Salat. In jedem Fall umgibt diese Hülsenfrüchte ein eher dickflüssiger Saft. Spülen Sie sie immer gründlich in einem Sieb unter fließendem kaltem Wasser ab, bevor Sie sie verwenden.
Frische Erbsen und auch dicke Bohnen bekommen Sie auch tiefgekühlt. Einfach nach Packungsangabe auftauen oder garen. Selbst frische Sojabohnen sind inzwischen gelegentlich als TK-Ware zu haben. Sie sind etwas größer als Erbsen und werden auch wie sie zubereitet.

EINWEICHEN UND GAREN

Die meisten Hülsenfrüchte werden am besten weich, wenn man sie über Nacht oder mindestens acht Stunden quellen lässt. Etwas schneller geht der Prozess, wenn Sie die Hülsenfrüchte in warmem Wasser einweichen.
Beim Kochen spielt die Wasserqualität eine große Rolle. Vor allem in Gegenden mit kalkhaltigem Wasser dauert es länger, bis die getrockneten Hülsenfrüchte weich werden. Kalkhaltiges Wasser ist nämlich sauer und wirkt wie Säure beim Kochen. Mit 1 TL Natron im Wasser können Sie das ausgleichen, es macht das Wasser basisch, und Erbsen, Bohnen & Co. garen wesentlich schneller. Sie finden Natron im Supermarkt bei den Backzutaten. Auch Salz im Kochwasser verlangsamt den Garprozess.

QUELL- UND GARZEITEN VON HÜLSENFRÜCHTEN

Eingeweicht werden getrocknete Bohnen & Co. immer in reichlich Wasser. Danach das Wasser abgießen und die Hülsenfrüchte in frischem Wasser gar kochen.

GETREIDEART	GARZEIT	EINWEICHZEIT
Bohnen	ca. 1 ½ Std. ohne, ca. 1 Std. mit Natron	über Nacht
Erbsen, geschält	ca. 1 Std.	–
Erbsen, ungeschält	ca. 1 ½ Std. ohne, ca. 1 Std. mit Natron	über Nacht
Kichererbsen	ca. 1 ½ Std. ohne, ca. 1 Std. mit Natron	über Nacht
Linsen (braun, grün, schwarz)	35–50 Min.	–
Linsen (rot, gelb)	15–20 Min.	–

FÜR GUTE VERTRÄGLICHKEIT

Hülsenfrüchte immer gut einweichen, auf jeden Fall in frischem Wasser kochen und dabei ein paar Zweige Bohnenkraut oder Koriandersamen mitgaren.

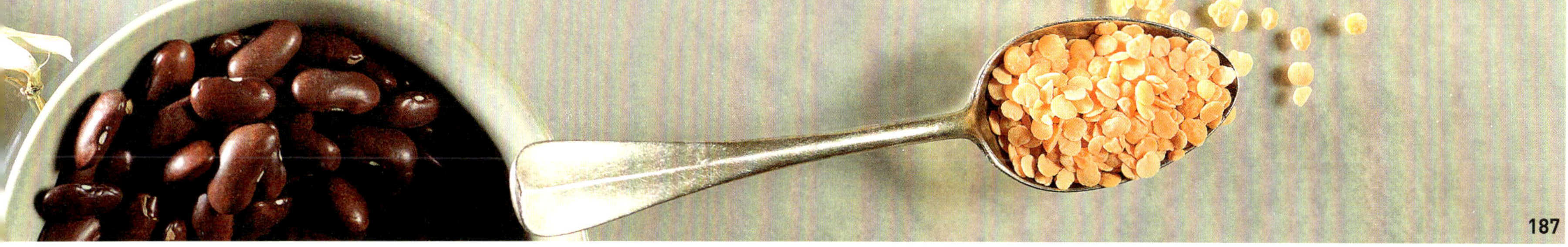

GEMÜSE-TAJINE *mit Kichererbsen*

BESONDERS GUT GELINGT DIESE MAROKKANISCHE SPEZIALITÄT IN EINEM SPEZIELLEN TAJINE-TOPF, DEN ES TRADITIONELL AUS GLASIERTEM TON, INZWISCHEN ABER AUCH AUS GUSSEISEN ZU KAUFEN GIBT.

Zutaten für 4 Portionen

- 100 g getrocknete Kichererbsen
- ½ TL Natron
- 1 Döschen Safranfäden (0,1 g)
- 1 Bund Koriandergrün
- 3 rote Zwiebeln, 300 g Möhren
- 300 g festkochende Kartoffeln
- 1 kleinere Aubergine
- 1 rote Chilischote
- 4 Knoblauchzehen
- je 2 TL gem. Kreuzkümmel, Koriander, rosenscharfes Paprikapulver und Ras-el-hanout (marokkanische Würzmischung)
- 2 EL Olivenöl, 200 g Tomaten
- 1 TL Honig, 1 Prise Zimtpulver

besonderes Werkzeug
- Tajine-Topf (siehe Tipp unten)

Zeitbedarf
- 1 Stunde 15 Minuten + 12 Stunden einweichen

Nährwerte
- 250 kcal pro Portion

So geht's

1. Die Kichererbsen in einer Schüssel mit Wasser übergießen und über Nacht quellen lassen. Am nächsten Tag die Kichererbsen abgießen und mit frischem Wasser und dem Natron zum Kochen bringen. Bei halb aufgelegtem Deckel bei mittlerer bis schwacher Hitze ca. 30 Minuten köcheln lassen.
2. Inzwischen den Safran zwischen den Fingern zerreiben und in 300 ml Wasser rühren. Koriandergrün waschen und trocken schütteln. Die Blättchen abzupfen und ca. 1 EL davon zugedeckt beiseitestellen. Den restlichen Koriander fein hacken.
3. Zwiebeln schälen und achteln. Möhren und Kartoffeln schälen, putzen bzw. waschen und der Länge nach halbieren, dann quer in ca. 4 cm lange Stücke schneiden. Die Aubergine waschen, putzen und in ca. 2 cm große Würfel schneiden. Chilischote waschen und den Stiel abschneiden. Die Schote mit den Kernen in feine Ringe schneiden (siehe Seite 93). Knoblauch schälen und halbieren. Die Kichererbsen abtropfen lassen.
4. Das Gemüse, die Kichererbsen, die Zwiebeln, die Chiliringe, den Knoblauch und den gehackten Koriander mit den Gewürzen und dem Öl in der Tajine mischen und erwärmen. Zugedeckt bei mittlerer Hitze ca. 10 Minuten braten.
5. Dann das Safranwasser angießen, das Gemüse salzen und zugedeckt weitere 15 Minuten garen, bis die Kichererbsen weich sind und das Gemüse bissfest ist. Dabei ab und zu umrühren und bei Bedarf noch etwas Wasser angießen.
6. Inzwischen die Tomaten waschen und ohne die Stielansätze in kleine Würfel schneiden. Mit dem Honig und dem Zimt unter das Gemüse mischen und alles weitere 5 Minuten schmoren. Abschmecken und mit dem übrigen Koriander bestreut servieren.

Dazu schmeckt Joghurt, mit Kreuzkümmel und Salz abgeschmeckt, und Couscous.

SO GELINGT'S AUCH Wenn Sie keinen Tajine-Topf haben, nehmen Sie einen Schmortopf, am besten aus Gusseisen. Alle Gemüse einzeln darin anbraten, dann mit den Kichererbsen, den Gewürzen und dem Safranwasser mischen und auf dem Herd bei mittlerer Hitze zugedeckt schmoren, bis Kichererbsen und Gemüse gar sind.

GEFÜLLTE GEMÜSE
aus dem Ofen

AUS EINER GRUNDLAGE UND DOCH FÜR JEDES GEMÜSE EIN BISSCHEN ANDERS IST DIE FÜLLUNG FÜR DIESE BUNTE AUSWAHL. FRISCH AUS DEM OFEN SERVIERT EIN ECHTER GENUSS.

Zutaten für 4 Portionen

- 2 altbackene Brötchen
- 1 Bund Frühlingszwiebeln
- 2 Knoblauchzehen
- 2 Zucchini, 2 kleine Auberginen
- 2 Paprikaschoten
- 3 EL Olivenöl
- Salz, Pfeffer aus der Mühle
- 1 Ei (Größe M), ½ Bio-Zitrone
- 1 EL Walnusskerne
- 100 g Edelpilzkäse
- ½ Bund Petersilie
- 1 eingelegte Peperoni
- 150 g Ziegenfrischkäse
- 2 Tomaten
- 2 getrocknete, in Öl eingelegte Tomaten, 2 TL kleine Kapern
- 4 EL frisch geriebener Hartkäse (z. B. Pecorino)

Zeitbedarf

- 1 Stunde + 40–45 Minuten backen

Nährwerte

- 495 kcal pro Portion

So geht's

1. Die Brötchen in einer Schüssel mit Wasser bedecken und in ca. 10 Minuten weich werden lassen. Die Frühlingszwiebeln waschen, die Wurzelenden und die welken grünen Teile abschneiden. Die Zwiebeln in feine Ringe schneiden. Knoblauch schälen und fein hacken.
2. Das Gemüse waschen. Die Zucchini und die Auberginen von den Enden befreien und der Länge nach halbieren. Die Zucchini- und die Auberginenhälften bis auf einen ca. 1 cm breiten Rand aushöhlen [→a][→b]. Das ausgehöhlte Fleisch fein würfeln. Die Paprika durch den Stiel der Länge nach halbieren, Stiel und Trennhäute mit den Kernen entfernen.
3. In einer Pfanne 1 EL Öl erhitzen, Gemüsewürfel darin unter Rühren bei mittlerer Hitze ca. 5 Minuten braten. Frühlingszwiebeln und Knoblauch untermischen und kurz mitbraten. Das Gemüse mit Salz und Pfeffer abschmecken und in eine Schüssel füllen. Die Brötchen gut ausdrücken, fein zerpflücken und mit dem Ei dazugeben. Alles gut mischen, dann die Masse dritteln. Den Backofen auf 200 °C (Ober- und Unterhitze; Umluft 180 °C) vorheizen. Ein Backblech mit Backpapier belegen.
4. Die Zitronenhälfte heiß waschen und abtrocknen, die Schale fein abreiben. Die Nusskerne fein hacken, den Edelpilzkäse in kleine Würfel schneiden. Zitronenschale, Nüsse und Käsewürfel unter ein Drittel der Gemüsemasse heben. Die Zucchini leicht salzen und pfeffern, mit dieser Mischung füllen und nebeneinander auf das Backblech legen.
5. Die Petersilie waschen und trocken schütteln. Die Blättchen abzupfen und fein hacken. Die Peperoni fein schneiden. Beides mit dem Ziegenfrischkäse unter ein weiteres Drittel der Gemüsemasse mischen und mit Salz und Pfeffer abschmecken. Die Paprika salzen, mit dieser Mischung füllen und ebenfalls aufs Blech setzen.
6. Die Tomaten waschen und ohne die Stielansätze klein würfeln. Die getrockneten Tomaten abtropfen lassen und fein schneiden. Beides mit den Kapern und dem Hartkäse unter das letzte Drittel Gemüsemasse mischen und mit Salz und Pfeffer würzen. Die Auberginen mit dieser Mischung füllen und ebenfalls aufs Blech setzen. Das Gemüse mit dem restlichen Olivenöl beträufeln und im heißen Ofen (Mitte) 40–45 Minuten backen, bis es schön gebräunt ist. Kurz stehen lassen, dann servieren.

Dazu schmeckt Brot und eine große Schüssel Salat.

[a]

DAS IST *wirklich* WICHTIG

[a] ZUCCHINI AUSHÖHLEN Mit einem Löffel mit einigermaßen scharfer Kante können Sie das weiche Fruchtfleisch der Zucchini aus den Schalen schaben.

[b] AUBERGINEN AUSHÖHLEN Das Fruchtfleisch mit einem Messer rundherum ca. 1 cm vom Rand entfernt einschneiden. Das Fleisch dann kreuzförmig einkerben und mit einem Löffel aus den Schalen lösen.

[b]

DAS IST *wirklich* WICHTIG

[a] KRÄFTIG KNETEN Hartfaserige Gemüse wie Kraut oder Fenchel werden schön mürbe, wenn sie gesalzen und geknetet werden. Mischen Sie die Fenchelstreifen mit dem Salz in einer Schüssel und kneten Sie sie so lange kräftig durch, bis sie weicher werden und glasig aussehen.

GEBRATENER TOFU
mit Zwiebelmarmelade und Fenchelsalat

EINE WÜRZIGE ZWIEBELMARMELADE UND EIN KNACKIG FRISCHER SALAT BEGLEITEN HIER DEN SAFTIG GEBRATENEN, MIT ZITRONE AROMATISIERTEN TOFU AUFS ALLERFEINSTE.

Zutaten für 4 Portionen

Für den Tofu

- 600 g Tofu, ½ Bio-Zitrone
- 2 Knoblauchzehen
- 3 EL Olivenöl
- Salz, Pfeffer aus der Mühle

Für die Marmelade

- 250 g rote Zwiebeln
- 6 Zweige Thymian
- 1 getrocknete Chilischote
- 1 EL Öl, 1 EL Zucker
- ⅛ l trockener Rotwein, Salz

Für den Fenchelsalat

- 2 Fenchelknollen, Salz
- 1 TL Fenchelsamen
- 2 EL Zitronensaft
- Pfeffer aus der Mühle
- 4 EL Olivenöl

Zeitbedarf

- 45 Minuten

Nährwerte

- 415 kcal pro Portion

So geht's

1. Den Tofu in ca. 1 cm dicke Scheiben schneiden. Die Zitronenhälfte heiß waschen und abtrocknen, die Schale fein abreiben, den Saft auspressen. Den Knoblauch schälen und durch die Presse drücken. Die Zitronenschale und 1 EL Saft mit 1 EL Olivenöl, Salz und Pfeffer dazugeben und gut verrühren. Den Tofu in der Zitronenmischung wenden und zugedeckt darin ziehen lassen. Ab und zu umdrehen.
2. Für die Zwiebelmarmelade die Zwiebeln schälen, vierteln und in feine Streifen schneiden. Den Thymian waschen und trocken schütteln. Die Blättchen abstreifen. Die Chilischote im Mörser fein zerstoßen.
3. Das Öl erhitzen, die Zwiebeln mit dem Chili einrühren und bei mittlerer Hitze ca. 5 Minuten unter Rühren andünsten. Zucker dazugeben und alles kurz weiterbraten. Thymian untermischen und den Wein angießen. Offen bei mittlerer Hitze in ca. 5 Minuten sämig einkochen lassen. Marmelade mit Salz abschmecken und abkühlen lassen.
4. Für den Fenchelsalat den Fenchel waschen, putzen und vierteln. Zartes Fenchelgrün beiseitelegen. Den Strunk herausschneiden und den Fenchel quer in feine Streifen schneiden oder hobeln. Fenchel mit 1 TL Salz in einer Schüssel durchkneten **[→a]** und kurz stehen lassen.
5. Für die Salatsauce die Fenchelsamen im Mörser so gut wie möglich zerdrücken und mit dem Zitronensaft, Salz und Pfeffer verrühren. Das Öl nach und nach zu einer cremigen Sauce unterschlagen. Die Sauce mit dem Fenchelgrün zum Fenchel geben, gut unterrühren und den Salat nochmals abschmecken.
6. Für den Tofu das übrige Öl in einer Pfanne erhitzen. Die Tofuscheiben einlegen und bei starker bis mittlerer Hitze pro Seite ca. 2 Minuten braten, bis sie schön gebräunt sind. Salzen und auf einer vorgewärmten Platte anrichten. Mit dem Fenchelsalat und der Zwiebelmarmelade servieren.

Dazu schmeckt außerdem Brot.

TEMPEH
mit Ananas-Gurken-Salat

TEMPEH SCHMECKT SEHR AROMATISCH MIT EINER LEICHT BITTEREN NOTE, PASST DAHER GUT ZU FRUCHTIGEN UND LEICHT SÜSSLICHEN BEGLEITERN. BESONDERS GUT KOMMT SEIN GESCHMACK BEIM BRATEN ODER FRITTIEREN ZUR GELTUNG.

Zutaten für 4 Portionen

- 1 kleinere Ananas (ca. 1 kg)
- 1 kleine Salatgurke (ca. 200 g)
- 1 Stange Staudensellerie
- 1 milde rote Zwiebel
- 1 Stück frischer Ingwer (ca. 2 cm)
- 1 Bio-Limette
- 1 Msp. Harissa (scharfe Paprikapaste) oder Sambal oelek
- 1 TL Apfeldicksaft, Salz
- 2 EL Öl
- Minze- oder Basilikumblättchen zum Garnieren (nach Belieben)
- 500 g Tempeh
- ¾ l Öl oder Pflanzenfett zum Frittieren

Zeitbedarf
- 35 Minuten

Nährwerte
- 415 kcal pro Portion

So geht's

1. Die Ananas putzen und schälen **[→a]**. Die braunen Augen ausstechen und die Ananas längs vierteln. Ananasviertel vom Strunk befreien **[→b]** und in kleine Würfel schneiden. Die Gurke schälen und längs halbieren. Die Kerne mit einem Teelöffel aus der Mitte herauskratzen. Die Gurke in dünne Scheiben schneiden.
2. Den Sellerie waschen und die Enden abschneiden. Wenn sich dabei Fäden lösen, diese abziehen. Zartes Selleriegrün fein hacken. Selleriestange in feine Scheibchen schneiden. Die Zwiebel schälen, vierteln und in feine Streifen schneiden. Den Ingwer schälen und fein hacken.
3. Die Limette heiß waschen und abtrocknen, die Schale fein abreiben, den Saft auspressen. 2 EL Saft und die Schale mit Harissa oder Sambal, Apfeldicksaft und Salz verrühren, das Öl nach und nach zu einer cremigen Sauce unterschlagen. Ananas, Gurke und Sellerie mit der Zwiebel, dem Ingwer und dem Selleriegrün unterrühren und abschmecken. Nach Belieben ein paar Kräuterblättchen aufstreuen.
4. Tempeh in ca. ½ cm dicke Scheiben schneiden. Das Öl in einem Topf oder im Wok gut erhitzen (siehe Seite 40). Tempeh darin in zwei Portionen jeweils in 2–3 Minuten knusprig frittieren **[→c]**. Mit einem Schaumlöffel aus dem Fett heben, gut abtropfen lassen und auf einer dicken Lage Küchenpapier abfetten lassen.
5. Wenn beide Portionen frittiert sind, Tempeh mit dem Salat servieren.

Dazu schmeckt außerdem indisches Fladenbrot oder auch körnig gekochter Reis.

MENÜTIPP Veganer servieren vorher die Avocado-Rohkost mit Harissa (Seite 61) oder Sommerrollen mit Asia-Kräutern (Seite 33) und danach Kokosmousse (Seite 210) mit geschmolzener Zartbitter-Schokolade.

[b]

[c]

DAS IST *wirklich* WICHTIG

[a] ANANAS PUTZEN UND SCHÄLEN Schneiden Sie zunächst den Blütenschopf und das untere Ende der Ananas ab. Die Ananas auf eine Schnittstelle stellen und die Schale von oben nach unten in Streifen abschneiden. Die braunen Augen, die jetzt noch im Fruchtfleisch zu sehen sind, können Sie mit einem kleinen Kugelausstecher oder der Spitze des Sparschälers entfernen.

[b] STRUNK ENTFERNEN Die geschälte Ananas der Länge nach vierteln und seitlich aufs Brett legen. Schneiden Sie den harten Strunk aus der Mitte heraus.

[c] TEMPEH FRITTIEREN Außen bildet sich anders als bei Tofu rasch eine Kruste, innen bleibt Tempeh schön saftig. Zum Frittieren reichlich Fett verwenden und Tempeh darin bei starker Hitze braten. Dann wird er knusprig und saugt sich nicht mit Fett voll.

TOFUSPIESSE
mit Nusssauce

IST DAS ÖL ZUM FRITTIEREN HEISS GENUG, NEHMEN DIE ZUTATEN AUF DEN SPIESSEN KAUM ETWAS DAVON AUF UND WERDEN TROTZDEM SCHÖN KNUSPRIG.

Zutaten für 4 Portionen

Für die Sauce

- 100 g Haselnusskerne
- je 1 TL Koriander- und Senfsamen, 1 TL Espressobohnen
- 1 getrocknete Chilischote
- 50 ml Haselnussöl
- 100 ml Gemüsebrühe
- 2 Knoblauchzehen, Salz

Für die Spieße

- 400 g Räuchertofu
- 200 g kleine Champignons
- 12 Kirschtomaten
- je ½ rote und grüne Paprikaschote
- 4 Frühlingszwiebeln
- ¾ l Öl zum Frittieren, Salz

besonderes Werkzeug
- 12 Holz- oder Metallspieße

Zeitbedarf
- 40 Minuten

Nährwerte
- 545 kcal pro Portion

So geht's

1. Die Haselnusskerne in einer Pfanne bei mittlerer Hitze unter Rühren ca. 2 Minuten rösten. In ein Küchentuch geben, im Tuch gegeneinander reiben und so die braunen Häutchen so gut wie möglich entfernen. Die Nüsse grob hacken.
2. Die Koriander- und die Senfsamen mit den Espressobohnen und der Chilischote in der Pfanne ca. 1 Minute anrösten. Abkühlen lassen und mit den Nüssen, dem Öl und der Brühe im Blitzhacker oder in der Küchenmaschine fein pürieren. Den Knoblauch schälen und dazupressen. Die Sauce mit Salz abschmecken.
3. Für die Spieße den Tofu in knapp 2 cm große Würfel schneiden. Pilze, Kirschtomaten, Paprika und Frühlingszwiebeln waschen und putzen. Pilze und Tomaten ganz lassen, Paprika und Frühlingszwiebeln in tofugroße Stücke schneiden.
4. Den Tofu und das Gemüse abwechselnd auf die Spieße stecken. Das Öl im Wok oder einem weiten Topf gut erhitzen (siehe Seite 40). Die Spieße darin portionsweise ca. 3 Minuten frittieren, bis Tofu und Gemüse schön knusprig sind. Abtropfen und auf Küchenpapier abfetten lassen. Salzen und mit der Nusssauce servieren.

Dazu schmeckt außerdem Reis oder einfach nur Brot.

TEMPEH-CURRY
mit Limettenjoghurt

DER WÜRZIGE TEMPEH HARMONIERT GUT MIT DEM FEINEN FRUCHTAROMA DER MANGO UND DEM LIMETTENFRISCHEN KOKOSJOGHURT.

Zutaten für 4 Portionen

Für den Joghurt

- 1 Bio-Limette
- 2 EL Kokosflocken
- 250 g Joghurt oder Sojaghurt
- 2 TL Öl, Salz, 1 Msp. Ahornsirup

Für den Tempeh

- 1 reife, feste Mango
- 500 g vollreife Tomaten
- 1 Bund Frühlingszwiebeln
- 2 Knoblauchzehen
- 1 Stück frischer Ingwer (ca. 4 cm), 1 rote Chilischote
- 400 g Tempeh, 6 EL Öl
- 1 EL Currypulver (am besten Madras-Curry)
- 1 Prise Zimtpulver, Salz
- einige Korianderblättchen zum Bestreuen

Zeitbedarf

- 50 Minuten

Nährwerte

- 470 kcal pro Portion

So geht's

1. Für den Joghurt die Limette heiß waschen und abtrocknen, die Schale fein abreiben, eine Hälfte auspressen. Die Kokosflocken in einer Pfanne ohne Fett bei mittlerer Hitze unter Rühren anrösten, bis sie fein duften. In eine Schüssel füllen. Den Joghurt, die Limettenschale und 1 EL Saft mit dem Öl unterrühren, mit Salz, Ahornsirup und eventuell noch etwas Limettensaft abschmecken.
2. Für den Tempeh die Mango schälen und das Fruchtfleisch vom Stein abschneiden. Das Mangofleisch würfeln. Stielansätze keilförmig aus den Tomaten herausschneiden. Die Tomaten mit kochendem Wasser überbrühen, kurz darin ziehen lassen, kalt abschrecken und häuten (siehe Seite 103). Die Tomaten klein würfeln. Die Frühlingszwiebeln waschen und die Wurzelenden und die welken grünen Teile abschneiden. Die Zwiebeln in ca. 1 cm breite Stücke schneiden. Den Knoblauch und den Ingwer schälen und fein hacken. Chilischote waschen und den Stiel abschneiden. Die Schote mit den Kernen fein schneiden (siehe Seite 93). Tempeh ca. 1 cm groß würfeln.
3. 4 EL Öl in einer Pfanne oder im Wok erhitzen und die Tempehwürfel darin bei starker Hitze rundherum kräftig anbraten, wieder herausnehmen. Zwiebeln mit Knoblauch, Ingwer und Chili bei schwacher Hitze im restlichen Öl durchschwenken, mit dem Currypulver bestäuben und alles kurz weiterrühren. Tomaten, Mango und Tempeh mit dem Zimt dazugeben und erhitzen. Alles bei schwacher Hitze zugedeckt ca. 5 Minuten schmoren.
4. Das Curry mit Salz abschmecken und vor dem Servieren mit Korianderblättchen garnieren. Mit dem Limettenjoghurt servieren.

Dazu gibt es außerdem Reis.

SO SCHMECKT'S AUCH Wenn Sie keinen Tempeh bekommen oder ihn nicht so gern mögen, können Sie stattdessen auch Tofu nehmen. Normalen Tofu oder Gemüsetofu in knapp 1 cm dicke Scheiben, dann in Würfel schneiden, salzen, pfeffern und im Öl von allen Seiten sehr gut anbraten.

THAI-CURRY *mit Zitronenreis*

CURRYPASTEN – OB ROT, GRÜN ODER GELB – GIBT ES MITTLERWEILE NICHT NUR IM ASIENLADEN, SONDERN AUCH IM SUPERMARKT UND NATURKOSTLADEN.

Zutaten für 4 Portionen

Für das Curry

- je 300 g breite Bohnen, junge Möhren und Blumenkohlröschen
- 1 gelbe Paprikaschote
- 200 g kleine Kirschtomaten
- 1 Bund Frühlingszwiebeln
- 1 Stück Ingwer (ca. 3 cm)
- 4 Knoblauchzehen
- 4 EL neutrales Öl
- 1 EL grüne Currypaste
- 200 g Kokosmilch
- 200 ml Gemüsebrühe
- ½ Bund Koriandergrün
- 1 EL Zitronensaft, Salz

Für den Zitronenreis

- 1 Bio-Zitrone
- 1 TL Koriandersamen
- 2 Frühlingszwiebeln, 2 TL Öl
- 200 g Duftreis, Salz

Zeitbedarf

- 45 Minuten

Nährwerte

- 395 kcal pro Portion

So geht's

1. Die Bohnen waschen, von den Enden befreien und leicht schräg in ca. 2 cm breite Stücke schneiden. Die Möhren schälen, putzen und gut ½ cm breit schneiden. Die Blumenkohlröschen waschen. Die Paprikaschote waschen und halbieren. Die Trennhäute samt den Kernen herauslösen. Die Paprika nochmals halbieren und in gut 1 cm breite Streifen schneiden. Die Tomaten waschen.
2. Die Frühlingszwiebeln waschen, die Wurzelenden und die welken grünen Teile entfernen. Die Zwiebeln in 3 – 4 cm lange Stücke schneiden. Sehr dicke Zwiebelstücke der Länge nach halbieren. Den Ingwer und den Knoblauch schälen und in dünne Scheiben schneiden. Den Ingwer zusätzlich in Stifte teilen.
3. Für den Reis die Zitrone heiß waschen und abtrocknen, die Schale dünn abschälen und in feine Streifen schneiden. Die Koriandersamen im Mörser andrücken. Die Frühlingszwiebeln waschen, putzen und in feine Ringe schneiden. Das Öl im Topf erhitzen, Koriander und Zwiebelringe darin andünsten. Den Reis dazugeben und kurz mitbraten. Mit 400 ml Wasser aufgießen und salzen. Den Reis zugedeckt bei schwacher Hitze in ca. 10 Minuten ausquellen lassen.
4. Inzwischen für das Curry das Öl in einer Pfanne oder im Wok erhitzen. Bohnen und Möhren darin unter Rühren 2 – 3 Minuten braten. Die Currypaste dazugeben und gut untermischen. Knoblauch und Ingwer dazugeben und kurz mitbraten. Kokosmilch und Brühe angießen, alles so lang verrühren, bis sich die Paste in der Flüssigkeit gelöst hat. Das Gemüse zugedeckt bei mittlerer Hitze ca. 4 Minuten garen.
5. Dann Frühlingszwiebeln, Blumenkohl und Paprika einrühren und das Gemüse weitere 2 Minuten garen. Mit dem Zitronensaft und Salz abschmecken. Die Tomaten einlegen und nur erwärmen.
6. Den Koriander waschen und trocken schütteln. Die Blättchen abzupfen und fein hacken. Das Gemüse mit dem Koriander bestreuen und mit dem Reis servieren.

ROSENKOHLCURRY
mit kernigem Bulgur

AROMATISCHES WINTERGEMÜSE MAL GANZ ANDERS: DER KRÄFTIGE ROSENKOHL HARMONIERT AUSGEZEICHNET MIT DER BUNTEN GEWÜRZMISCHUNG.

Zutaten für 4 Portionen

Für das Curry

- 800 g Rosenkohl, 1 Zwiebel
- 4 Knoblauchzehen
- 1 Stück frischer Ingwer (ca. 2 cm), 2 rote Chilischoten
- je 1 geh. TL Kreuzkümmel-, Fenchel-, Koriander- und Senfsamen
- 2 TL Kurkumapulver
- ¼ TL Zimtpulver, Salz
- 2 EL Öl, 2 Lorbeerblätter
- 300 ml Gemüsebrühe

Für den Bulgur

- 2 Knoblauchzehen, 1 Zwiebel
- 2 EL Öl, 2 EL Pinienkerne
- 200 g Bulgur (fein oder grob)
- 400 ml Gemüsebrühe, Salz

Zeitbedarf
- 45 Minuten

Nährwerte
- 420 kcal pro Portion

So geht's

1. Den Rosenkohl waschen, die Strunkansätze abschneiden. Die äußeren welken Blätter ablösen und den Rosenkohl je nach Größe halbieren oder ganz lassen. Zwiebel, Knoblauch und Ingwer schälen und fein hacken. Chilischoten waschen und den Stiel abschneiden. Die Schoten mit den Kernen in Ringe schneiden (siehe Seite 93).
2. Die Gewürzkörner in einer Pfanne ohne Fett bei mittlerer Hitze unter Rühren 1–2 Minuten rösten, bis sie würzig duften. Gewürzkörner in einem Mörser so fein wie möglich zerdrücken. Kurkuma, Zimt und 1 TL Salz untermischen.
3. Für den Bulgur den Knoblauch und die Zwiebel schälen und fein hacken. Das Öl erhitzen und die Pinienkerne darin leicht goldgelb anrösten. Knoblauch und Zwiebel untermischen und alles kurz weiterdünsten. Den Bulgur untermischen, bis die Körner vom Fett überzogen sind. Brühe angießen und zum Kochen bringen. Den Bulgur zugedeckt bei schwacher Hitze in ca. 20 Minuten körnig ausquellen lassen.
4. Gleichzeitig das Öl erhitzen, den Rosenkohl mit Zwiebel, Knoblauch, Ingwer und Chili kurz darin anbraten. Gewürzmischung und Lorbeer dazugeben, Brühe angießen und alles zugedeckt bei schwacher Hitze 12–15 Minuten schmoren, bis der Rosenkohl bissfest ist.
5. Den Bulgur mit Salz abschmecken. Das Gemüse dazu servieren.

Dazu schmeckt außerdem Joghurt, z. B. der Limettenjoghurt von Seite 197 ohne die Kokosflocken.

WÜRZIGER SPINAT
mit Zwiebeln und Granatapfelkernen

ORIENTALISCH ABGESCHMECKTE SPINAT-ZWIEBEL-MISCHUNG, DIE ZU COUSCOUS BESONDERS GUT PASST UND AUCH OPTISCH EIN ECHTER GENUSS IST.

Zutaten für 4 Portionen

- 800 g Blattspinat, Salz
- 400 g rote Zwiebeln
- 4 Knoblauchzehen
- je 1 Bund Petersilie und Koriandergrün
- ½ Bund Minze
- 1 Granatapfel
- 4 EL Olivenöl
- 4 EL Pinienkerne
- 1 EL edelsüßes Paprikapulver
- ½ EL gem. Koriander
- je 1 TL rosenscharfes Paprikapulver und schwarzer Pfeffer
- 1 EL Zitronensaft

Zeitbedarf
- 40 Minuten

Nährwerte
- 245 kcal pro Portion

So geht's

1. Den Spinat von allen welken Blättern und den dicken Stielen befreien, gründlich waschen und abtropfen lassen. Wasser zum Kochen bringen und salzen. Spinat darin 1 Minute sprudelnd kochen und zusammenfallen lassen. In ein Sieb abgießen, kalt abschrecken und abtropfen lassen.
2. Die Zwiebeln schälen und achteln. Die Knoblauch schälen und in Scheiben schneiden. Die Kräuter waschen und trocken schütteln, die Blättchen abzupfen und fein hacken. Ca. 1 EL davon zum Bestreuen beiseitelegen.
3. Den Granatapfel halbieren. Eine Hälfte auseinander brechen und die Kerne zwischen den Trennhäuten herauslösen (siehe Seite 77). Die andere Hälfte auspressen.
4. Das Öl in einem weiten Topf oder einer Pfanne erhitzen, die Zwiebeln einrühren und bei schwacher bis mittlerer Hitze ca. 10 Minuten braten, bis sie bissfest sind. Ab und zu umrühren. Den Knoblauch und die Pinienkerne dazugeben und goldgelb, aber nicht zu dunkel werden lassen.
5. Die Gewürze und die gehackten Kräuter unterrühren und kurz anbraten. Den Spinat mit dem Granatapfelsaft dazugeben und unter Rühren erhitzen. Den Spinat mit dem Zitronensaft und Salz abschmecken und mit den restlichen Kräutern und den Granatapfelkernen bestreut servieren.

Dazu schmeckt Reis oder Fladenbrot.

MENÜTIPP Davor schmecken Falafel (Seite 29; für Veganer mit einem Dip aus Sojaghurt) und danach das Bananeneis mit Ingwer (Seite 213).

SÜSSES *für jeden Tag*

SCHÖN CREMIG UND SÄTTIGEND DER MILCHREIS, KNUSPRIG DER KAISERSCHMARRN MIT KARAMELLISIERTEN ÄPFELN. SAMTIG DIE KOKOSMOUSSE MIT SIRUP-ORANGEN, ERFRISCHEND DAS BANANENEIS MIT INGWER. UND DER BESTE START IN DEN TAG IST DAS FRISCHKORNMÜSLI. HIER WIRD SÜSS GESCHLEMMT!

[a]

DAS IST *wirklich* WICHTIG

[a] VANILLEMARK AUSLÖSEN Die Schote auf ein Küchenbrett legen und der Länge nach aufschlitzen. Klappen Sie sie jetzt auf und schaben Sie das Mark mit dem Messerrücken von der Schote ab.

MILCHREIS
mit exotischen Früchten

EIN SÜSSES HAUPTGERICHT, DAS SOLO UND AUCH IN EINEM MENÜ NACH EINEM SALAT ODER EINER LEICHTEN SUPPE GUT SCHMECKT. IM SOMMER MIT GEMISCHTEN BEEREN AUSGEZEICHNET!

Zutaten für 4 Portionen

- 1 Vanilleschote
- ¾ l Milch
- 250 g Rundkornreis (Milchreis)
- 4 Päckchen Vanillezucker (oder 50 g Zucker)
- 1 kleine Mango
- 1 kleine Banane
- 1 EL Zitronen- oder Limettensaft
- 1 Babyananas
- 150 g Sahne
- 1 EL Butter
- 2 EL Kokosflocken
- 2 TL brauner Zucker

Zeitbedarf

- 50 Minuten

Nährwerte

- 640 kcal pro Portion

So geht's

1. Die Vanilleschote der Länge nach aufschlitzen, aufklappen und das Mark mit dem Messerrücken herauskratzen [→a]. Die Schote und das Mark mit der Milch in einem Topf zum Kochen bringen.
2. Den Milchreis mit dem Zucker dazugeben und bei schwacher Hitze zugedeckt in ca. 20 Minuten bissfest ausquellen lassen. Ab und zu umrühren und bei Bedarf noch etwas Milch oder Wasser zugießen.
3. Den Milchreis in eine Schüssel füllen und lauwarm abkühlen lassen. Inzwischen die Mango schälen und das Fruchtfleisch vom Stein abschneiden. Mangofleisch klein würfeln. Die Banane schälen und in dünne Scheiben schneiden, mit dem Zitronen- oder Limettensaft mischen. Die Ananas putzen und schälen. Die braunen Augen ausstechen, z. B. mit einem Sparschäler oder kleinen Kugelausstecher. Die Ananas längs vierteln, vom Strunk befreien und würfeln.
4. Die Sahne steif schlagen. Die Butter erhitzen und die Kokosflocken darin bei mittlerer Hitze unter Rühren leicht goldgelb bräunen. Zucker dazugeben und schmelzen lassen.
5. Die Sahne unter den Milchreis heben, die Früchte locker unterheben. Den Milchreis in Dessertschälchen oder tiefe Teller füllen, mit den Kokosflocken bestreuen und rasch servieren.

Die Variante

Veganer Milchreis
Den Reis in leicht gesalzenem Wasser ca. 10 Minuten kochen. Dann mit ½ l Kokosmilch (oder 400 ml und 100 ml Wasser) und 1 Stück Limettenschale sowie 80 g Zucker erhitzen und weitere 10 Minuten zugedeckt bei schwacher Hitze garen. Die Früchte wie beschrieben vorbereiten, aber noch 1 zusätzliche Banane schälen und mit dem Saft von ½ Limette fein zerdrücken. Bananenpüree unter den lauwarm abgekühlten Milchreis rühren, die übrigen Früchte unterheben. Die Kokosflocken in Öl anrösten und auf den Milchreis geben.

GRIESSAUFLAUF *mit Kirschen*

SÜSS, FRUCHTIG UND APPETITLICH GEBRÄUNT KOMMT DIESER ZARTE AUFLAUF AUS DEM OFEN – EIN SÜSSES HAUPTGERICHT, DAS VOR ALLEM KINDERN GUT SCHMECKT.

Zutaten für 4 Portionen

- ¾ l Milch, Salz
- 100 g Zucker
- 150 g Hartweizengrieß
- 500 g Sauerkirschen
- 100 g Zartbitterschokolade
- 4 Eier (Größe M)
- 2 Päckchen Vanillezucker
- 3 EL Mandelblättchen oder -stifte
- 1 EL Puderzucker
- Butter für die Form

besonderes Werkzeug

- Kirschen-Entsteiner

Zeitbedarf

- 40 Minuten + 35–40 Minuten backen

Nährwerte

- 700 kcal pro Portion

So geht's

1. Die Milch mit 1 Prise Salz und dem Zucker zum Kochen bringen. Den Grieß einrühren [→a] und bei schwacher Hitze zugedeckt in ca. 10 Minuten ausquellen lassen. Lauwarm abkühlen lassen.
2. Inzwischen die Kirschen waschen und entsteinen [→b]. Die Schokolade in ca. ½ cm große Würfel oder Stücke hacken. Die Eier trennen. Die Eiweiße mit 1 Prise Salz steif schlagen.
3. Den Backofen auf 180 °C (Ober- und Unterhitze; Umluft 160 °C) vorheizen. Die Form mit Butter ausstreichen. Die Eigelbe mit dem Vanillezucker schaumig rühren, den Grießbrei löffelweise unterrühren, zum Schluss die Kirschen mit der Schokolade untermischen. Den Eischnee unterheben.
4. Die Masse in eine ofenfeste Auflaufform füllen und mit den Mandeln bestreuen. Den Puderzucker darübersieben. Den Auflauf im heißen Ofen (Mitte) 35–40 Minuten backen, bis er schön gebräunt ist. Heiß oder lauwarm servieren.

Die Variante

Quarkauflauf mit Zwetschgen
500 g Zwetschgen waschen, aufschneiden und entkernen. Die Zwetschgen in Streifen schneiden. 50 g weiche Butter mit 100 g Zucker und ½ TL Zimtpulver schaumig rühren, nach und nach 4 Eigelbe untermischen, dann 500 g Quark, Topfen oder Schichtkäse und 50 g Hartweizengrieß oder Polenta (Maisgrieß). 4 Eiweiße mit 1 Prise Salz steif schlagen. Die Zwetschgen unter die Quarkmasse rühren, den Eischnee unterheben. Die Masse in eine gefettete Form füllen, mit 3 EL gehackten Nusskernen und 2 EL Puderzucker bestreuen und wie beschrieben backen.

DAS IST *wirklich* WICHTIG

[a] GRIESS EINRÜHREN Nehmen Sie zum Untermischen den Schneebesen, dann bilden sich keine Klümpchen. Und falls die Masse zu heiß wird und blubbert, ziehen Sie den Topf kurz vom Herd.

[b] KIRSCHEN ENTSTEINEN Besonders leicht geht das mit einem speziellen Entsteiner, in den die Kirsche einfach eingelegt wird. Der Stein wird durch die Kirsche herausgedrückt. Wer keinen Entsteiner hat, muss die Kirschen aufschneiden und den Kern herauslösen.

[b]

[b]

[a]

DAS IST *wirklich* WICHTIG

[a] KARAMELLISIEREN Lassen Sie die Butter mit dem Zucker bei mittlerer Hitze schmelzen und leicht braun werden. Dann den Karamell umrühren und die Äpfel untermischen.

[b] PFANNKUCHEN ZERREISSEN Der dicke Pfannkuchen wird nicht geschnitten, sondern mit zwei Kochlöffeln in Stücke gerissen. So sieht die Süßspeise besonders appetitlich aus.

[c] KNUSPRIG BRATEN Geben Sie etwas Butter und Zucker zu den Pfannkuchenstücken und braten Sie sie unter Rühren weiter, bis sie schön knusprig sind.

KAISERSCHMARRN
mit Karamelläpfeln

SÜSSER MEHLSPEISEN-KLASSIKER AUS SÜDDEUTSCHLAND UND ÖSTERREICH, DEN DIE SÄUERLICHEN KARAMELLÄPFEL WUNDERBAR ERGÄNZEN.

Zutaten für 4 Portionen

Für die Äpfel

- 800 g säuerliche Äpfel
- 1 EL Zitronensaft
- 2 EL Butter
- 3 EL Zucker
- 1 Prise Zimtpulver

Für den Kaiserschmarrn

- 6 Eier (Größe M), Salz
- ¼ l Milch
- 50 g Zucker
- 250 g Mehl
- 1 TL Backpulver
- 3 EL Butter
- 1–2 EL Puderzucker zum Bestäuben

Zeitbedarf
- 50 Minuten

Nährwerte
- 695 kcal pro Portion

So geht's

1. Die Äpfel vierteln, schälen und vom Kerngehäuse befreien. Die Viertel je nach Dicke noch ein- bis zweimal längs durchschneiden. Äpfel mit dem Zitronensaft mischen.
2. Die Butter mit dem Zucker in einer Pfanne schmelzen und leicht braun werden lassen [→a]. Die Äpfel einrühren und bei mittlerer Hitze unter Rühren braten, bis sie goldbraun sind. Äpfel mit dem Zimt abschmecken und abkühlen lassen.
3. Für den Schmarrn die Eier trennen. Die Eiweiße zu steifem Schnee schlagen. Die Eigelbe mit der Milch und 40 g Zucker schaumig schlagen. Das Mehl mit dem Backpulver mischen und unterrühren. Den Eischnee unterheben.
4. In einer großen beschichteten Pfanne 1 EL Butter zerlassen. Die Hälfte vom Teig einfüllen und bei mittlerer Hitze ca. 5 Minuten backen, bis die Unterseite schön braun ist. Auf einen Teller gleiten lassen und umgedreht wieder in die Pfanne stürzen. Weitere 2–3 Minuten backen, bis der Teig fest ist. Den Pfannkuchen mit zwei Kochlöffeln in Stücke reißen [→b] und aus der Pfanne nehmen.
5. Die zweite Teigportion ebenso backen und in Stücke reißen. Die erste Portion wieder dazugeben, die restliche Butter in Flöckchen teilen und mit dem übrigen Zucker zu den Pfannkuchenstücken geben. Alles bei mittlerer bis starker Hitze noch ein paar Minuten unter Rühren weiterbraten [→c], bis die Stücke schön braun und knusprig sind. Den Kaiserschmarrn auf eine Platte geben, mit dem Puderzucker bestäuben und mit den Äpfeln servieren.

MENÜTIPP Wenn Sie den Kaiserschmarrn zum Dessert servieren, reicht es, wenn Sie eine halbe Portion zubereiten. Als Vorspeise passt dazu Rosmarinspargel auf Rucola (Seite 67), als Hauptgericht Reisfladen mit Tomaten (Seite 127) und eine große Schüssel gemischte Blattsalate mit zarten Kräutern zubereiten. Im Frühling schmeckt der Kaiserschmarren auch wunderbar mit karamellisiertem Rhabarber statt Äpfeln. Nehmen Sie dann die 1 ½ fache Menge Zucker.

KOKOSMOUSSE
mit Sirup-Orangen

EIN CREMIG-FRUCHTIGES DESSERT, DAS NICHT NUR VEGANERN ALS SÜSSER ABSCHLUSS EINES VEGETARISCHEN MENÜS SCHMECKT.

Zutaten für 4 Portionen

Für die Mousse

- 75 g Kokosflocken
- 1 Bio-Limette
- 2 TL Agar-Agar
- ¼ l Kokosmilch
- 200 g Seidentofu
- 100 g Zucker
- 2 EL Kokoslikör (nach Belieben)

Für die Sirup-Orangen

- 4 Bio-Orangen
- 100 g Zucker
- 2 Gewürznelken
- ½ Zimtstange

Zeitbedarf
- 35 Minuten + 4 Stunden kühlen

Nährwerte
- 425 kcal pro Portion

So geht's

1. Die Kokosflocken in einer Pfanne bei mittlerer Hitze goldgelb anrösten, aus der Pfanne nehmen. Die Limette heiß waschen und abtrocknen, die Schale fein abreiben, eine Hälfte auspressen.
2. Das Agar-Agar mit etwas Kokosmilch verrühren, dann unter die übrige Kokosmilch mengen. Die Mischung zum Kochen bringen und 5 Minuten leicht kochen lassen. Dann etwas abkühlen lassen.
3. Den Seidentofu mit dem Zucker und eventuell dem Likör kräftig durchschlagen. Die Kokosmilchmischung und die Kokosflocken mit der Limettenschale und 2 EL Saft untermischen. Die Creme in eine Schüssel füllen und ca. 4 Stunden kühl stellen.
4. Inzwischen 1 Orange heiß waschen und abtrocknen, die Schale fein abreiben. Die Orangenschale dann von allen Orangen so dick abschälen, dass auch die weiße Haut mit entfernt wird [→a]. Die Orangen in dünne Scheiben schneiden, die Kerne entfernen. Den Saft, der dabei ausläuft, auffangen und mit Wasser auf 200 ml auffüllen.
5. Die Saft-Wasser-Mischung mit dem Zucker unter Rühren zum Kochen bringen. Nelken und Zimt dazugeben. Flüssigkeit offen bei starker bis mittlerer Hitze in ca. 10 Minuten dicklich einkochen lassen [→b]. Die Orangenscheiben mit der Schale einlegen. Alles einmal aufkochen und abkühlen lassen.
6. Vor dem Servieren die gekühlte Creme noch einmal kräftig durchrühren, dann davon mit zwei Esslöffeln Nocken abstechen und auf Teller verteilen. Orangenscheiben daneben anrichten. Etwas Sirup darüberträufeln.

MENÜTIPP Für ein veganes ausgewogenes Menü servieren Sie als Vorspeise die mediterrane Bohnencreme (Seite 27) und danach am besten ein Getreidegericht: Kräutermangold mit Bulgur (Seite 134) mit einem bunt gemischten Salat oder Nudeln ohne Ei mit Asia-Gemüse und Chili-Erdnüssen (Seite 111).

DAS IST *wirklich* WICHTIG

[a] ORANGE SCHÄLEN Die dicke weiße Schale der Orangen schmeckt bitter und muss deshalb mit entfernt werden. Schneiden Sie von der Orange an beiden Seiten eine Scheibe ab. Nun können Sie sie aufs Küchenbrett stellen. Die Schale jetzt so dick Streifen für Streifen abschneiden, dass das Orangenfleisch frei liegt.

[b] SIRUP KOCHEN Das Wasser mit dem Zucker in einem Topf unter Rühren zum Kochen bringen, Nelken und Zimt dazugeben. Lassen Sie es dann bei starker Hitze offen kochen, bis ein dickflüssiger Sirup entstanden ist. Das dauert ca. 10 Minuten.

[a]

[b]

DAS IST *wirklich* WICHTIG

[a] ZITRONENSCHALE ABREIBEN Auch Biofrüchte zunächst unter dem heißen Wasserstrahl gut waschen und mit Küchenpapier trocken reiben. Die Schale nun mit einer sehr guten Reibe oder dem Zestenreißer ablösen. Reiben Sie die Schale nur so dünn ab, dass nichts von der weißen Haut darunter mit entfernt wird. Die schmeckt nämlich bitter.

[b] HÄUFIG DURCHRÜHREN Wenn Sie das Eis in der Gefriertruhe oder im Eisfach zubereiten, braucht es ca. 4 Stunden, um fest zu werden. Damit sich dabei keine zu großen Eiskristalle bilden, die Masse mindestens jede Stunde kräftig durchrühren.

BANANENEIS
mit Ingwer und Ahornsirup

EIN FRUCHTIG-AROMATISCHES DESSERT FÜR VEGANER, DAS DURCH SEIDENTOFU WUNDERBAR CREMIG WIRD. DIE BESONDERE NOTE BRINGT DER INGWER.

Zutaten für 4 Portionen

- 1 große Bio-Zitrone
- 1 Stück frischer Ingwer (ca. 2 cm)
- 1 Stück Ingwer in Sirup (nach Belieben)
- 3 reife Bananen (ca. 400 g)
- 300 g Seidentofu
- 70 g Ahornsirup

Zeitbedarf

- 15 Minuten + 4 Stunden tiefkühlen

Nährwerte

- 160 kcal pro Portion

So geht's

1. Die Zitrone heiß waschen und abtrocknen, die Schale fein abreiben [→a]. Eine Zitronenhälfte auspressen. Den Ingwer schälen und sehr fein hacken oder reiben. Eventuell auch den eingelegten Ingwer sehr fein schneiden.
2. Die Bananen schälen und grob würfeln. Mit dem Seidentofu und dem Ahornsirup in der Küchenmaschine, im Mixer oder mit dem Pürierstab fein pürieren. Mit dem Ingwer und der Zitronenschale mischen und mit dem Zitronensaft abschmecken.
3. Die Masse in eine Schüssel füllen und im Gefrierfach in ca. 4 Stunden fest werden lassen. Dabei häufig umrühren [→b].
4. Das Eis ca. 15 Minuten vor dem Servieren aus dem Gefrierfach nehmen. Dann mit zwei Esslöffeln Nocken oder Kugeln davon abstechen und auf Tellern anrichten. Das Eis gleich servieren.

SO SCHMECKT'S AUCH Zusätzlich 1 Banane in dünne Scheiben schneiden. In einer Pfanne 1 EL Öl erhitzen, die Bananenscheiben einlegen, mit etwas braunem Zucker bestreuen und braun braten, dabei einmal wenden. Bananenscheiben zum Eis servieren. Für besonders festliche Anlässe mal 100 g Zartbitter-Schokolade im Wasserbad schmelzen lassen, eventuell mit etwas Ahornsirup nachsüßen und über Bananeneis und Bananenscheiben laufen lassen.

GUT ERSETZT –
statt Milch und Gelatine

Nicht jeder Vegetarier mag Milch und Käse, und die meisten Vegetarier haben es auch nicht gerne, wenn Gelatine (die aus tierischem Bindegewebe gewonnen wird) in der süßen Creme, dem Frischkäse oder den Gummibärchen auftaucht.
Vor allem Veganer suchen nach Ersatz für Kuhmilch und natürlich auch für Eier.
Im Teig oder Bratling ersetzen Sie die Eier durch Sojamehl, etwa 1 EL braucht man statt 1 Hühnerei.
Geht es um die Zubereitung von Getränken, Teigen und Cremes, so kommen statt Kuhmilch Kokosmilch, Soja-, Reis- oder Hafermilch zum Einsatz.
Auch auf Süßes müssen Veganer nicht verzichten. Statt mit Honig, der ja ebenfalls von Tieren produziert wird, können sie sich das Leben mit Sirup, etwa vom Ahorn, Dicksaft von der Birne oder vom Apfel oder auch mit Kunsthonig, Rohzucker oder Zucker versüßen.

MILCH, DIE KEINE IST

Alternativen für Kuhmilch gibt es eine ganze Menge. So werden aus Sojabohnen, Kokosnüssen und anderen Nüssen wie Mandeln, aber auch aus Getreide wie Hafer oder Reis milchähnliche Flüssigkeiten gewonnen, die sich für Getränke, Teige und vieles andere genauso gut eignen wie Kuhmilch. Wundern Sie sich aber nicht, dass Sie die Bezeichnung Milch auf der Packung vergeblich suchen. Laut Gesetz darf nur Milch heißen, was tatsächlich von der Kuh stammt. Alles andere wird vor allem als Drink bezeichnet oder hat Fantasienamen wie „Oakly" für einen Drink aus Hafer.
Alle diese Alternativen haben weniger Nährwerte als Kuhmilch. Sie enthalten weniger und rein pflanzliches Eiweiß sowie weniger Fett. Positiv ist, dass Getreidedrinks die gesunden ungesättigten Fettsäuren enthalten. Alle weisen im Vergleich zur Kuhmilch ein Minus an Kalzium auf, deshalb wird es oft zugesetzt.
Da die Herstellung aufwendiger und der Umsatz niedriger ist, sind die Drinks nicht gerade billig. Sie kosten bis zu viermal so viel wie Kuhmilch.
Sojadrink wird aus der milchähnlichen Flüssigkeit zubereitet, die man aus Sojabohnen gewinnt. Er enthält außer reichlich Eiweiß vor allem die Mineralstoffe Kalium, Magnesium und Eisen. Sojadrink schmeckt leicht süßlich. Achten Sie beim Einkauf vor allem darauf, dass der Sojadrink keinen Zucker enthält.
In jedem Fall: Packung vor dem Öffnen schütteln. Ebenfalls aus Sojaflüssigkeit wird Sojaghurt hergestellt. Er wird ähnlich wie Joghurt gesäuert und kann ihn bei allen Zubereitungen ersetzen.

Reisdrink wird aus Vollkornreis hergestellt und schmeckt ebenfalls süßlich. Die Körner werden gemahlen, mit Wasser zu einer dicklichen Masse verkocht, fermentiert und gefiltert. Diese Flüssigkeit wird meist mit Pflanzenöl vermischt und fast immer mit Vitaminen und Mineralstoffen wie Kalzium angereichert, da sie wesentlich weniger davon enthält als Kuhmilch. Auch in puncto Eiweiß und Fett liegt ihr Gehalt unter dem von Kuhmilch. Reisdrink kann beim Kochen und auch in Teigen wie Kuhmilch verwendet werden. Gut verträglich ist er auch von Menschen mit Milcheiweißunverträglichkeit.
Haferdrink wird ähnlich wie Reisdrink zubereitet und kann wie er beim Kochen und Backen Kuhmilch ersetzen. Haferdrink enthält etwas mehr Fett als sein Verwandter aus Reis und hat auch mehr Ballaststoffe zu bieten. Auf ähnliche Weise wird Milchersatz aus Dinkel, Hirse oder aber auch Roggen hergestellt.
Kokosmilch wird aus fein zerkleinertem Kokosnussfleisch und Wasser gemischt und passt ideal zur asiatischen Küche, ist aber auch eine schmackhafte Grundlage für Süßes. Kokosmilch gibt es in großen und kleinen Dosen oder im Tetrapak sowohl im Asienladen und Supermarkt, als auch in Bio-Qualität im Naturkosthandel. Achten Sie vor allem darauf, dass die Kokosmilch keine Zusätze wie Zucker oder Konservierungsstoffe enthält.

BINDEMITTEL

In der herkömmlichen Dessertküche wird zum Binden von Flüssigkeiten und Cremes in der Regel Gelatine verwendet. Sie besteht aus tierischem Bindegewebe, Knochen oder Schweineschwarte. Klar, dass Vegetarier darauf lieber verzichten möchten.
Nicht verzichten müssen Sie jedoch auf cremige Mousse und feste Gelees, denn es gibt eine Reihe pflanzlicher Alternativen:
Agar-Agar wird aus Algen gewonnen. Das feine Pulver bekommen Sie im Naturkosthandel. Agar-Agar muss kochen, um seine Bindekraft zu entfalten. Rühren Sie das Pulver mit etwas kalter Flüssigkeit an und mischen es dann unter den Rest der Masse. Diese Mischung erhitzen und etwa 5 Minuten bei mittlerer Hitze leicht blubbernd köcheln lassen. Das Ganze jetzt abkühlen lassen und danach für mindestens 4 Stunden zum Festwerden in den Kühlschrank stellen. Für ½ l Flüssigkeit oder 500 g Creme brauchen Sie in der Regel 1 gestrichenen TL Agar-Agar.
Johannisbrotmehl wird aus den Früchten des Johannisbrotbaumes hergestellt. Es handelt sich bei dem feinen Pulver um einen Mehrfachzucker, der nur teilweise verdaut werden kann und deshalb als Ballaststoff gilt. Johannisbrotmehl enthält Eiweiß, Pflanzenfarbstoffe (Flavonoide) und Spuren von Mineralstoffen. Johannisbrotmehl kann die 80–100-fache Menge seines Gewichts an Wasser binden, ist fünfmal so quellfähig wie Stärke. Es entfaltet seine Wirkung auch in kalten Flüssigkeiten und muss einfach nur untergemischt werden. Johannisbrotmehl wird deshalb auch von der Lebensmittelindustrie gern verwendet und verbirgt sich auf der Zutatenliste hinter dem Kürzel E410. Für ½ l Flüssigkeit oder 500 g Creme brauchen Sie in der Regel 1 gestrichenen TL Johannisbrotmehl.
Pfeilwurzelstärke wird aus tropischen Wurzeln und Knollen gewonnen und muss ebenfalls nicht kochen, um Cremes und andere Süßspeisen zu festigen. Einfach unterrühren oder nur mäßig erwärmen. Für ½ l Flüssigkeit oder 500 g Creme brauchen Sie in der Regel 1 gestrichenen TL Pfeilwurzelstärke.
Guarkernmehl wird aus den Samen der indischen Guarpflanze gewonnen. Das weiße bis schwach gelbliche Pulver kann ebenfalls kalt angerührt werden. Es wird gern in der Lebensmittelindustrie verwendet und ist auf der Zutatenliste mit E412 angegeben.

FRISCHKORNMÜSLI *mit Früchten*

DAMIT BEGINNT DER TAG MIT VIEL GESCHMACK UND GESUNDHEIT – WERTVOLLES GETREIDE UND FRISCHE FRÜCHTE SORGEN DAFÜR.

G

Zutaten für 4 Portionen

- 100 g Sechskorn-Getreidemischung oder eine einzelne Sorte (ganze Getreidekörner)
- 500 g flüssiger Joghurt
- 600 g gemischte Früchte (z. B. Pfirsiche, Aprikosen und Himbeeren)
- 2 EL Haselnusskerne
- 1 EL Butter
- 2 TL brauner Zucker
- 1 Prise Zimtpulver
- ca. 2 EL Ahornsirup oder flüssiger Honig

besonderes Werkzeug

- Getreidemühle [→a]

Zeitbedarf

- 20 Minuten + 8–12 Stunden quellen

Nährwerte

- 310 kcal pro Portion

So geht's

1. Die Getreidekörner grob mahlen oder schroten [→a]. Mit dem Joghurt in einer Schüssel verrühren und zugedeckt über Nacht in den Kühlschrank stellen und quellen lassen [→b].
2. Am nächsten Morgen die Früchte waschen, Himbeeren nur ganz vorsichtig abbrausen. Pfirsiche und Aprikosen in Schnitze schneiden. Die Früchte mit dem Frischkornbrei mischen und in vier Schüsseln oder tieferen Tellern verteilen.
3. Die Haselnusskerne grob hacken. Die Butter zerlassen und die Nüsse darin unter Rühren bei mittlerer Hitze leicht anrösten. Den Zucker dazugeben und schmelzen lassen. Die Nüsse mit Zimt bestreuen und auf dem Müsli verteilen. Bei Tisch das Frischkornmüsli nach Belieben noch mit dem Ahornsirup oder Honig süßen.

Die Variante

Frischkornmüsli für Veganer
Den Joghurt durch Kokosmilch ersetzen. Früchte wie beschrieben vorbereiten. Zusätzlich 1 EL Öl in einem Pfännchen erhitzen und 2 EL Kokosflocken darin bei mittlerer Hitze unter Rühren goldgelb braten. 2 TL braunen Zucker aufstreuen und schmelzen lassen. Frischkornbrei mit den Früchten mischen und in Teller verteilen. Kokosflocken auf dem fertigen Müsli verteilen. Nach Belieben mit Ahornsirup süßen.

SO SCHMECKT'S AUCH Im Sommer das Müsli mit gemischten Beeren zubereiten und im Winter mal auf exotische Früchte wie Mango oder Banane zurückgreifen.

[a]

DAS IST *wirklich* WICHTIG

[a] GETREIDE SCHROTEN Ideal ist eine Getreidemühle, z. B. eine kleine preiswerte mit Handkurbel, die man auch zum Mahlen von Mohn verwenden kann. Auch in manchen Kaffeemühlen lassen sich ganze Getreidekörner zerkleinern.

[b] QUELLEN LASSEN Damit die Stärke in den Körnern gut aufgeschlossen wird, muss das geschrotete Getreide quellen, am besten über Nacht im Kühlschrank. So ist das Müsli am nächsten Morgen im Handumdrehen fertig.

REGISTER

FÜR GENIESSER

REGIONALER GENUSS
Die gute Wahl

- 144 Seiten, 110 Abbildungen, €/D 14,95
- ISBN 978-3-440-12590-8

- 144 Seiten, 110 Abbildungen, €/D 14,95
- ISBN 978-3-440-12245-7

- 144 Seiten, 118 Abbildungen, €/D 14,95
- ISBN 978-3-440-12248-8

- 144 Seiten, 110 Abbildungen, €/D 14,95
- ISBN 978-3-440-12247-1

- 144 Seiten, 100 Abbildungen, €/D 14,95
- ISBN 978-3-440-12246-4

- 144 Seiten, 120 Abbildungen, €/D 14,95
- ISBN 978-3-440-13131-2

AKTEURE

Cornelia Schinharl gehört mit über 50 veröffentlichten Büchern zu den erfolgreichsten Kochbuchautorinnen im deutschsprachigen Raum. Sie hat für ihre Bücher schon viele Auszeichnungen erhalten, darunter sieben Silbermedaillen der Gastronomischen Akademie Deutschlands und einen World Cookbook Award. Bei der leidenschaftlichen Köchin kommen mehrmals in der Woche vegetarische Gerichte auf den Tisch, denn sie schätzt die leichte, gesunde und abwechslungsreiche Küche sehr. Mit großer Kompetenz und Kreativität entwickelt sie vegetarische Rezepte, die sicher gelingen, gut schmecken und den Genießer nichts vermissen lassen. Die Grundlagen der vegetarischen Kochkunst und ihren großen Erfahrungsschatz hat sie in diesem Buch für Sie zusammengestellt und anschaulich erläutert.

Alexander Walter steht seit 20 Jahren als selbstständiger Fotograf hinter der Kamera. Im Auftrag renommierter Verlage und internationaler Agenturen arbeitet er dabei vor allem in den Bereichen People, Still-life und Reportage. Der leidenschaftliche Gourmet und Hobbykoch war bei über 40 Fach- und Kochbüchern für die optische Umsetzung der Konzepte verantwortlich. Mit seiner Familie lebt und arbeitet er mitten im Grünen, im schönsten bayerischen Oberland.

Sven Dittmann hat die Gerichte für dieses Buch verführerisch in Szene gesetzt. Der gelernte Koch, der 11 Jahre lang in renommierten Restaurants gearbeitet hat, lebt in Niederbayern und ist seit 2006 als freiberuflicher Foodstylist für Buchverlage und Werbeagenturen tätig.

Monica Liebetanz, diplomierte Modedesignerin, hat ihr Gespür für Gestaltung vom Bereich Mode auf Food, Home & Interior erweitert. So arrangiert sie für Fotos seit vielen Jahren schöne Dinge miteinander.

Maria Gilg unterstützte das Fototeam immer gut gelaunt mit ihrem Fleiß und kreativen Ideen bei der Produktion.

IMPRESSUM

Mit 193 Farbfotos von Alexander Walter

Umschlaggestaltung von
Gramisci Editorialdesign, München
unter Verwendung eines Fotos von
Alexander Walter

Rezepte, Geling-Tipps, Infos zum KOSMOS-Kochbuch-Programm und vieles mehr unter
www.kosmos.de/gut-gekocht

Unser gesamtes lieferbares Programm und viele weitere Informationen zu unseren Büchern,Spielen, Experimentierkästen, DVDs, Autoren und Aktivitäten finden Sie unter
kosmos.de

Gedruckt auf chlorfrei gebleichtem Papier

ISBN 978-3-440-13236-4

Redaktion und Projektleitung:
Marc Strittmatter und Stephanie Schönemann
Lektorat: Susanne Bodensteiner, München
Gestaltungskonzept und Layout:
Gramisci Editorialdesign, München
Satz: Cordula Schaaf, Grafik-Design, München
Produktion: Eva Schmidt
Printed in Germany / Imprimé en Allemagne

FSC www.fsc.org
MIX
Papier aus verantwortungsvollen Quellen
FSC® C004592